ספר הבהיר

ספר הבהיר

מיוחס לרבי נחוניה בן הקנה

מבוא ופירוש

מאת

הרב אריה קפלן

תרגם מאנגלית את המבוא והפירוש:

רועי הורן

ירושלים

Rabbi Aryeh Kaplan
The Bahir

הרב אריה קפלן
ספר הבהיר

עורך אחראי: ראובן ציגלר
עורכת ראשית: אוריה מבורך
עורכת משנה ומגיהה: אפרת גרוס
עריכה לשונית: אביחי גמדני
עימוד: רינה בן גל
עיצוב העטיפה: אליהו משגב

Translation authorized by and under agreement
with Red Wheel, Weiser LLC

הוצאת קורן ירושלים
ת"ד 4044 ירושלים 9104001
טל': 02-6330530 פקס: 02-6330534
www.korenpub.co.il

ISBN 978-965-776-793-1 מסת"ב

Printed in Israel 2022 נדפס בישראל

תוכן העניינים

מבוא

ספר הבהיר הוא העתיק והחשוב ביותר מבין ספרי הקבלה המרכזיים. עד לפרסומו של ספר הזוהר, ספר הבהיר היה המשפיע ביותר והמצוטט ביותר בספרי הקבלה המוקדמים. למעשה, הוא מצוטט בכל ספר קבלה מרכזי, והמוקדם שבהם הוא פירוש ספר יצירה (המיוחס) לראב״ד[1] ואחר כך פעמים רבות בידי הרמב״ן בפירושו הידוע לתורה;[2] הוא מצוטט פעמים רבות גם בספר הזוהר, הן בלשונו ממש הן בפרפראזה שלו.[3]

שמו של הספר לקוח מן הפסוק הראשון המצוטט בו, ״וְעַתָּה לֹא רָאוּ אוֹר בָּהִיר הוּא בַּשְּׁחָקִים וְרוּחַ עָבְרָה וַתְּטַהֲרֵם״ (איוב לז, כא). שם נוסף שנתכנה בו ספר זה, במיוחד אצל הרמב״ן, הוא ״מדרשו של רבי נחוניא בן הקנה״. נראה שהסיבה שכך נתכנה היא ששמו של תנא זה מוזכר ממש במילותיו הראשונות של הספר: ״פתח רבי נחוניא בן הקנה...״. אך בעוד שהיה ניתן לסבור שרק הסימן

1 פירוש ספר יצירה לראב״ד א, ה. אף שהראב״ד מזוהה בדרך כלל עם עם אברהם בן דוד מפוסקירא (1120–1198), הדעה המקובלת היא שזהו ראב״ד אחר שכתב את הפירוש הזה. ראו בהקדמת עץ החיים לרב אשלג (תל אביב תש״כ), עמ׳ 19, 21. וכן שומר אמונים (אירגס), מבוא; עבודת הקודש ב, יג; שם הגדולים א, יא, ספרים, אות ר׳, קונטרס אחרון; קורא הדורות י ע״ב; הקדמת צבי בנימין אויערבך לספר האשכול (הלברשטאדט תרכ״ח), עמוד XIV.

2 ראו רמב״ן על בראשית א, א; ב, ז; כד, א; כח, כט; מו, א; מט, כד; שמות ב, כה; טו, כז; כ, ח; ויקרא כד, מ; כו, טז; במדבר טו, כא; דברים טז, כ; כב, ו; לג, יב; לג, כג.

3 במיוחד בחלקי ה׳השמטות׳ וה׳תוספות׳ שבו. ראו זוהר ח״א, רנג ע״ב, רסב ע״ב, רסג ע״א, רסג ע״ב, רסה ע״א; ח״ב רע ע״ב, רעא ע״א; ח״ג ש ע״ב.

הראשון נאמר מפי רבי נחוניה, רוב המקובלים ייחסו את הספר כולו לתנא זה ולבית מדרשו.[4] רבים מן המקובלים סבורים שזהו הטקסט הקבלי המוקדם ביותר.[5]

אף שספר הבהיר צנוע למדיי במידותיו, כשתים עשרה אלף מילים בסך הכול, הוא זכה להערכה יתרה על ידי אלו שהעמיקו חקר במיסתורין שלו. היש"ר מקנדיאה כותב עליו שיש לעשותו "עטרה לראשך".[6] רוב הטקסט של הספר קשה להבנה, ורבי משה קורדובירו, מחשובי מקובלי צפת במאה השש עשרה, כותב "והנה דברי הספר הזה בהירים ומבהיקים ומרוב בהירותם ובהיקותם מעצמין עיני המעיין".[7]

כתבי יד של ספר הבהיר החלו להיות מועתקים בסביבות שנת 1176 בידי מקובלי פרובאנס ויועדו רק למעגל מצומצם של לומדי הקבלה. הדפוס הראשון הופיע באמסטרדם 1651 ובמהדורות עוקבות בברלין (1706), קורץ (1784), שקלוב (1784) ווילנא (1883). המהדורה הטובה ביותר היא של הרב ראובן מרגליות (1951) שנדפסה יחד עם פירושו, "אור הבהיר", וזוהי המהדורה שתשמש אותנו כאן.

הפירוש הקדום ביותר לספר הבהיר נכתב בשנת 1331 על ידי רבי מאיר בן שלום אבן סהולא, תלמידו של רבי שלמה בן אדרת (הרשב"א), והוא נודע כפירוש אנונימי תחת הכותרת "אור הגנוז". הערות על חלקו הראשון של הספר (עד סימן לו) נכתבו גם על ידי הגאון רבי אליהו מווילנא (הגר"א, 1720–1797). שני אלו הודפסו במהדורת מרגליות הנזכרת.

ספר הבהיר תורגם ללטינית על ידי פלוויוס מיטרידטס בסוף המאה החמש עשרה, אך בצורה משובשת למדיי ולמעשה מהדורתו בלתי קריאה. תרגום הספר לגרמנית התפרסם על ידי גרשם שלום בראשית המאה העשרים. לאנגלית הוא תורגם לראשונה על ידי כותב שורות אלה (1979).

זהות מחבר (או מחברי) ספר הבהיר

רוב המקובלים מייחסים כאמור את ספר הבהיר לרבי נחוניה בן הקנה, מחכמי המשנה במאה הראשונה לספירה. הסיבה לייחוס זה היא מפני שהוא החכם

4 ראו מצרף לחכמה (אודסה תרכ"ה), עמ' 22; שלשלת הקבלה (ירושלים 1962) עמ' נז; קורא הדורות ל ע"א; שם הגדולים, ספרים, אות ב, לג.

5 שם הגדולים שם. אף שספר הבהיר מצטט עניינים רבים מספר יצירה, הוא יכול להיות קדום לו. לפי מסורת מהימנה, היה זה רבי עקיבא שכתב את ספר יצירה, אף שהמשניות שבו מיוחסות לאברהם אבינו. ראו פרדס רימונים, א, א; קורא הדורות ל ע"א. ייתכן אפוא שמשניות ספר יצירה היו ידועות בעל פה קודם לבהיר, אך הבהיר הראשון שהעלה אותן על הכתב (ורק מאוחר יותר נכתב ספר יצירה כולו).

6 מצרף לחכמה (אודסה תרכ"ה), עמ' 40.

7 פרדס רימונים, שער כא פרק ו.

הראשון המוזכר בספר הבהיר ומפני שהיה ידוע כמנהיג חוג שעסק בתורת הסוד ששגשג בארץ ישראל. מלבד סיבות אלו, קשה למצוא ראיות פנים טקסטואליות העשויות לתמוך בייחוס הספר לרבי נחוניה.

ייחוס ספר הבהיר לרבי נחוניה קשה מכיוון נוסף – שמו למעשה אינו נזכר בספר, למעט בסימן הראשון. אפשרות מעניינת להסביר זאת היא שלשם "רבי אמוראי" יש תפקיד חשוב בספר הבהיר, הוא למעשה פסבדון לרבי נחוניה עצמו. בדיקה יסודית של הטקסט מראה שאותו רבי אמוראי המסתורי, המוזכר תשע פעמים לאורך הספר, הוא למעשה המקור של התובנות החשובות ביותר בספר זה.[8] תשובה אפשרית לשאלה – מדוע אם כן שם זה אינו נזכר גם בסימן הראשון של הספר, תינתן בסוף המבוא.

רבי אמוראי הוא דמות מסקרנת במיוחד, מאחר ששמו אינו נזכר בשום מקור אחר בספרות היהודית. כל הניסיונות לזהותו נכשלו, ורבים הניחו שזהו שם פיקטיבי. כאמור, סביר בעיניי יותר שזהו פסבדון שנוצר בידי רבי נחוניה בן הקנה. פירוש המילה "אמורא" הוא דובר, ונראה שכוונתו היא שרבי נחוניה היה הדובר הראשי בחבורה, והוא נכתב בלשון רבים (אמוראי ולא אמורא) כלשון כבוד. השימוש בפסבדון שכזה אינו מפתיע כל כך ויש דוגמאות לכך מן התלמוד. ההשערה הזאת נתמכת גם באמצעות העובדה שחכמי הבהיר האחרים מדברים על רבי אמוראי בכבוד גדול ועושים מאמצים כבירים להסביר את דבריו.[9]

אף שרבי נחוניה בן הקנה מוזכר רק פעמים ספורות בספרות חז"ל, הציטטות משמו אינן משאירות ספק באשר למרכזיותו הרבה. בצעירותו, ואף לאחר שהוסמך לרבנות, היה לתלמידו של רבי יוחנן בן זכאי. מסופר שרבי יוחנן בן זכאי ביקש מתלמידיו לפרש פסוק מסוים ולאחר שרבי נחוניה השיב, הרב הודה שפירוש תלמידו מוצלח יותר מפירושו שלו.[10]

8 ראו להלן בדברינו על מבנה הספר. בסימן יז הוא מתחיל את הדיון על האותיות. בסימן מה הוא פותח את הדיון בשבע הקולות, ושוב בסימן קכג הוא פותח את הדיון על עשר האצבעות, המוביל לדיון על עשר הספירות. הוא גם המחבר של החלק הסוגר של הספר (סימנים קצז-ר), הדן בסודות זכר ונקבה.

9 ראו סימן כו, שם רבי רחומאי מכנה אותו "ברבי", תואר שמשמעו "גדול הדור". ראו רש"י על קידושין פ ע"ב. בסימן נא אנו רואים גם שהתלמידים מבקשים מרבי ברכיה להסביר את אחת מאימרותיו של רבי אמוראי. שימוש בפסבדון אינו יוצא דופן; כך אנו מוצאים ששמו של רבי מאיר הוא נחמיה (ראו עירובין יג ע"א). שם אחר שבו רבי מאיר עשה שימוש הוא נהוראי בסיומת כמו של רחומאי ואמוראי. באופן דומה שמו של רב היה רב אבא, והוא גם היה ידוע בשם אבא אריכתא (חולין קלז ע"ב; רש"י, ביצה ט ע"א; ספר הערוך, "אבא").

10 בבא בתרא י ע"ב; מן העובדה שרבי יוחנן קורא לו "רבי" אנו רואים שהוא היה כבר רב מוסמך. ראו סדר הדורות, סדר תנאים ואמוראים, ערך "נחוניה".

רבי נחוניה התגורר באמאוס,[11] וכנראה היה מבוסס כלכלית מספיק כדי להחזיק משרתים; שכן מסופר בתלמוד שהם הגנו על כבודו במקרה מסוים.[12] הוא זכה להאריך ימים וכשנשאל מהי הסגולה לכך, הוא השיב – "מימי לא נתכבדתי בקלון חברי, ולא עלתה על מטתי קללת חברי, וותרן בממוני הייתי".[13]

לרבי נחוניה שיטה מיוחדת בלימוד התורה, המייקרת את מעמדה של כל מילה ומילה. בתלמוד מובא, "רבי נחוניא בן הקנה שהיה דורש את כל התורה כולה בכלל ופרט" (בבלי, שבועות כו ע"א). תלמידו המובהק בעניין זה היה רבי ישמעאל[14] ומתוך כך יצר את שיטת "י"ג המידות שהתורה נדרשת בהן".[15] דעתו ההלכתית של רבי נחוניה מצוטטת בתלמוד בכמה מקומות,[16] וכן המדרש המוקדם מביא את דרשתו על "כח התשובה".[17]

על זהירותו המופלגת של רבי נחוניה בעת שהיה מלמד תורה, תעיד תפילתו המצוטטת במשנה -"בכניסתי (לבית המדרש) אני מתפלל שלא תארע תקלה על ידי".[18] האימרה המוכרת ביותר שלו היא "כל המקבל עליו עול תורה, מעבירין ממנו עול מלכות ועול דרך ארץ. וכל הפורק ממנו עול תורה, נותנין עליו עול מלכות ועול דרך ארץ".[19]

היבט אחר של דמותו של רבי נחוניה מובא בספר היכלות רבתי, משמו של רבי ישמעאל תלמידו הנזכר, שהיה כוהן גדול זמן קצר לפני החורבן; זהו אותו רבי ישמעאל שהגמרא מספרת על אודות ההתגלות המדהימה שאירעה לו פעם אחת כשנכנס "להקטיר קטורת לפני ולפנים".[20] באחת הפעמים בספר היכלות רבתי, רבי ישמעאל מתאר כיצד רבי נחוניה מלמד אותו על אודות מבנה ההיכלות השמימיים ואף את שמות המלאכים השומרים על פתחי כל היכל.[21]

המקורות נותנים לנו אפוא תמונה בהירה של רבי נחוניה כמורה מוסמך לתורת הסוד וכמנהיג הדור. במקום אחד מתאר ספר היכלות רבתי כיצד לימד רבי נחוניה את הדרך הנכונה שבה אדם יכול להעלות עצמו אל העולמות העליונים.

11 מדרש תנאים על דברים כו, יג (עמ' קעה).
12 מגילה כח ע"א. סדר הדורות מזהה את רבי נחוניה הגדול עם בן הקנה.
13 בבלי מגילה כח ע"א.
14 שבועות כו ע"א. וראו סימן לב.
15 ראו במבוא לספרא. בסימן א של הבהיר, רבי נחוניה עושה שימוש באחת מן המידות הללו.
16 עדויות ו, ג; חולין קכט ע"ב; תוספתא בבא קמא ז, ה; פסחים כט ע"א.
17 פרקי דרבי אליעזר מג.
18 משנה ברכות ד, ב; ראו סימן קנ בבהיר.
19 אבות ג, ה.
20 ברכות ז ע"א; ראו גם כוזרי, מאמר שלישי, סימן סה.
21 היכלות רבתי טז, ג; ראו גם זוהר חדש, רות, פ ע"א, פב ע"ב.

לפניו ישבו כל מאורי אותו הדור: רבן שמעון בן גמליאל, רבי אליעזר הגדול, רבי עקיבא, רבי יונתן בן עוזיאל ורבים אחרים.[22] כשהייתה גזרת המלכות על הריגת עשרת החכמים, היה זה רבי נחוניה שעלה למרומים כדי לברר את סיבת הדבר.[23]

לצד ספר הבהיר מיוחסת לרבי נחוניה בן הקנה גם תפילת "אנא בכח". האותיות הראשונות של כל מילה בתפילה זו הן יחד ארבעים ושתיים האותיות של מה שמכונה "שם מ"ב", אחד מצירופי שמות הא־ל, הנידון באריכות בספרות הקבלה.[24]

חכמי הבהיר

אף שיסודו של ספר הבהיר בתורתו של רבי נחוניה בן הקנה, חלקים משמעותיים מספר זה מיוחסים גם לחכמים אחרים. רבי נחוניה לימד את מסתרי הקבלה לחכמים רבים בני דורו, ויש להניח שחכמים אלו המשיכו את דרכו ולהם יש לייחס את עיקר הטקסט של ספר הבהיר.

שמות כמה מן החכמים הנזכרים בספר בהיר מוכרים לנו היטב מן התלמוד. כמצופה, גם בתלמוד מפוזרים רמזים לכך שהם עסקו בתורת הסוד, שאותה למדו מרבי נחוניה בן הקנה. כך, למשל, רבי עקיבא מוזכר בספר הבהיר שלוש פעמים (סימנים יט; לב; קפו) ובתלמוד מסופר עליו שהיה היחיד שנכנס ל"פרדס" ויצא בשלום.[25]

גם רבי אליעזר הגדול מצוטט בספר הבהיר (סימן קד), וגם הוא ידוע כבעל סוד גדול.[26] בספרו המרכזי, פרקי דרבי אליעזר, אפשר לראות בבירור את השפעות ספר הבהיר. שני החכמים הנזכרים למדו את הטכניקות המיסטיות שלהם מרבי נחוניה בן הקנה, כפי המסופר בספר היכלות.[27]

החכם הבולט ביותר בספר הבהיר והמצוטט בו יותר מכל אחד אחר, הוא

22 היכלות רבתי טז, ג. יונתן בן עוזיאל היה מבוגר מרבן יוחנן בן זכאי. ראו סוכה כח ע"א.

23 היכלות רבתי ב, ח; טו, א.

24 פרדס רימונים כא, יב. ראו קידושין עא ע"א.

25 בבלי חגיגה יד ע"ב.

26 חגיגה יד ע"ב.

27 ישנן כמה שאלות להיתכנות של רבי עקיבא להיות תלמידו של רבי נחוניה. אנו מוצאים שרבי עקיבא היה אפילו עם רבי יוחנן בן זכאי (ראו פרקי דרבי אליעזר ז, א, ופירוש הרד"ל שם). אך זה אינו קשה, מאחר שרבי עקיבא נפטר בגיל מאה ועשרים (ספרא, זאת הברכה שנז). מותו התרחש בזמן גזרות אדריינוס, בסביבות 135 לספירה, ואם כן בזמן החורבן הוא היה בן כחמישים וחמש. התקופה סביב החורבן (70 לספירה) הייתה הזמן שבו חוגיהם של רבי יוחנן בן זכאי ורבי נחוניה בן הקנה שגשגו.

רבי רחומאי, המוזכר בשמו שלוש עשרה פעמים בספר. חכם זה אינו נזכר בספרות חז"ל אך בספר הזוהר כתוב שהוא הכיר את רבי פנחס בן יאיר, חותנו של מחבר הזוהר, רבי שמעון בר יוחאי. מסופר שם שהוא היה עם רבי פנחס בכנרת ביום שבו יצא רשב"י מן המערה שבה נתגלה לו ספר הזוהר.[28] גם מוזכר שהוא שהה שבוע באונו, פרבר של ירושלים, יחד עם חכם אחר, אף הוא אינו מוכר לנו מספרות חז"ל, רבי קיסמא בן גרא.[29] מן הבהיר נראה שרבי רחומאי הנהיג את חבורת לומדי הסוד אחרי פטירתו של רבי נחוניה.

חכם בולט נוסף בספר הבהיר הוא רבי ברכיה, המוזכר בספר שבע פעמים. אף הוא אינו מוזכר בתלמוד, אך נזכר בספר פרקי דרבי אליעזר ובספרות הזוהר.[30] בספר הבהיר חכם זה מבהיר כמה מושגים קשים מספר יצירה (סימן קו) ומסביר את משמעות המונח "עולם הבא" (סימן קס). מן ההקשר של אחד הסימנים (צז) עולה שהוא היה תלמידו של רבי רחומאי הנזכר. נראה שהוא היה החכם שהנהיג את חבורת בעלי הסוד הללו לאחר רבי רחומאי. נראה שהאזכור הבולט שלו מלמד שתחת השפעתו חובר הנוסח הבסיסי של ספר הבהיר.

גם החכם רבי יוחנן נזכר בספר הבהיר שש פעמים בסך הכול. קשה לזהותו עם החכם התלמודי הידוע בשם זה, אך מוכר לנו רבי יוחנן מפרקי דרבי אליעזר.[31] אפשרות מעניינת אחת היא לזהותו כרבי יוחנן בן דהבאי, המצוטט כתלמידו של רבי נחוניה בעניינים הקשורים לתורת הסוד.[32] העובדה שחכם זה היה בעל סוד ברורה מן התלמוד, שכן הוא מצטט דברים ש"סחו לי מלאכי השרת".[33]

חכם נוסף הנזכר בבהיר ואיננו בטוחים לגבי זהותו הוא רבי לויטס בן טרבוס.[34] זוהי דמות חשובה במיוחד בחיבור זה כיוון שבמקום אחד מופיע שרבי

28 זוהר ח"א, יא ע"א; ראו גם שבת לג ע"ב.

29 זוהר חדש, רות עט טור א; שם עה טור ד; עו טור ב, טור ד; עט טור ד; פא טור א; פד טור ב.

30 פרקי דרבי אליעזר לא; ראו גם זוהר חדש סב ע"א, פ ע"ב. בתלמוד אנו מוצאים אמורא בשם זה.

31 שם, פרקים כא, כט, נא.

32 היכלות רבתי טז, ג.

33 בבלי נדרים כ ע"א. אפשרות אחרת לזיהוי רבי יוחנן יכולה להיות רבי יוחנן בן יהושע, המוזכר במסכת ידיים ג, ה, מי שהיה גיסו של רבי עקיבא ותמך באימרתו המפורסמת של רבי עקיבא בנוגע לשיר השירים. ראו בספר הבהיר סימן קעג, שם האימרה הזו מיוחסת לרבי יוחנן. אפשרות נוספת היא שמדובר ברבן יוחנן בן זכאי.

34 ראו סימן כא. ציטוט דומה נמצא בבראשית רבה א, ג; ג, ט. שם הדובר הוא לולינא בר טבריין (ראו גם מדרש תהלים כד, ד). במדרש תהלים יח, כט, אנו מוצאים שרבי לולינא הוא כנראה תלמידו של רבי ישמעאל ובן זמנו של בן בזאי. אך ראו גם את דבריו של בובר, תנחומא ב, בראשית, הערה 22.

רחומאי מגיב לתורה משמו (סימן כג). ייתכן לזהותו עם רבי לויטס איש יבנה המוזכר במדרש ובפרקי דרבי אליעזר.[35] אם מניחים שהוא שינה את מקום מושבו, הוא עשוי גם להיות מזוהה עם רבי לויטס איש אונו המוזכר בזוהר.[36] העובדה שהוא חי באונו היא משמעותית, היות שכפי שהזכרנו למעלה, ידוע שרבי רחומאי ביקר שם. אפשרות הזיהוי בין שניהם (רבי לויטס מאונו ורבי לויטס מיבנה) עשויה להעלות את ההשערה שאונו היה מרכז קבלי, אך דרוש מחקר נוסף על מנת לאשש השערה זו. ישנה גם אפשרות שרבי לויטס גר במקור באמאוס יחד עם רבי נחוניה.[37]

החוג הקבלי הזה היה פעיל במשך תקופת התלמוד, כפי שעולה ממקורות רבים מספרות בת אותו הזמן. מהאחרונים שעסקו בתורת הסוד באופן גלוי היו רבא ורב זעירא, שפעלו בבבל במאה הרביעית לספירה. התלמוד מספר לנו כיצד הם ריפאו באופן פלאי ועשו שימוש בקבלה על מנת לברוא יצורים חיים.[38]

אחד ההסברים ליכולת מופלאה זו מוזכר בספר הבהיר (סימן קצו) והוא הנושא המרכזי אחד לפני האחרון בספר כולו. מאחר שרבא ורב זעירא היו מנהיגי חוג המקובלים ומאחר שהם החכמים המאוחרים ביותר הנזכרים בספר הבהיר, אפשר להניח שהעריכה האחרונה של החיבור הייתה בזמנם. זהו היסוד למסורת שספר הבהיר נכתב בידי האמוראים, מחברי התלמוד.[39]

פרסום הספר

עם סופה של תקופת התלמוד, החוג הקבלי הלך והצטמצם. היו תקופות שהיו נמנים בו לא יותר מכמה עשרות בודדות של חכמים. החוג היה מסוגר וסודי כל כך, עד שאנשים מבחוץ פעמים רבות לא ידעו כלל על קיומו. בה במידה שהיה חשוב להם לשמר את המסורת הקבלית, היה חשוב להם שהיא לא תיפול, חלילה, לידיים הלא נכונות.

היו תקופות שבהן המנהיגות של חוג תורת הסוד הייתה תחת מנהיגי

35 אבות ד, ד; פרקי דרבי אליעזר כג; נב; נד.

36 זוהר ח"ב, קג ע"ב. מן ההקשר הוא היה מוקדם לרבי שמעון. העיר אונו מופיעה גם בשיר השירים רבה ב, כה; וכן איכה רבה א, יז; זוהר חדש פא ע"א.

37 "טרבוס" במקרה הזה יהיה לא שם אביו של רבי לויטס, אלא שם עירו. "טַוְורוֹס אוּמָנוֹס" היא "הור ההר", בגבול הצפוני של הארץ. ראו תרגום יונתן, במדבר כד, ז; כ, כב; כ, כה; דברים לב, נ.

38 בבלי סנהדרין סה ע"ב; מגילה ז ע"ב. ראו פירוש רבי יהודה ברצלוני על ספר יצירה, עמ' קב.

39 ראו מאיר אבן גבאי, עבודת הקודש ח"ג, יז.

הדור, ותקופות אחרות שבהן היא הייתה בידי חכמים ששמם נעדר לחלוטין מן ההיסטוריה. ידוע לנו שכמה מן הגאונים החזיקו בידע הסודי, כגון נטוראי גאון (861-794) והאי גאון (1038-939).[40] יש גם עדויות שלשרירא גאון (1006-906) הייתה גישה אל אותן טכניקות מיסטיות ששימשו את חברי החוג.[41] בו בזמן שגאונים אלו היו מנהיגים ידועים של הקהילות היהודיות, הם היו פעילים גם בחוגי המקובלים.

ספר הבהיר היה ספר לימוד מרכזי באותם חוגי מקובלים. קשה לדעת כמה רחבה בדיוק הייתה תפוצתו בזמן זה, אך מספר העותקים לא היה יכול להיות גדול, וגם אותם עותקים נשארו רק בידיהם של מנהיגי החוג, ואילו שאר החברים קיבלו את המסורות בעל־פה בלבד. חברים בחוג נשבעו שלא לגלות את הסודות לאף אדם מבחוץ, ובאופן כללי אפשר לומר שהקהילות היהודיות לא היו מודעות לקיומם של הסודות או לעצם קיומם של החוגים הללו.

מסיבה זו, אין זה מפתיע שחכמים חשובים כל כך כמו סעדיה גאון (882-942) והרמב"ם (1204-1135), מעולם לא ראו את ספר הבהיר, וגם רבי יהודה בן ברזילי מברצלונה (1105-1035), בפירושו הנרחב לספר יצירה, אינו מזכיר ספר זה. נראה שספר הבהיר הוא נחלתם של חוג מצומצם וסודי, ומחוצה לו לא ידעו אף על עצם קיומו.[42] לכן באחד מן החיבורים הקבליים המוקדמים יותר, מצויה הצהרתו של הראב"ד, ש"הדברים האלה וסודותיהם כולם כבר רמזתים לך מפה אל פה".[43]

אין דבר זה אמור להפתיע מאחר שסודות הקבלה לא היו אמורים להימסר לכל אדם. כמה מסודות אלו רמוזים בפרקים הראשונים של ספר יחזקאל, המכונים בחז"ל "מעשה מרכבה", וכך גם בספר הבהיר.[44] מבחינה הלכתית, חכמים קבעו ש"אין דורשים... במרכבה ביחיד, אלא אם כן היה חכם ומבין מדעתו",[45] וגם אז הידע הנסתר השלם היה רק בידי ראש החבורה, והוא היה מחליט להעבירו למי שנמצא ראוי בעיניו. רק יחידים האוחזים באיכויות הגבוהות ביותר של הלימוד והקדושה, ראויים להצטרף אל מעגל הלומדים המובחר.[46]

40 פירוש רבי יהודה ברצלוני, שם.

41 רמב"ן, בראשית ה, ב. שומר אמונים, ויכוח ראשון יא.

42 דוגמה לכך היא הרמב"ם. ראו פירושו של שם טוב על מורה נבוכים א, סב (צג ע"א); שומר אמונים שם. בפירושו על סנהדרין י, א הרמב"ם מזכיר את ספר שיעור קומה, אך לא ספרים אחרים. ראו גם ביד החזקה, יסודי התורה ב, ז.

43 הקדמת הפירוש המיוחס לראב"ד.

44 סימנים סח; פח; קנ.

45 משנה חגיגה ב, א.

46 גמרא חגיגה יג ע"א. ראו גם קידושין עא ע"א.

הגבלה חמורה נוספת הרלוונטית לענייננו, היא "דברים שבעל פה אי אתה רשאי לכותבם".[47] בשל כך, גם לימוד יום־יומי של תורה שבעל־פה לא הועלה על הכתב, ברוב התקופה התלמודית. אף שלכל מורה ודאי היו רשימות אישיות, הן כונו "מגילת סתרים" ולא היו זמינות אף לתלמידיו הקרובים ביותר.[48] אם כך היה נהוג בתורה ש"בנִגלֶה", אז בענייני הקבלה, המכונה תמיד "תורת הנסתר", הדברים היו נכונים שבעתיים. אם משהו מן הסודות עלה על הכתב, הרי שהוא נשמר בסודיות מְרבית.

ישנה מסורת שאת ספר הבהיר שמר חוג קטן של מקובלים שפעלו בארץ הקודש. במשך אותו הזמן, חלק מספר זה זלג, בשינויי נוסח, לספר קבלי אחר הידוע בשמו "רזא רבה", שאבד מאיתנו, אך חלקים ממנו מצוטטים בידי מחברים מן המזרח לאורך המאה העשירית.[49] מאז, מרכז הפעילות של חוגי הסוד עברו לגרמניה ואיטליה, והם הביאו עימם, כמובן, את ספר הבהיר.

בסביבות שנת 1100 כמה מתורות ספר הבהיר כבר היו ידועות לחוג קטן של מקובלים, ואת השפעתו אפשר לראות בכתיבתו של רבי אברהם בר חייא, במיוחד בספרו "מגילת המגילה". זמן קצר לאחר מכן, חוג הקבלה המרכזי עבר לצרפת, במיוחד לאזור פרובאנס. עיר זו הפכה למרכז קבלי חשוב מאוד, ושם נתקבלה ההחלטה לפרסם את ספר הבהיר.[50]

חברי החוג המוקדמים ביותר הידועים לנו בשמותיהם, הינם רבי יצחק הנזיר ורבי יעקב הנזיר מלוניל. הכינוי "הנזיר" מרמז לנו שהם לא עסקו בכל פעילות ארצית, אלא נתמכו על ידי הקהילה, כדי שיוכלו להקדיש עצמם לחיי תורה ועבודה. מסתבר שרק בהתמסרות כזו לחיי התבוננות, הקבלה הייתה יכולה לפרוח.[51]

חשובים לחוג זה הם גם רבי דוד בן יצחק ורבי אברהם בן יצחק מנרבונה, מחברו של ספר האשכול. בנו של הראשון שהוא גם החתן של השני, היה רבי אברהם בן דוד (הראב"ד) מפושקירא, מחבר "ההשגות" על משנה תורה לרמב"ם. את הקבלה קיבל מאביו ומחותנו הנזכרים, ומאוחר יותר עמד בראש

47 גיטין ס ע"ב.

48 "מגילת סתרים – שהסתירוה מפני שלא ניתנה ליכתוב", רש"י שבת ו ע"ב; ראו גם ב"מ צב ע"א. ראו תשובות הרשב"א קפט, שם שאלת פרסום הקבלה נידונה בשל מקור זה.

49 ראו האי גאון, אוצר הגאונים, חגיגה, חלק התשובות, דף כא.

50 רבי שם טוב, ספר האמונות (פררה שט"ז) ג, ב.

51 שם הגדולים, אות א, י.

חוג המקובלים. בהשגותיו על הרמב"ם מדי פעם הוא מזכיר ש"כבר הופיע רוח הקודש בבית מדרשנו מכמה שנים".[52]

היה זה בנו של הראב"ד, הידוע בשם רבי יצחק סגי נהור, שירש את מנהיגות חוג המקובלים והביא אותה לפרובאנס.[53] אף שהיה עיוור, הייתה לו יכולת להציץ אל נשמתו של אדם ולראות את מחשבותיו.[54] בפירושו לתורה, רבינו בחיי בר אשר (1340-1276) מכנה אותו "אבי הקבלה רבי יצחק בן הרב ז"ל".[55]

מסורת שהייתה ידועה אף לרמב"ם בקבלה מרבותיו, קבעה שהגאולה תתרחש בשנת 1216.[56] כשם שלפני הכניסה לארץ הקודש נדרשו ארבעים שנה של הכנות, כך גם לפני הגאולה נדרשו ארבעים שנות הכנה. ההכנה הייתה הפצתה של תורת הקבלה. זו הייתה האווירה בשנים שבהן הופץ ספר הבהיר, בסביבות שנת 1176.

מאחר שספר הבהיר היה מוגבל לחוג קטן במשך מאות שנים, נוצר בלבול בקרב ההיסטוריונים בנוגע לדרכי מסירתו ופרסומו. מסורת שבעל־פה וחבורות סוד אינן עושות חסד עם חוקרי ההיסטוריה וכתבי יד שנשמרו בקנאות במשך מאות בשנים לא הגיעו אל הספריות האקדמיות. המידע היחיד בנוגע לספר הבהיר מגיע ממסורות שהועברו בעל־פה במשך מאות שנים. היסטוריונים ואנתרופולוגים גילו שמסורות מעין אלו הן בדרך כלל מהימנות.

מסורת הסוד עברה מרבי יצחק סגי נהור לתלמידיו רבי עזרא ורבי עזריאל מגירונה, ומהם אל רבי משה בן נחמן (הרמב"ן 1270-1194). לאורך פירושו על התורה, שבו הוא מצטט בתדירות גבוהה מספר הבהיר, הוא הפך רבים מסימני הבהיר למוכרים למדיי ברחבי העולם היהודי.

עד שספר הזוהר פורסם בסביבות שנת 1295, ספר הבהיר היה לספר הקבלה

52 השגת הראב"ד, על הלכות לולב, פרק ח, ה; הלכות בית הבחירה, ו, יד; מבוא לפירושו על עדויות. ראו גם במבוא של רח"ו לספר עץ חיים, עמ' יח. וראו גם במבוא לספר האשכול, עמ' XV.

53 אבן גבאי, עבודת הקודש, ב, יג; ג, י. מובא אצל אירגס, שומר אמונים, הקדמה שניה, הצעה שניה: "וכבר קבלו האחרונים מחכמי האמת כי אליהו ז"ל נגלה להרב רבי דוד אב ב"ד ז"ל ומסר לו מסורות חכמת הקבלה, והוא ז"ל מסרה לבנו הראב"ד ז"ל, ונגלה גם לו אליהו ז"ל, והראב"ד מסרה לבנו החסיד הרב רבי יצחק סגי נהור, ונגלה גם לו אליהו ז"ל, והוא ז"ל מסרה לשני תלמידיו רבי עזרא ורבי עזריאל, ומהם נמשכה להרמב"ן ז"ל, אשר ממנו נמשכה אל השרידים הבאים אחריו עד היום".

54 מצרף לחכמה יג. ראו גם רקנאטי, וישב, מנחת יהודה יד.

55 בפירושו לבראשית לב, י.

56 ראו באגרת תימן לרמב"ם; וראו גם רבי יהודה בן ברזילי (ברלין 1885), עמ' רלט; שושן יסוד עולם (כת"י ששון 290), בסוף דף רכ.

החשוב ביותר. סימנים רבים בספר הזוהר הם, למעשה, הרחבה של סימנים מספר הבהיר. מחקר זהיר יגלה את ההקבלות הרעיוניות בתפיסות הקבליות של שני הספרים. דבר זה מתבקש מאחר שמחבר הזוהר, רבי שמעון בר יוחאי, הכיר ללא ספק את תורתו הסודית של רבי נחוניה בן הקנה. אפילו לפני ההתגלות המיוחדת שהייתה לו במערה, לרשב״י ודאי הייתה היכרות קרובה עם מסורת הסוד, ואפשר שאיש הקשר אל רבי נחוניה היה חותנו של רשב״י, רבי פנחס בן יאיר, מי שהיה כאמור מקורב לרבי נחוניה. נקודה מעניינת היא העובדה שמשמעות שמות שני הספרים של שני אישים אלו, רבי נחוניה ורשב״י, היא של אור.[57]

מבנה הספר

בקריאה שטחית של הספר קשה למצוא בו סדר או עיקרון מארגן. אך בדיקה מעמיקה יותר חושפת מבנה מוגדר למדיי. אפשר לחלק את הטקסט לחמישה חלקים:

א. פסוקי הבריאה הראשונים (א–טז)
ב. האל״ף־בי״ת (יז–מד)
ג. שבעת הקולות והספירות (מה–קכג)
ד. עשר הספירות (קכד–קצג)
ה. מסתורי הנשמה (קצד–ר)

החלק הראשון פותח בהצהרה של רבי נחוניה, ולאחריה מופיעים בזה אחר זה רבי ברכיה, רבי רחומאי ורבי אמוראי, הדורשים דרשות על המושג ״מלא״, המתייחס מן הסתם לפסוק ״מלוא כל הארץ כבודו״ (ישעיהו ו, ג). בדרשות אלו, האות ב הפותחת את התורה, מקבלת תשומת לב מיוחדת.

בחלק השני של הספר ישנו עיסוק בשמונה האותיות הראשונות, א-ח. העובדה שקבוצת אותיות אלו מובדלות מן האות ט מוסברת בסימן אחר בספר, שבו נקבע כי האות ט ״אינה בכלל הספירה״ (קכד), כלומר, אינה שייכת לעולם הספירות. בסופו של חלק זה נידונים חלק מסימני הניקוד. רעיון הבריאה אף הוא נוכח כאן, אך בהחלט אינו עניינו המרכזי של החלק.

החלק השלישי פותח בדיון בשבעת הקולות ששמעו אבותינו בהר סיני. במהלך העיסוק בקשר העמוק בין הקולות לבין עשרת הדיברות, נפתח הדיון

57 הזוהר שואב את שמו מן הפסוק בדניאל יב, ג. ראו תיקוני זוהר א ע״א.

על מהותן של הספירות. אלו מובאות על מנת להסביר את האנתרופומורפיה המקראית (פב), ועניין זה ממשיך גם לחלק הבא. כמה סימנים בחלק זה (נא-נה) מוקדשים לעיון בישעיהו נה ובחבקוק ג. כמה מושגים מספר יצירה מוצגים ומוסברים (סג; קו)[58] ודבר זה מוביל לדיון בשמותיו הקדושים של הא־ל (קו-קיב). חשוב במיוחד הוא המספר שלושים ושתיים, אף הוא, כמובן, מספר יצירה, העוסק ב"שלושים ושתים נתיבות פליאות חכמה", גימטריית המילה "לב" (סג) וגם מספר חוטי הציצית (צב).

בחלק הרביעי מופיע הדיון הראשון בספר הבהיר בנושא הספירות. העניין מוצג דרך דיון במשמעותה הקבלית של ברכת כוהנים, שבה עשר האצבעות רומזות לעשר הספירות, רעיון המצוי כבר בספר יצירה. המילה ספירה היא מלשון הפועל לספֵּר, ויסודה בפסוק "השמים מספרים כבוד אל" (תהלים יט, ב). כעת הספירות ממוספרות ומוגדרות בזו אחר זו.

בתוך הדיון על נושא הספירות, מופיע דיון ארוך על תת־נושא של אחת מתחנות בני ישראל בדרכם ממדבר סיני לישראל – "אילים" (קסא-קסז), שם נמצאו על פי המסופר בתורה "שבעים תמרים", ועל כן ספר הבהיר דן כאן במצוות לולב (קעב-קעח). החלק מסתיים בדיון ביחס בין הספירות לבין גלגלי השמיים (קעט), עם אזכור חטוף של עניין גלגול הנשמות (קפג) הקשור אף הוא לעניין הספירות.

החלק החמישי והאחרון עוסק בעניין הנשמה, ופותח ברעיון גלגול הנשמות והקשר שלו לסוגיית "צדיק ורע לו, רשע וטוב לו" (קצד). עניין הנשמה קשור גם לשאלת יכולתם של חכמים לברוא חיים בעזרת חכמת הסוד, כמוזכר בתלמוד על רבה ורב זעירא (קצו). לבסוף, נידונה סוגיית מיניותה של הנשמה – "נשמת זכר" ו"נשמת נקבה", תוך דיון במבנה הבוטני של פרי התמר. הספר נחתם בדיון על חטא אדם הראשון ובמענה לשאלה, מדוע חוה היא שנתפתתה ראשונה.

תורת ספר הבהיר

אף שספר הבהיר הוא ספר קבלי, המונח קבלה אינו מופיע בו. תחת זאת, ישנו שימוש במונח החז"לי "מעשה מרכבה", המתייחס לחזונו הידוע של יחזקאל הנביא. הספר מכריז ש"כל המפנה לבו מעסקי עולם ומסתכל במעשה מרכבה מקובל לפני

58 מעניין לשים לב לכך שזהו החלק היחיד הדן במושגי ספר יצירה. ראו בסימנים נח; סג; ע; פד; צה; קי. שתי רמיזות אחרות לספר יצירה אך ברורות הרבה פחות נמצאות בחלק הבא בסימנים קכד; קפה.

הקב"ה כאלו מתפלל כל היום" (סח), אך גם מזהיר שכמעט שאי־אפשר לעסוק בכך בלי לשגות (קנ).

התלמוד קובע שאת תורת הקבלה יש למסור רק ברמזים, ומחבר הבהיר מציית להנחיה זו. קריאה שאינה מעמיקה בספר עשויה לתת את הרושם שחלקים נרחבים בו חסרי היגיון. אך ספר זה אינו נועד ללימוד שטחי אלא רק למי שמוכן להתמסר ללימוד בריכוז רב וברצינות הדרושה. מקובלים נהגו לכתוב את יצירתם באופן שיהיה אפשר להבינה רק מתוך הבנת המכלול, מתוך האינטגרציה שהלומד עורך לכל פרטי היצירה.[59] כמו כן, אנו מוזהרים, שכל הקורא בספרי קבלה כפשוטם ומבינם באופן מילולי, ייכשל בהבנתם באופן ודאי כמעט.[60]

הדרך הראויה ללמוד קבלה היא לראותה כמכלול – לעשות שימוש בכל פרט על מנת להסביר פרט אחר בה. על הלומד לזהות את החוט הרעיוני החורז את הדברים ולעקוב אחריו הלוך ושוב, עד שתתגלה לפניו מלוא משמעותו. בטקסט קצר כמו ספר הבהיר, הדבר פשוט יחסית, והמפתח שערכנו כאן עשוי להיות לעזר. ביצירות גדולות יותר, כמו ספר הזוהר, דרך לימוד זו נחוצה עוד יותר. הדבר נכון שבעתיים בכתבי האר"י, שם אי־אפשר ללמוד אף לא חלק אחד מן היצירה בלי להבין את המכלול כולו.

אחד המושגים החשובים ביותר בספר הבהיר הוא עשר הספירות – מונח השאול כאמור מספר יצירה – וספר הבהיר מעניק להן את שמותיהם (מלבד שלוש מהן). לימוד מעמיק של הדיונים בספירות בספר הזוהר היה הקרקע שממנה צמחה ספרות קבלית רבה, אשר עסקה בין השאר בשיעור הקומה האלוהי וכן בטעמי המצוות הקבליים.

במיוחד מעניין הסדר שבו מוצגות הספירות. שבע הספירות התחתונות מוקבלות לשבעת ימי השבוע ושמם נלמד מן הפסוק "לך ה' הגְּדֻלה והגבורה והתפארת והנצח וההוד כי כל בשמים ובארץ לך ה' הממלכה" (דברי הימים א' כט, יא). סדר זה של שמות הספירות התקבל ברוב הספרות הקבלית.

לעומת זאת, בספר הבהיר הסדר של ארבע הספירות האחרונות הפוך. מלכות היא הספירה השביעית, יסוד היא השמינית, נצח היא התשיעית והוד היא העשירית. ההסברים לכך הם שספירת מלכות חייבת להיות במרכז השבע וכי היא מקבילה לשבת, ועל כן היא השביעית (קנג; קנז). ספירת יסוד מקבילה למצוות ברית מילה, הנעשית כידוע ביום השמיני, ועל כן היא השמינית (קסח).

59 שומר אמונים, הקדמה שנייה, הצעה רביעית, אות ח. השווה לשיחות הר"ן לרבי נחמן מברסלב, קצט; חגיגה יג ע"א.

60 שומר אמונים שם, אות ז.

כל הספירות נקראות בשמן המקובל, מלבד הוד, נצח ומלכות. הוד מכונה "כסא הכבוד" (קמו) ומלכות מכונה "ערבות" (קנג). נצח מכונה בפשטות "נצח נצחים" (קע). בכמה מקומות יסוד מכונה גם "צדיק" (קב; קפ), "חי העולמים" (קפ) ו"כל" (כב; עח).

רעיון חשוב נוסף שאותו מגלה הבהיר הוא גלגול הנשמות. מעניין לשים לב לכך שרבי עקיבא הוא שמציג אותו לראשונה (קכא; קנה). גלגול הנשמות בא לפתור בין השאר את בעיית חוסר הצדק בעולם, למשל, מדוע ילדים שלא טעמו טעם חטא סובלים ונולדים בעלי מומים? העובדה שרבי סעדיה גאון דחה את רעיון הגלגול היא הוכחה פשוטה לכך שלא הייתה לו גישה לידע הקבלי.[61] רעיון זה קיבל פיתוח נוסף בספר הזוהר, ופירוט נרחב בספר הגלגולים ובחיבורים נוספים מבית מדרשו של האר"י.

ספר הבהיר עוסק בנושאים נוספים, מהם יש לציין את: הפרשנות לסוד אותיות הא"ב, או ליתר דיוק, חמש עשרה מהן; מצוות, כגון: תפילין, ציצית, לולב, אתרוג ושילוח הקן, הנידונות בהקשר של הספירות ושל מושגים אחרים שהוזכרו מקודם; כמה רעיונות הלקוחים מספר יצירה – לב נתיבות פליאות חכמה (סג), וכן "תלי", "גלגל" ו"לב" (קו). באופן כללי, למספרים חלק משמעותי בספר הבהיר.

שני מושגים יוצאי דופן הקשורים לענייני מלאכים, מצויים בספר הבהיר – האחד הוא "צורה"[62] והשני "קומה" (ח; קסו). בספרות הקבלה מוכרים יותר המינוחים הארמיים, "דיוקנא" ו"פרצוף". מושגים נוספים בספר הבהיר הקשורים למלאכים הם "מנהיגים" ו"פקידים".

חידוש חשוב נוסף של ספר הבהיר הוא שמות הא-ל (במיוחד קיב). השם בן י"ב אותיות מוזכר כבר בתלמוד[63] ונידון כאן (קז; קיא). דבר זה נכון גם לגבי השם בן ע"ב אותיות (צד; קז; קי), שמלבד אזכורו במקורות חז"ל[64] גם רש"י דן בו (1105-1040) ומדרש לקח טוב (פסיקתא זוטרתא).[65]

61 ראו בספרו אמונות ודעות ו, ח. ראו גם בספר אור השם לרבי חסדאי קרשקש ד, ז; תשובות הרלב"ח, ח.

62 ראו בסימנים צה; צח;ק; קח; קעב.

63 קידושין עא ע"א.

64 אבות דרבי נתן יג, ג; בראשית רבה נד, כב; ויקרא רבה כג, ב; דברים רבה א, ט.

65 רש"י על סוכה מה ע"א, ד"ה "אני והו". מדרש לקח טוב, בשלח כ, מלמד שזהו השם של "ספר הישר" האבוד. אפשרות היפותטית מעניינת היא לטעון שספר הישר הוא למעשה השם הקדום יותר לספר הבהיר, או לחלופין טקסט קדמון שממנו ספר הבהיר קיבל. בלקח טוב, ואתחנן ז ע"ב, נאמר שספר הישר מצוטט בהיכלות, שכאמור נכתב על ידי תלמידו של רבי נחוניה בן הקנה, רבי ישמעאל. העניין המצוטט שם מספר הישר קרוב למה שנידון בבהיר, סימנים מה-מז. ראו טעם זקנים נו ע"א; ובמבוא של בובר ללקח טוב ט, כ-כא; וכן כשר, תורה שלמה,

צמצום

אחד המושגים החשובים ביותר הנידונים בבהיר הוא ״צמצום״, התכנסותו של אורו של הבורא אל תוככי עצמו. כאן מונחים היסודות לאחד מן הרעיונות ההגותיים החשובים ביותר בקבלה. ויש לציין שהוא הביא לבלבול רב בקרב מלומדים.

התיאור הבהיר ביותר של הצמצום מצוי בכתביו של רבי יצחק לוריא (1572–1634), הידוע בכינויו ״האר״י הקדוש״, מי שעמד בראש חבורת מקובלי צפת. בספר עץ חיים תהליך הצמצום מתואר כך:

> דע כי טרם שנאצלו הנאצלים ונבראו הנבראים היה אור עליון פשוט ממלא כל המציאות ולא היה שום מקום פנוי בבחינת אויר ריקני וחלל אלא הכל היה ממולא מן אור אין־סוף פשוט... וכאשר עלה ברצונו הפשוט לברוא העולמות... אז צמצם את עצמו אין־סוף בנקודה האמצעית אשר בו באמצע אורו ממש וצמצם האור ההוא ונתרחק אל צדדי סביבות הנקודה האמצעית ואז נשאר מקום פנוי ואויר וחלל רקני מנקודה אמצעית ממש...
>
> והנה אחר הצמצום הנ״ל אשר אז נשאר מקום החלל ואויר פנוי וריקני באמצע אור הא״ס ממש כנ״ל הנה כבר היה מקום שיוכלו להיות שם הנאצלים והנבראים ויצורים והנעשים ואז המשיך מן אור א״ס קו א׳ ישר מן האור העגול שלו מלמעלה למטה ומשתלשל ויורד תוך החלל ההוא.[66]

פירושו המילולי של ה״צמצום״ הוא פשוט למדיי – הבורא השיג את אורו אחורה על מנת לפנות מקום לבריאה. לאחר מכן הוא השחיל חוט דק של אורו, ״קו״, למרכזו של אותו חלל פנוי, וממנו נוצרה הבריאה כולה.

אך למעשה, כל המקובלים הזהירו שאין להבין את הצמצום במשמעותו המילולית, כיוון שזה בלתי אפשרי להשיג את הבורא בכלי ההבנה שלנו. תחת זאת יש להבין את הצמצום ברמה הרעיונית: אם הבורא שלם בכל השלמויות אין

בשלח, מילואים ג (עמ׳ 284). ראו גם אבע״ז שמות יד, יט; זוהר ח, ב, נא ע״ב, רע ע״א; מצרף לחכמה טז (נ ע״א).

66 חיים ויטאל, עץ חיים שער א, ענף ב.

איור 1: החלל הפנוי מאורו של הבורא, ואור ה"קו" הדק שירד אל אמצעיתו וממנו נבראה הבריאה כולה.

סיבה לברוא את האדם. על כן הבורא כביכול הגביל את שלמותו האין־סופית ואפשר מקום כביכול לאדם ולחופש הבחירה שלו ולאפשרות שלו להשתלם.[67]

נקודה נוספת שהדגישו המקובלים היא העובדה שהצמצום לא נעשה בעצמותו של הא־ל אלא רק ב"אורו". האור הזה, שהובא לראשונה אל תוך הקיום, ייצג את כוח הבריאה של אלוהים, וגם גילה את מטרת בריאת העולם.[68]

חוקרי הקבלה קבעו שהצמצום מקורו בכתבי האר"י, אך טעות בידם. למעשה, זוהי תיאוריה עתיקה בהרבה, ומקור ברור לכך מצוי כבר בזוהר. כך, למשל, בסימן הבא:

> בְּרֹאשׁ רְצוֹן הַמֶּלֶךְ חָקַק חֲקִיקוֹת בְּאוֹר עֶלְיוֹן נִיצוֹץ חָזָק, וְיָצָא תּוֹךְ נִסְתַּר הַנִּסְתָּרִים מֵרֹאשׁ הָאֵי"ן סוֹ"ף עָשָׁן בְּגֹלֶם נָעוּץ בְּטַבַּעַת... כְּשֶׁמָּדַד מְדִידָה, עָשָׂה צוּרוֹת לְהָאִיר.[69]

67 שומר אמונים, ויכוח שני מו; קל"ח פתחי חכמה, כד.

68 רש"ז מלאדי, תורה אור, מקץ לט ע"א; פלח הרימון ד, ג; ראו גם עץ חיים, שער דרושי אבי"ע א; זוהר הרקיע על זוהר ח"א, טו ע"א.

69 זוהר ח"א, טו ע"א. המקור בארמית: "בְּרֵישׁ הוּרְמְנוּתָא דְמַלְכָּא, גָּלִיף גְּלוּפֵי בִּטְהִירוּ עִלָּאָה

על פי רוב המקובלים, מתואר כאן למעשה סוד הצמצום.[70] מבט מעמיק בסימן כה של ספר הבהיר, יחשוף ביטוי בהיר למדיי של רעיון הצמצום. רבי ברכיה אומר שהאור היה כמו "חפץ נאה" שלמלך לא היה "מקום" מתאים לשומרו שם, "עד שזימן לו מקום טוב ושמהו שם". ובנמשל – האור היה קיים קודם שהקצו לו מקום, אך רק לאחר ההקצאה האור התגלה. נראה שמכאן נלקחו הדברים שהזכרנו בעץ חיים, על אור הקו שהלך ומילא את החלל שהתפנה מן האלוהות. זהו גם השורש לדימוי של "גולם נעוץ בטבעת" המוזכר בזוהר הנזכר לעיל. הצמצום נובע מפרדוקס בסיסי. אלוהים חייב לנכוח בעולם, אך מאידך גיסא נוכחותו אינה מאפשרת קיום של כל דבר ניכחו. פרדוקס זה ושברו יסודו בסימן נד בספר הבהיר.

אך ישנו פרדוקס מורכב יותר בעצם רעיון הצמצום. מאחר שהבורא הסיר את אורו מן החלל הפנוי, הרי שמקום זה צריך להיות ריק מאלוהות. אך עדיין, אלוהים חייב למלא גם את החלל הפנוי שהרי "לית אתר פנוי מיניה".[71] זהו הפרדוקס הבסיסי ביותר והדבר נוגע לדיכוטומיה בין היות הא־ל אימננטי לבריאה או טרנסצנדנטי לה.[72]

הנקודה המרכזית העולה מתוך הפרדוקס הזה היא העובדה ש"החלל הפנוי" אינו רק חשוך וריקני מנקודת מבטנו; ה"ניצוץ החזק" הנזכר בזוהר הוא חושך לגבינו אבל ביחס לא־ל, הוא מאיר! ביחס לאלוהים, החלל הפנוי ממש מאיר, כיוון שמנקודת מבטו הצמצום מעולם לא התרחש.[73] הסיבה לצמצום היא כדי שלבריאה יהיה מרחב שבו תוכל להתקיים, אבל זהו הצורך שלנו, אך לא של הבורא. קריאה מדוקדקת מגלה שאלו הן השאלה והתשובה הנמצאות בהצהרה הפותחת של ספר הבהיר.

מעניין במיוחד לשים לב שזהו בדיוק הפרדוקס שבחר רבי נחוניה לפתוח בו את ספר הבהיר. הנקודה המרכזית של הקבלה התיאורטית היא לפתור את הפרדוקס, כיצד אל־טרנסצדנטי מוחלט יכול לבוא במגע עם הבריאה.[74] המבנה של הספירות ורעיונות נוספים מהווים למעשה גשר בין אלוהים והעולם. כדי

בּוּצִינָא דְקַרְדִינוּתָא, וְנָפִיק גּוֹ סָתִים דִּסְתִימוּ מֵרֵישָׁא דְּאֵי"ן סו"ף קוּטְרָא בְּגוּלְמָא, נָעִיץ בְּעִזְקָא... כַּד (נ"א הדר) מָדִיד מְשִׁיחָא עָבִיד גְּוָונִין לְאַנְהֲרָא". ראו גם תיקוני זוהר, תיקון ה, יט ע"א.

70 שעפטיל הורוביץ, שפע טל, שער ג, פרק ה; זוהר הרקיע על אתר; רח"ו, מבוא שערים, שער א, ח"א, פרקים א–ב. כמו כן ראו רמ"ק, אילימה רבתי, עין כל, תמר ד, פרק א (כד ע"ב).

71 תיקוני זוהר, תיקון נו, צא ע"ב. ראו גם ברכות י ע"א. זה יכול להיות מקור ה"מלא" הנידון בבהיר סימנים ג; ה.

72 שומר אמונים, ויכוח שני לז. ראו גם ליקוטי מוהר"ן סד. ראו גם מאמרי "Paradoxes" שהופיע ב־*Jewish Life* 3, 43 (פברואר 1974), עמ' 38.

73 ראו ליקוטי אמרים (תניא), שער היחוד והאמונה פרק ו.

74 ראו גם פרדס רימונים שער ב, פרק ו.

שחלילה לא נחשוב שה"גשר" הנ"ל מעיד על שינוי באלוהים עצמו, רבי נחוניה מבהיר שהחושך של החלל הפנוי הוא בעצם אור ביחס לאלוהים (ראו בביאור סימן א). בריאת החלל הפנוי, כמו גם קיום העולמות העליונים והעולם הזה הגשמי, לא שינו דבר באורו של אלוהים עצמו.

אזהרה זו שלא לחשוב שחל שינוי באלוהים עצמו, נזכרת גם בפתיחה האידרא רבה, אחד החלקים המסתוריים ביותר בספר הזוהר, החלק שבו הדימויים האנתרופומורפיים של הא־ל מגיעים לשיאם. ממש בתחילת האידרא, רשב"י מצטט את הפסוק: "אָרוּר הָאִישׁ אֲשֶׁר יַעֲשֶׂה פֶסֶל וּמַסֵּכָה תּוֹעֲבַת ה' מַעֲשֵׂה יְדֵי חָרָשׁ וְשָׂם בַּסָּתֶר, וְעָנוּ כָל הָעָם וְאָמְרוּ אָמֵן" (דברים כז, טו).[75] לפי רשב"י, כוונת המילים "ושם בסתר" היא לעולם העליון. פירושו של דבר הוא, שאף שמקובלים משתמשים בביטויים מאנישים לתיאור הספירות ושאר המושגים הקבליים, אסור בשום פנים להבין אותם באופן מילולי.

רבי נחוניה פותח באזהרה דומה בפתיחה לספר הבהיר. אל תסבור, הוא מבקש לומר, שהספירות הן אורות הבאים להאיר אפלה כלשהי לגבי אלוהים, שכן מבחינתו הכול אור גמור. על מנת להימנע מטעות, שמו של רבי נחוניה מופיע בסימן זה בלי שהוא מסתתר תחת שם בדוי. העיקרון הזה חשוב כל כך שעליו להיות מגובה במלוא שיעור קומתו של ראש חבורת המקובלים הראשונה.

הרב אריה קפלן

הערת המתרגם: נוסח ספר הבהיר שבמהדורה הינו ייחודי והוכן על ידי הרב קפלן עצמו. הוא מבוסס על הנוסח הרווח בדפוס, עם תיקונים מנוסחים המופיעים בכתבי יד של הבהיר. פעמים שהנוסח הוגה ותוקן גם ללא מקור מפורש בכתבי יד. בתרגום החוזר של המהדורה האנגלית אל העברית, פעמים נעזרתי במהדורתו של דניאל אברמס לספר הבהיר (לוס אנג'לס: כרוב, תשנ"ד).

75 זוהר ח"ג, קכז ע"ב. ראו גם פרדס רימונים שער א, פרק ט.

ספר הבהיר

עם פירוש
הרב אריה קפלן

סימן א

אָמַר ר׳ נְחוּנְיָא בֶּן הַקָּנָה:
כָּתוּב אֶחָד אוֹמֵר (איוב לז, כא) **״וְעַתָּה לֹא**
רָאוּ אוֹר בָּהִיר הוּא בַּשְּׁחָקִים״,
וְכָתוּב אֶחָד אוֹמֵר (תהלים יח, יב) **״יָשֶׁת חֹשֶׁךְ**
סִתְרוֹ״ וְאוֹמֵר (תהלים צז, ב) **״עָנָן וַעֲרָפֶל**
סְבִיבָיו״ קַשְׁיָא.
בָּא הַכָּתוּב הַשְּׁלִישִׁי וְיַכְרִיעַ בֵּינֵיהֶם
(שם קלט, יב) **״גַּם חֹשֶׁךְ לֹא יַחְשִׁיךְ מִמֶּךָּ**
וְלַיְלָה כַּיּוֹם יָאִיר כַּחֲשֵׁיכָה כָּאוֹרָה״.

פירוש

סימן א

הסימן הזה כבר נידון לעיל במבוא, בסעיף ״הצמצום״ (עמ׳ כא). הוא עוסק בסתירה היסודית בין מהות הא־ל כשורה בתוככי הבריאה ובין היותו בו־זמנית גם מחוצה לה; הוא ממלא את הבריאה ובאותו הזמן גם שונה ממנה שוני מוחלט.

ה״אור״ הנידון כאן מתייחס למהות האלוהית, ויכול להיתפס כמצב מיסטי. הודות לצמצום, איננו יכולים לראות את האור הזה כאשר אנו מבקשים כביכול להביט בא־ל, ועל כן נראה לנו שהא־ל מוקף בחשכה מוחלטת. הבריאה חייבת להתקיים כישות בלתי תלויה, ועל כן היא איננה יכולה להיות גדושה בקדושה. באותו הזמן, לא ניתן לומר שהמהות האלוהית איננה גודשת את כל הבריאה, שהרי ״לית אתר פנוי מיניה״ (תיקוני זוהר קכב ע״ב). זהו הפרדוקס.

רבי נחוניה פותר זאת באמצעות ההסבר שהצמצום הוא רק מנקודת מבטם של הנבראים, ולא מנקודת מבטו של הבורא. ולכן, אף על פי שאנו רואים ש״עָנָן וַעֲרָפֶל סְבִיבָיו״ (תהלים צז, ב), הקב״ה רואה עצמו מוקף באור – ״אוֹר בָּהִיר הוּא בַּשְּׁחָקִים״

סימן ב

אָמַר ר׳ בֶּרֶכְיָה:
מַאי דִּכְתִיב (בראשית א, ב) ״וְהָאָרֶץ הָיְתָה תֹהוּ וָבֹהוּ״.

פירוש

(איוב לז, כא). זאת מפני שמבחינתו, החשכה אינה אלא אורה – ״לַיְלָה כַּיּוֹם יָאִיר״ (תהלים קלט, יב).

בדיון זה למעשה ר׳ נחוניה עושה שימוש במשולש המוכר – תזה, אנטיתזה וסינתזה. עיקרון זה כבר נמצא ב״י״ג מידות שהתורה נדרשת בהן״, מיסודו של ר׳ ישמעאל (תלמידו של ר׳ נחוניה) – ״שני כתובים המכחישים זה את זה, עד שבא הכתוב השלישי ומכריע ביניהם״ (ספרא, ויקרא, י״ג מידות פרק א). המבנה המשולש הזה עתיד לחזור פעמים רבות בחשיבה הקבלית (ראו ספר יצירה ג, א, וכן להלן סימן קכז).

מעבר לרעיון היסודי הגלום בסימן זה, ייתכן שהוא גם מבקש להסביר דבר יסודי למי שנכנס למעבה הסוד. המראה שהוא רואה בתחילה עלול להיות מעונן וקודר, אך החשכה הזאת, כך אומר ספר הבהיר, היא אור גדול. דבר זה רמוז במילה ״שחקים״, המכוונת לספירות נצח והוד בקבלה, שהן מקורן של הנבואות והחזיונות. מחד גיסא השחקים בהירים, ומאידך גיסא הם עבים וחשוכים.

סימן ב

באופן פשוט, הביטוי ״תוהו ובוהו״ מובן ככאוס וכשממה, אך כאן הוא מתואר כחומרי היסוד שמהם נברא העולם. הבורא מצדו מעניק קיום לכל הדברים, וזוהי הנתינה האולטימטיבית. הבריאה, מצדה, חייבת לקבל את עצם עובדת קיומה כנבראת, וזוהי הקבלה האולטימטיבית.

עיקרון חשוב נוסף הוא העובדה שהא־ל הוא ישות מופשטת לגמרי ואי אפשר לתארו בשום תואר שבעולם. כל עניין שהוא חיוני עבור מעשה הבריאה, הוא עצמו גם נברא. ישנם שני עניינים יסודיים: ״נותן״ ו״מקבל״. באוצר המילים הקבלי, עניין הנתינה נקרא ״אור״ ועניין הקבלה נקרא ״כלי״.

ה״תוהו״ וה״בוהו״ מרמזים לאותם כלים קדומים. ״תוהו״ מרמז לכלים הראשונים, שנשברו, ו״בוהו״ מרמז לכלים לאחר שהם שוחזרו ותוקנו. הכלים הראשונים היו מורכבים מעשר הספירות בצורתם הגולמית ביותר. במצב זה, הספירות לא יכלו ליצור אינטראקציה זו עם זו ומשום כך לא יכלו להעניק דבר, אלא אך ורק לקבל מן הא־ל.

כדי לקבל את אור הבורא, הכלי חייב להיות קשור עמו בדרך כלשהי. הספירות (ובוודאי הא־ל) רוחניות ועל כן לא שייך לגביהן מושגים מרחביים. הקשר אפוא עם הא־ל אינו במגע שבמרחב, אלא בנקודות

מַאי מַשְׁמַע "הָיְתָה", שֶׁכְּבָר הָיְתָה תֹּהוּ? וּמַאי "תֹּהוּ"? דָּבָר הַמַּתְהֶא בְּנֵי אָדָם.

פירוש

הדומות בין שניהם. לכן על מנת לקבל את אורו של הבורא, הכלי חייב במידה מסוימת להידמות לא־ל.

עניין זה מעמידנו בפני קשיים. שהרי אם הבורא הוא המעניק האולטימטיבי, והכלים הם המקבלים, הרי שאלו שני הפכים מוחלטים. על כן עלינו לומר שאם הכלי מבקש לקבל כראוי, עליו גם להעניק.

מה שדרוש אפוא הוא כלי המסוגל לתת ולהעניק באותה המידה שהוא מקבל. דוגמה מובהקת לכך היא האדם – אם אדם מקבל את אורו של הבורא, הוא חייב להידמות לא־ל בכך שהוא מעניק. זאת הוא עושה על ידי שמירת מצוות, ובכך מספק כוח וחיות לעולמות העליונים. אך קודם לכן הוא חייב להידמות לא־ל ברצון החופשי שלו ובכוח הבחירה החופשית שלו, וזה אפשרי רק כאשר ישנם "טוב" ו"רע" בעולם ועל האדם להכריע ביניהם.

השלב הראשון של הבריאה נקרא "עולמות התוהו". כאמור, זה השלב שבו הכלים, שהיו אז הספירות במצבן הגולמי כאמור, יכלו לקבל את האור של הבורא אך לא יכלו להעביר אותו הלאה. היות שהן לא יכלו להידמות לבורא (בתכונת ההענקה), הן היו בלתי שלמות, ועל כן לא יכלו להחזיק את אורו; הן הוצפו באור האלוהי ו"נשברו". זה פשר המושג הקבלי "שבירת הכלים".

זו הסיבה שהכלים נקראו "תוהו", מילה שהשורש שלה דומה ל"תהייה". כאשר אדם "תוהה", פירושו של דבר שהוא הוגה ברעיון שהשכל שלו מתקשה לעכל. באופן דומה, כלי התוהו קיבלו אור שהם אינם מסוגלים להחזיק. כשם שהבלבול והמבוכה מתישים את המוח, כך הכלים הותשו עד שנשברו.

חלקי הכלים השבורים נפלו לעולמות נמוכים יותר מבחינה רוחנית ונעשו למקורו המהותי של כל הרע. על כן נאמר בספר הבהיר: "ברא תהו ושם מקומו ברע" (סימן יא).

זו למעשה הסיבה שבגינה מלכתחילה נבראו כלים שאין להם היכולת להחזיק את האור: על מנת שייברא גם כוח הרע, המאפשר לאדם בחירה חופשית, שכפי שנראה, היא הכרחית לשם בנייתם מחדש של הכלים. יתר על כן, מאחר שהרוע מקורו כאמור בכלים הראשוניים והגבוהים ביותר, הוא יכול להיתקן ולהתעלות עד אותו מקום ממש.

עניין שבירת הכלים מרומז כבר בדברי המדרש על הקב"ה שהיה "בורא עולמות ומחריבן" (בר"ר ג, ז), ועוד קודם לכן בתורה, בפרשיית רשימת מלכי אדום שמלכו ומתו

וּמַאי בֹּהוּ? דָּבָר שֶׁיֵּשׁ בּוֹ מַמָּשׁ, דִּכְתִיב בֹּהוּ בּוֹ הוּא.

פירוש

(בראשית לו). מותו של כל אחד מן המלכים מלמד על שבירתו של כלי מסוים ונפילתו לדרגה נמוכה יותר, שמבחינתו היא "מיתה" (על הסיבה שהכלים מכונים "מלכים" ראו בביאור לסימן מט). גם המילה "תוהו", המתחילה באות ת', האחרונה בא"ב, מייצגת את הספירה הנמוכה מכולן, מלכות. תוהו פירושו שזהו עולם ה"ת", עולם המלכות, המלכים הקדמונים, הם הם המלכים שמתו.

לאחר שהכלים נשברו, הם חזרו וניתקנו, אך הפעם בצורה אחרת – בצורת פרצופים, הנזכרים בסימן סב. כל אחד מן הפרצופים מכיל תרי"ג חלקים, המקבילים לרמ"ח איברים ושס"ה גידים שבגוף האדם, וכן לתרי"ג מצוות עשה ולא תעשה. פרצופים אלו, בניגוד לעשר הספירות במצבן הגולמי, יכולים לקיים אינטראקציות זה עם זה. יתר על כן, בעזרת התורה והמצוות, הפרצופים מקיימים אינטראקציה עם האדם, ועל כן הם במצב של נתינה, לא פחות ממצב של קבלה.

במצבם המתוקן, הכלים כשירים לקבל ולהכיל את האור האלוהי. במונחים קבליים, מצב זה נקרא "עולם התיקון". היות שהכלים של עולם ה"בוהו" יכולים לבוא במגע זה עם זה, ניתן לומר ששורה ביניהם "שלום". זו הסיבה ש"בוהו" הוא מקור השלום (סימן יא).

"בוהו" פירושו בדרך כלל חורבן, או מדויק יותר – ריקנות (כתרגום אונקלוס על אתר). הוא מייצג את ה"ריקנות" של הכלים המוכנים לקבלת השפע. המילה "בוהו" יכולה גם להיקרא כשתי מילים: בו הוא, ומשמעות העניין שהוא כאמור עולם היכול להכיל את האורות.

המקובלים מדברים גם על "תוהו" כמצב הנמצא בתווך בין הכוח ובין הפועל (ראו בדברי ההקדמה לפירוש המיוחס לראב"ד). במצבם הראשוני, לכלים היה רק קיום "בכח", במצב הקיום האינסופי, ובשלב הזה הם אינם ברי השגה כלל וכלל; מנגד, כאשר הם קיימים "בפועל", הרי שאנו כבר מדברים על עולם ה"בוהו". ה"תוהו" הוא בין מצב ה"בכח" לבין מצב ה"בפועל".

הבנת עניין עולם התוהו רלוונטית גם עבור אלו הרוצים להיכנס אל עולם המיסתורין. הקליפות הנובעות מן ה"תוהו" הן כוחות מלאכיים היכולים להטעות אנשים בהראותם להם חזיונות כוזבים. כלי שלם הוא חיזיון של רעיון מובן ושלם, בעוד שכלי שבור הוא חיזיון של רעיון מבולבל ובלתי נהיר. המצב שאדם צריך לחתור אליו הוא אל עולמות ה"בוהו", שם הוא זוכה לחיזיון בהיר ואמיתי, שעליו יכול הוא להכריז: בו־הוא!

סימן ג

וּמִפְּנֵי מָה הִתְחִיל הַתּוֹרָה בְּבֵי"ת?
כְּמָה דְּאַתְחִיל בְּרָכָה
וּמְנָלַן דְּהַתּוֹרָה נִקְרֵאת בְּרָכָה?
שֶׁנֶּאֱמַר (דברים לג, כג) "וּמָלֵא בִּרְכַּת ה' יָם
וְדָרוֹם יְרָשָׁה".
וְאֵין יָם אֶלָּא תּוֹרָה שֶׁנֶּאֱמַר (איוב יא, ט)
"וּרְחָבָה מִנִּי יָם".
מַאי "וּמָלֵא בִּרְכַּת ה'"? אֶלָּא כָּל מָקוֹם
שֶׁנֶּאֱמַר בֵּי"ת הוּא לְשׁוֹן בְּרָכָה[1]

פירוש

סימן ג

האות הראשונה בתורה היא בי"ת, הפותחת את המילה "בראשית", בדומה לאות הפותחת את המילה "ברכה". באופן כללי, במונח "תורה", פעמים שהכוונה לחמשת החומשים, ופעמים שהכוונה לכל המבנה הדתי המבוסס על התורה. אך מבחינה קבלית, כאשר המונח "תורה" כוונתו למהות הפנימית של הבריאה, ל"מפת השרטוט" הרוחנית שלה. כאשר המקובלים מדברים על נוכחותו של הבורא בתוככי הבריאה או על חיצוניותו לבריאה (אימננציה וטרנסצדנציה), הם משתמשים במינוחים "ממלא כל עלמין" או "סובב כל עלמין" (על פי זוהר ח"ג, רכה ע"א), בהתאמה. האות בי"ת אפוא מתייחסת לקו ההשקה בין שני היבטים הללו של הבורא, וזו משמעותה של האות בי"ת – בַּיִת (ראו סימן יד).

התגלות אלוהים בבחינת "ממלא כל עלמין" היא עצמה ה"ברכה" שבדבר, וזו משמעות הפסוק "מָלֵא בִּרְכַּת ה'" (דברים לג, כג), נוכחות הבורא היא היא הברכה. הכלי המכיל את הברכה הוא התורה, במשמעותה הנ"ל.

כִּדְאָמְרִינַן (בראשית א, א) ״בְּרֵאשִׁית״,
וְאֵין ״רֵאשִׁית״ אֶלָּא חָכְמָה שֶׁנֶּאֱמַר
(תהלים קיא, י) ״רֵאשִׁית חָכְמָה יִרְאַת ה׳״,
וְאֵין חָכְמָה אֶלָּא בְּרָכָה שֶׁנֶּאֱמַר ׳וַיְבָרֶךְ
אֱלֹהִים אֶת שְׁלֹמֹה׳[2] וּכְתִיב (מלכים א׳ ה, כו)
״וַה׳ נָתַן חָכְמָה לִשְׁלֹמֹה״, מָשָׁל לְמֶלֶךְ
שֶׁהִשִּׂיא אֶת בִּתּוֹ לִבְנוֹ וּנְתָנָהּ לוֹ בַּחֲתֻנָּה
וְאָמַר לוֹ עֲשֵׂה בָּהּ כִּרְצוֹנְךָ.

1 משמעות האות ב׳ בתור אות תחילית היא ״בתוך״, שלפעמים מורה על המילוי של הדבר. ייתכן שה״מילוי״ רומז לפסוק (ישעיהו ו, ג) ״מלוא כל הארץ כבודו״, שכבוד ה׳ הוא המילוי של כל הדברים. ראו סימנים קל, קלד. המילה מלא בגימטרייה, כאשר מונים גם את המילה עצמה (״עם הכולל״ בשפה הקבלית), היא 72. למסר זה משמעות קבלית חשובה, ראו סימנים צד, קי, קסז.

2 פסוק זה איננו בתנ״ך, אבל ראו מלכים א׳ ב, מה; תיקוני זוהר חדש, קטז.

פירוש

הקבלה גילתה שבין האינסוף האלוהי, הבלתי מושג כלל וכלל, ובין הבריאה כפי שאנו מכירים אותה, ישנן עשר ספירות המבחינות בהדרגה בין השניים. הראשונה מכונה כתר והשנייה חכמה. הכתר מונח מעל הראש ובכך מסמל את מה שלא ניתן להשיג ולהבין; החכמה היא נקודת ההשגה האנושית הגבוהה ביותר, נקודת הראשית של הבריאה, מבחינתו של הבורא. על כן היא מכונה ״ראשית״, אך היות שהיא הספירה השנייה כאמור, היא נקראת בתורה ״ב־ראשית״: ה״ב״ מסמלת את היותה שנייה (ראו סימנים סד, עז).

סימן ד

וּמַאי דְּהַהִיא בְּרָכָה לְשָׁנָא דְּבָרוּךְ הוּא?
דִּלְמָא לְשָׁנָא דְּבֶרֶךְ הוּא?
דִּכְתִיב (ישעיהו מה, כג) "כִּי לִי תִּכְרַע כָּל
בֶּרֶךְ", מָקוֹם שֶׁכָּל בֶּרֶךְ כּוֹרֵעַ
מָשָׁל לְמָה הַדָּבָר דּוֹמֶה?
לִמְבַקְשִׁים לִרְאוֹת אֶת פְּנֵי הַמֶּלֶךְ
וְאֵינָם יוֹדְעִים אָנָה בֵּיתוֹ,
שׁוֹאֲלִים "אָנָה בֵּית הַמֶּלֶךְ" תְּחִלָּה,
וְאַחַר כָּךְ שׁוֹאֲלִים "אָנָה הַמֶּלֶךְ?"
לְפִיכָךְ "כִּי לִי תִּכְרַע כָּל בֶּרֶךְ" וַאֲפִילוּ
עֶלְיוֹנִים, "תִּשָּׁבַע כָּל לָשׁוֹן".

פירוש

סימן ד

המילה "ברכה" קרובה למילה "בֶּרֶךְ", ללמדנו שכשם שכריעת ברך מנמיכה את הגוף כולו, כך ה"ברכה" האלוהית משמעה "הנמכת" מהותו הבלתי נתפסת, כך שהוא יכול להתייחס לבריאה מחד גיסא, וגם להיות מובן (מבעד למעשיו) על ידי הנבראים, מאידך גיסא.

הברכה היא אפוא פסגת השגתנו את הא־ל, המקום שבו מתקיים "כִּי לִי תִּכְרַע כָּל בֶּרֶךְ" (ישעיהו מה, כג). זהו ה"בַּיִת" שעל כל אדם לחפש לפני שהוא מוצא את המלך. זה רומז שוב לספירת חכמה, המיוצגת על ידי האות בי"ת.

עניין חשוב נוסף הנזכר כאן, ועוד נפגוש אותו כמה פעמים בהמשך, הוא

סימן ה

יָשַׁב ר׳ רְחוּמַאי וְדָרַשׁ מַאי דִּכְתִיב (דברים לג, כג) **״וּמָלֵא בִּרְכַּת ה׳ יָם וְדָרוֹם יְרָשָׁה״? אֶלָּא בְּכָל מָקוֹם בֵּי״ת מְבֹרָךְ הוּא כִּי הוּא הַמָּלֵא, שֶׁנֶּאֱמַר ״וּמָלֵא בִּרְכַּת ה׳״**

פירוש

הרעיון הקבלי ש״אתערותא דלעילא״ תלויה ב״אתערותא דלתתא״. הכוונה היא לעיקרון שבטרם יינתן שפע רוחני, חייב לבוא מאמץ מצדו של המקבל. עניין זה קרוב למה שדנו בו בסימן ב׳ מספר הבהיר, העיקרון לפיו כל קבלה של האור האלוהי חייבת להיות כרוכה בנתינה.

המילה ״ברכה״ מתייחסת בראש ובראשונה לשפע הניתן כתוצאה מ״אתערותא דלתתא״. ההתעוררות הראשונית ביותר, מצדם של המקבלים, היא קיום התורה ומצוותיה.

סימן ה

כאן ר׳ רחומאי מסביר כי ספירת חכמה, המסומלת באות בי״ת, היא חוליית המעבר בין הנשגבות המוחלטת של הא־ל לבין נוכחותו הנתפסת. הא־ל אינו רק ״סובב כל עלמין״ אלא גם ״ממלא כל עלמין״.

חכמה היא הצינור של המהות האלוהית, ולכן היא מכילה את כל הדברים. כחוליית הקישור בין הבורא לבין בריאתו היא הכלי הנושא את הפוטנציאל של כל הדברים. התלמוד אומר: ״איזהו חכם – הרואה את הנולד״ (תמיד לב ע״א). חכמה היא המושג שדרכו אלוהים תופס את כל הבריאה (ועל כן היא מקבילה לעיניים) ובמובן זה הוא נטל ״עצה״ ממנה. רעיון זה רמוז כבר במדרש, המלמד שהקב״ה נטל עצה מן התורה בבואו לברוא את העולם (פרקי דרבי אליעזר, ג).

ראינו לעיל שהתורה משולה לים (סימן ג). התורה משולה למים, מפני שמים זורמים בטבעם מלמעלה למטה – כך התורה זורמת מן המקור הרוחני העליון ביותר שלה עד למדרגות הרוחניות הנמוכות ביותר, ואף מתחתן – אל העולם הממשי. אך כאן הדמיון בין התורה למים הוא במובן אחר: ״מעיין מים גדול״ הפורץ מתוך ״סלעים חזקים״.

וּמִשָּׁם מַשְׁקֶה הַצְּרִיכִים.
מִן הַמָּלֵא נָטַל עֵצָה תְּחִלָּה
לְמָה הַדָּבָר דּוֹמֶה? לְמֶלֶךְ שֶׁרָצָה לִבְנוֹת
פַּלְטְרִין שֶׁלּוֹ בִּסְלָעִים חֲזָקִים. קָצַץ
צוּרִים וְחָצַב סְלָעִים וְיָצָא לוֹ מַעְיַן מַיִם
גָּדוֹל מַיִם חַיִּים, אָמַר הַמֶּלֶךְ "הוֹאִיל וְיֵשׁ
לִי מַיִם נוֹבְעִים אֶטַּע גַּן וְאֶשְׁתַּעֲשַׁע בּוֹ
אֲנִי וְכָל הָעוֹלָם".

פירוש

סלעים אלו מייצגים את הצמצום, המשיב אחור את האור האלוהי. כפי שראינו במבוא, לאחר הצמצום קו דק של אור נכנס אל תוך החלל הפנוי. קו זה הוא המעיין הפורץ מבין הסלעים.

על מנת להצליח להכיל משהו, על הכלי להיות מסוגל למנוע מעצמו לדלוף. מסננת אינה יכולה כמובן להחזיק מים. אותו הכוח הפועל להכלת האור האלוהי, הוא שפועל גם להגביל אותו שלא יישפך החוצה. זהו תפקיד ה"בוהו" כפי שראינו לעיל בסימן ב. כאן כח זה מוצג כ"סלע", כאבן, על פי הפסוק בישעיהו (לד, יא): "וְאַבְנֵי בֹהוּ".

מתוך עשר הספירות, שבע התחתונות מקבילות לשבעת ימות השבוע ונקראות גם שבע ה"מידות". מעליהן ישנן שלוש ספירות המכונות יחד "מוחין", והן: כתר, חכמה ובינה. התורה יצאה מספירת חכמה, המצויה כאמור שתי ספירות מעל שבע התחתונות. זו הסיבה שנאמר שהתורה נבראה "אלפיים שנה" (שני "ימים", במושגיו של הקב"ה) לפני שבעת ימי הבריאה.

הָדָא הוּא דִכְתִיב (משלי ח, ל) "וָאֶהְיֶה אֶצְלוֹ אָמוֹן וָאֶהְיֶה שַׁעֲשׁוּעִים יוֹם יוֹם מְשַׂחֶקֶת לְפָנָיו בְּכָל עֵת".

אָמְרָה תּוֹרָה, אַלְפַּיִם שָׁנָה הָיִיתִי בְּחֵיקוֹ שַׁעֲשׁוּעִים שֶׁנֶּאֱמַר "יוֹם יוֹם", וְיוֹמוֹ שֶׁל הַקָּדוֹשׁ בָּרוּךְ הוּא אֶלֶף שָׁנָה שֶׁנֶּאֱמַר (תהלים צ, ד) "כִּי אֶלֶף שָׁנִים בְּעֵינֶיךָ כְּיוֹם אֶתְמוֹל כִּי יַעֲבֹר".

פירוש

בקבלה, אנו מוצאים את ההקבלות הבאות:

חכמה	אלפים	עין	אצילות	י
בינה	מאות	אוזן	בריאה	ה
שש המידות	עשרות	אף	יצירה	ו
מלכות	יחידות	פה	עשייה	ה

כפי שמוצג בטבלה, ארבעת השלבים בספירות מקבילים לארבע אותיות השם המפורש. הם גם מקבילים לארבעת העולמות: אצילות - עולם הספירות; בריאה - עולם הנשמות ועולם הכיסא; יצירה - עולם המלאכים; עשייה - העולם המוחשי וההיבט הרוחני שלו.

מאחר שספירת החכמה מקבילה לאלפים, כל יום מקביל לאלף שנים: "כִּי אֶלֶף שָׁנִים בְּעֵינֶיךָ כְּיוֹם אֶתְמוֹל כִּי יַעֲבֹר"

מִכָּאן וְאֵילָךְ בְּכָל עִתִּים, שֶׁנֶּאֱמַר "בְּכָל עֵת".

וְהַשְּׁאָר לְעוֹלָם שֶׁנֶּאֱמַר (ישעיהו מח, ט) **"וּתְהִלָּתִי אֶחֱטָם לָךְ", מַאי וּתְהִלָּתִי? דִּכְתִיב** (תהלים קמה, ב) **"תְּהִלָּה לְדָוִד אֲרוֹמִמְךָ", מַאי תְּהִלָּה, מִשּׁוּם דַּאֲרוֹמִמְךָ.**

וּמַאי רוֹמֵמָה? מִשּׁוּם דַּ"אֲבָרְכָה שִׁמְךָ לְעוֹלָם וָעֶד".

פירוש

(תהלים צ, ד). מתוך הפסוק אנו גם שומעים על מקומה של העין ("בעיניך"). כאשר אנו מגיעים לימי הבריאה עצמם, האיבר הרלוונטי הוא האף, כביכול העולם נברא בנשימת אפו של הבורא.

כפי שראינו לעיל, לפני כל ברכה או שפע היורד מלמעלה, חייבת להיות קודם לכן "אתערותא דלתתא" (סימן ד). לכן דוד המלך אומר, שבשעה שמהלל ("תהילה") את ה', גם שמו מתהלל ("אהללה שמך"), שפירושו של דבר, ששפע ברכה יורד אל העולם (ראו תשובות הרשב"א ה, נא).

המילה "תהילה" כאן מייצגת את ספירת המלכות, שהיא הנמוכה ביותר מבין הספירות ומהווה את כלי הקיבול של כל שפע תשע הספירות שמעליה. הספירה הזאת גם מתייחסת לדוד המלך עצמו, מייסד הממלכה בישראל. בזכות הממלכה הזאת, הקב"ה נקרא מלך, ועל כן אומר הפסוק: "אֲרוֹמִמְךָ אֱלוֹהַי, הַמֶּלֶךְ" (תהלים קמה, א). מטרת הקב"ה בבריאת העולם היא להיטיב למעשי ידיו. כאשר המטרה הזאת מתקיימת בזכות "אתערותא דלתתא", מטרתו מושגת, ושמו אכן מתרומם ומתעלה.

סימן ו

וּמַאי בְּרָכָה?
אֶלָּא מָשָׁל לְמֶלֶךְ שֶׁנָּטַע אִילָנוֹת בְּגַנּוֹ,
וְאַף עַל פִּי שֶׁיָּרְדוּ גְּשָׁמִים שׁוֹאֵב תָּמִיד
וְגַם הַקַּרְקַע לַחָה וְשׁוֹאֶבֶת תָּמִיד צָרִיךְ
הוּא לְהַשְׁקוֹתָהּ מִן הַמַּעְיָן שֶׁנֶּאֱמַר
(תהלים קיא, י) "רֵאשִׁית חָכְמָה יִרְאַת ה'
שֵׂכֶל טוֹב לְכָל עֹשֵׂיהֶם",
וְאִם תֹּאמַר שֶׁהִיא חֲסֵרָה כְּלוּם? הֲרֵי
הוּא אוֹמֵר (שם) "תְּהִלָּתוֹ עֹמֶדֶת לָעַד".

פירוש

סימן ו
הדוגמה כאן היא כיצד "אתערותא דלתתא" קשורה בטבורה לעניין ה"ברכה". הגשם היורד מלמעלה מייצג את השפע האלוהי היורד מלמעלה, כנובע מתפיסת הא־ל כ"סובב כל עלמין". ה"לחות" של הקרקע נובעת מתפיסת הא־ל כ"ממלא כל עלמין". אך עדיין, הקרקע זקוקה למים מלמטה, מן ה"מעיין". עניין זה מרמז לעובדה ש"אתערותא דלתתא" היא בראש ובראשונה מתוך התורה. זהו גם רעיון השבח וה"תהילה", המתחיל מלמטה עם עניין המלכות ומתקדם מעלה, "לעד" (ראו סימן קעא).

סימן ז

יָשַׁב רַבִּי אָמוֹרָאֵי וְדָרַשׁ:
מַאי דִּכְתִיב (דברים לג, כג) "וּמָלֵא בִּרְכַּת ה' יָם וְדָרוֹם יְרָשָׁה"?
כָּךְ אָמַר מֹשֶׁה: "אִם תֵּלֵךְ בְּחֻקּוֹתָיו תִּירַשׁ הָעוֹלָם הַזֶּה וְהָעוֹלָם הַבָּא".
הָעוֹלָם הַבָּא שֶׁהוּא נִמְשָׁל לַיָּם שֶׁנֶּאֱמַר (איוב יא, ט) "וּרְחָבָה מִנִּי יָם", וְהָעוֹלָם הַזֶּה נִמְשָׁל לַדָּרוֹם שֶׁנֶּאֱמַר (יהושע טו, יט) "כִּי אֶרֶץ הַנֶּגֶב נְתַתָּנִי" וּמְתַרְגְּמִינַן "אֲרֵי אַרְעָא דְּדָרוֹמָא".

פירוש

סימן ז

ראינו קודם לכן שיַם רומז לתורה (סימן ג), אך כאן הים רומז לעולם הבא. אין ניגוד בין הדברים היות שהתורה נובעת מאורו של הא־ל, ועל כן היא כשלעצמה גם הגמול, העולם הבא. הגמול הוא התגלות ברכת הא־ל, שהוא ה"מלא".

העולם הזה מרומז במילה "דרום", הואיל והדרום מקביל לספירת חסד. בעוד שאת העולם הבא אדם צריך להרוויח במעשיו, העולם הזה ניתן לו כמתנת חינם, במחווה של אהבה.

סימן ח

וְעוֹד לָמָּה הוֹסִיף הַקָּדוֹשׁ בָּרוּךְ הוּא הֵ"א בְּאַבְרָהָם[3] יוֹתֵר מִשְּׁאָר אוֹתִיּוֹת? אֶלָּא כְּדֵי שֶׁיִּזְכּוּ כָּל אֵבָרָיו שֶׁל אָדָם לְחַיֵּי עוֹלָם הַבָּא שֶׁהוּא נִמְשָׁל לַיָּם כִּבְיָכוֹל בּוֹ נִשְׁלַם הַבִּנְיָן דִּכְתִיב (בראשית ט, ו) **"כִּי בְּצֶלֶם אֱלֹהִים עָשָׂה אֶת הָאָדָם" וְאַבְרָהָם בְּגִימַטְרִיָּא רמ"ח כְּמִנְיַן אֵבָרָיו שֶׁל אָדָם.**

3 כאשר ה' שינה את שמו מאברם לאברהם. ראו בראשית יז, ה; נדרים לב ע"ב.

פירוש

סימן ח

כאשר שינה הקב"ה את שמו של אברם לאברהם, היה זה על ידי תוספת ה"א לשמו. מספר איברי גופו של אדם הוא רמ"ח (על פי אוהלות א, ח), ועל כן כאשר הה"א נוספה, זכה אברהם לשליטה בחמישה איברים נוספים – שתי עיניים, שתי אוזניים ואיבר הברית (נדרים לב ע"ב).

ערכה המספרי של האות ה"א הוא חמש, והיא רומזת לחמשת חלקי הנשמה (סימן נג). תוספת האות הזאת לאברהם מורה על כך שחמש הדרגות הללו ניתנו לו.

הקשר אחר של האות ה"א הוא של אחיזה. כאמור, ערכה המספרי של ה"א הוא חמש, ועל כן היא רומזת לחמש אצבעות היד (ראו סימנים קפח, קצג). האות ה"א היא גם אות תחילית וגם אות סופית. בסוף מילה היא משמשת לרוב ללשון נקבה, וכן ללשון שייכות בנקבה. בתחילת מילה היא משמשת כ"ה"א היידוע". בכל המשמעויות

סימן ט

מַאי דִּכְתִיב (דברים לג, כג) "[וּמְלֵא בִּרְכַּת ה'
יָם וְדָרוֹם] יְרָשָׁה", רֵשׁ הָיָה לוֹ לוֹמַר?
אֶלָּא רֵשׁ יָהּ אַף הַקָּדוֹשׁ בָּרוּךְ הוּא
בִּכְלָל, וְהַיְינוּ רֵשׁ יָהּ
לְמָה הַדָּבָר דּוֹמֶה לְמֶלֶךְ שֶׁהָיוּ לוֹ ב'
אוֹצָרוֹת וְהִקְצָה לוֹ אֶחָד מֵהֶם לִבְנוֹ,

פירוש

הללו של האות ה"א היא למעשה משמשת כאחיזה והתוויה.

זהו גם הקשר של שתי האותיות ה"א בשם המפורש. הה"א הראשונה מקבילה לספירת בינה, וזו היד שבה הא־ל נותן כגמול את העולם הבא. הה"א האחרונה מקבילה לספירת מלכות, וזו היד שהוא שולח לנו על מנת שנוכל להיות ראויים לקבל את הגמול הזה. כך, דרך אותה הה"א, אברהם נעשה ראוי להיות בן עולם הבא. עניין זה מקושר אל הים, שכן כמו הים, הוא כלי קיבול.

ה"צלם" שבו נברא האדם, הוא התבנית האלוהית שממנה גם נעשה בסוף האדם (ראו סימנים פב, קעב). זו ההתגלות הקדמונית ביותר של הבורא ועל כן הגבוהה ביותר. בכתבי האר"י העניין מכונה "אדם קדמון". התוכנית הזאת מכילה רמ"ח חלקים, וכאשר השלים אברהם את רמ"ח איבריו באמצעות ברית המילה, הוא נעשה למקבילה מדויקת של אותו צלם עליון וקדמוני.

סימן ט

הצורה הדקדוקית "רש" מצויה בכמה

לְסוֹף יָמִים אָמַר לִבְנוֹ "טוֹל מַה שֶׁיֵּשׁ בִּשְׁנֵי אוֹצָרוֹת הַלָּלוּ". אָמַר הַבֵּן "שֶׁמָּא לֹא יִתֵּן לִי מַה שֶּׁהִקְצָה לִי". אָמַר לוֹ "טוֹל הַכֹּל".

וְהַיְינוּ דִּכְתִיב "יָם וְדָרוֹם יְרָשָׁה", וְיָהּ רָשׁ וַיִּנָּתֵן לְךָ הַכֹּל אִם תִּשְׁמֹר דְּרָכַי.[4]

4 הערת המתרגם: בדפוסים: ויה רש וינתן לך הכל ויה רש ולמי שתשמור דרכי. בספר הבהיר שההדיר דניאל אברמס (לוס אנג'לס: כרוב, תשנ"ד): ויה רש הכל נתן לך ולואי תשמור דרכיו.

פירוש

מקומות במקרא: דברים א, כא; ב, כד; ב, כא; מלכים א' כא, טו. המחבר מלמד כאן שאלוהים צריך להיות כלול בכל מעשי האדם, או במילים אחרות - כל מעשי האדם צריכים להיות לשם שמים, ולא בעבור גמול עתידי. במקרה כזה, אדם "יורש" את אלוהיו, כיוון שעקרון הגמול הוא רק הד קלוש של אפשרות של קיום אינסופי כבר כעת.

האות יו"ד של השם המפורש מתייחסת לספירת חכמה, בעוד שהאות ה"א היא ספירת בינה. הא־ל כבר נתן לאברהם (ה"בן" שבמשל) את האות ה"א בעולם הזה, ולכן היינו עשויים לסבור שאת האות יו"ד הוא לא יקבל גם לא בעולם הבא ("אמר הבן שמא לא יתן לי מה שהקצה"). על כן נאמר לו "טול הכל" - "יָם וְדָרוֹם יְרָשָׁה" (דברים לג, כג), גם יו"ד וגם ה"א (המקבילות גם ל"אלפיים שנים" שבסימן ה). המשל מלמד גם שיש לחפש אחר הא־ל עצמו, ולא אחר אוצרותיו והגמול שלו בלבד. אם הבן היה מחפש רק אחר האוצרות, הוא לא היה מקבל דבר.

סימן י

אָמַר רַבִּי בּוֹן
מַאי דִּכְתִיב (משלי ח, כג) "מֵעוֹלָם נִסַּכְתִּי
מֵרֹאשׁ מִקַּדְמֵי אָרֶץ"?
מַאי "מֵעוֹלָם"? שֶׁצָּרִיךְ לְהַעֲלִימוֹ
מִכְּלֵי עָלְמָא דִּכְתִיב (קהלת ג, יא) "גַּם אֶת
הָעֹלָם נָתַן בְּלִבָּם", אַל תִּקְרָא הָעוֹלָם
אֶלָּא הֶעְלֵם, אָמְרָה תּוֹרָה "אֲנִי קָדַמְתִּי
לָעוֹלָם", שֶׁנֶּאֱמַר "מֵעוֹלָם נִסַּכְתִּי
מֵרֹאשׁ"

פירוש

סימן י

פרק ח במשלי מדבר מגרונה של ה"חכמה". לעיל בסימן ה עסק ספר הבהיר בפסוק ל מפרק זה, וכעת הוא שב לדון בפסוק כג. בעברית המילה "עולם" משמעותה גם היקום, אך גם תיאור זמן - "לעולם", ולשניהם זיקה למילה "העלם", דהיינו נסתר. על פי הבנתו של ספר הבהיר, הפסוק אומר שהעולם למעשה מעלים את הא־ל, אינו מאפשר לו להיראות באופן ישיר וגלוי.

הנצח, העולמי־עד, הוא ההעלם הגמור, מפני שבן אנוש אינו מסוגל לתפוס זמן אינסופי, כל שכן להבין לעומק מהי מציאות על־זמנית או נצחיות אמיתית. ה"העלם" רומז לספירת כתר, שהיא מעל לחכמה, והיא מקור לה (ראו סימן מט). ספירת כתר נרמזת גם במילה "קדם", והיא מייצגת את ה"רצון" האלוהי, שהוא מקור התורה.

הכתר מונח אפוא מעל ה"ראש", משום שה"ראש" מסמל את ספירות חכמה ובינה, שהן כלי ההכרה שלנו. התורה היא "חכמה", ולכן היא "ראש לעולם".

אנשים עשויים לחשוב שהתורה ניתנה על מנת "לתקן" את העולם. אך במקרה

וְאִם תֹּאמַר שֶׁמָּא הָאָרֶץ קָדְמָה לָהּ תַּלְמוּד לוֹמַר "מִקַּדְמֵי אָרֶץ", כִּדְאָמְרִינַן (בראשית א, א) "בְּרֵאשִׁית בָּרָא". וּמַאי "בָּרָא", בָּרָא כָּל צָרְכֵי הַכֹּל. וְאַחַר כָּךְ אֱלֹהִים. וּמַאי כְּתִיב בַּתְרֵיהּ? "אֶת הַשָּׁמַיִם וְאֶת הָאָרֶץ".

פירוש

כזה, התורה הייתה נבראת לאחר העולם. למעשה, התורה הייתה תוכנית המתאר של העולם ועל כן כמובן קדמה לו.

המילה "בראשית" מתייחסת לספירת חכמה. "אלהים" הוא כינוי לספירת בינה, כיוון שכאשר אנו משתמשים במילה זו, אנו למעשה מדברים על הבנתנו בו. המילה "שמים" שבפסוק הראשון בתורה רומזת לשש הספירות הבאות ועל כן היא בלשון רבים. "הארץ" היא ספירת מלכות. על כן, הפסוק "בראשית ברא אלהים את השמים ואת הארץ" רומז למעשה לרמות השונות של הבריאה (ראו בפירוש סימן ה). המילה "ברא" עצמה רומזת לכך שה"חכמה" כוללת באופן פוטנציאלי את כל מה שעשוי לבוא לידי קיום בעתיד.

טרם הבריאה, רק הקיום האינסופי היה קיים ולכן הכל היה זהה והומוגני. הזהות הזאת היא המושג המופשט ביותר שהמוח יכול לתפוס ביחס לאינסופי, ולכן הוא המהות של ספירת חכמה.

הבריאה, מכל מקום, היא הקוטב המנוגד ביותר לבורא, היות שהבורא נותן קיום, בעוד הבריאה מקבלת אותו. לכן לפני שהבריאה יכלה להיברא, היה צריך לברוא את עצם מושג ההבחנה. זוהי המהות של ספירת בינה, וזו גם הסיבה לכך שהמילה "בינה" חולקת את אותו השורש עם המילה "בין". הגמרא גם מלמדת שהבינה - עניינה "להבין דבר מתוך דבר" (סנהדרין צג ע"ב).

במדרגה של "בראשית" או "חכמה", כל מה שקיים הוא מהות פוטנציאלית אחידה. כאשר נכנס "אלהים" לתמונה, ספירת בינה, ניתן להבחין בין שמים לארץ.

סִימָן יא

וּמַאי "גַּם אֶת זֶה לְעֻמַּת זֶה עָשָׂה הָאֱלֹהִים" (קהלת ז, יד)?
בָּרָא בֹּהוּ וְשָׂם מְקוֹמוֹ בְּשָׁלוֹם וּבָרָא תֹּהוּ וְשָׂם מְקוֹמוֹ בְּרָע
בֹּהוּ בְּשָׁלוֹם שֶׁנֶּאֱמַר (איוב כה, ב) "עֹשֶׂה שָׁלוֹם בִּמְרוֹמָיו". מְלַמֵּד שֶׁמִּיכָאֵל שַׂר הַיְמִינִי שֶׁל הַקָּדוֹשׁ בָּרוּךְ הוּא מַיִם וּבָרָד וְגַבְרִיאֵל שַׂר שְׂמֹאלוֹ שֶׁל הַקָּדוֹשׁ בָּרוּךְ הוּא אֵשׁ, וְשַׂר שָׁלוֹם בֵּינֵיהֶם מַכְרִיעַ וְהַיְינוּ דִּכְתִיב "עֹשֶׂה שָׁלוֹם בִּמְרוֹמָיו".

פירוש

סימן יא

השם בפסוק מספר קהלת הוא "אלהים", הרומז לספירת בינה. הבינה, ההבנה, עוברת דרך היכולת להבחין בין דברים, לכן בינה היא למעשה יכולת ההבחנה. הפסוק "זֶה לְעֻמַּת זֶה עָשָׂה הָאֱלֹהִים" (קהלת ז, יד) מלמד שהניגודיות עצמה, ההבחנה, נעשתה בעצם על ידי הבינה (לדיון על "תוהו ובוהו" ראו פירוש על סימן ב).

מיכאל הוא מלאך האהבה, הנתינה החופשית, בעוד שגבריאל הוא מלאך הצדק, הריסון של האהבה, כמו גם של הקבלה ללא נתינה. שני מלאכים אלו מייצגים שני הפכים, אך אפשרות המפגש היחידה ביניהם היא ה"בוהו", החורבן והשממה, הרעיון של בחירה חופשית, המאפשרת למקבל להיות גם נותן.

כאמור, המלאכים הם מעולם היצירה,

סימן יב

וּמְנָלַן דְּתֹהוּ הוּא בְּרָע? דִּכְתִיב (ישעיהו מה, ז) **"עֹשֶׂה שָׁלוֹם וּבוֹרֵא רָע" הָא כֵּיצַד? רַע מִתֹּהוּ וְשָׁלוֹם מִבֹּהוּ בָּרָא תֹהוּ וְשָׂם מְקוֹמוֹ בְּרַע, שֶׁנֶּאֱמַר "עֹשֶׂה שָׁלוֹם וּבוֹרֵא רָע" בָּרָא בֹהוּ וְשָׂם מְקוֹמוֹ בְּשָׁלוֹם שֶׁנֶּאֱמַר "עֹשֶׂה שָׁלוֹם בִּמְרוֹמָיו".**

פירוש

שהוא השתקפות עולם האצילות, עולם הספירות. מיכאל הוא בן זוגה כביכול של ספירת חסד, וגבריאל – של ספירת גבורה. השם "אל" מרמז לספירת חסד, ופירוש השם "מיכאל" הוא: מי־כאל (ראו במדבר רבה ב, ו). פירוש השם "גבריאל" הוא גבורת הא־ל, כוחו של אלוהים.

"שלום" מיוחס בדרך כלל ל"דעת", שהיא ספירה־למחצה, ממוצעת בין הספירות חכמה ובינה הדעת משפיעה לתפארת, הספירה שתחתיה. "עושה השלום" הוא מלאך המקביל לספירת תפארת, ומזוהה עם המלאך אוריאל (ראו סימן קח).

סימן יב

הפועל "בורא" מתייחס להתחלה של משהו חדש, דבר הנוצר יש מאין. לעומת זאת, הפועל "עושה" מתייחס להשלמה של משהו קיים. לכן כאשר נאמר שהא־ל "בורא רע", הוא מתייחס לעולמות התוהו, שהיוו את שלב הבריאה הראשון, והם נבראו יש מאין. מימוש תכלית הבריאה הוא ברעיון השלום, שם כל הניגודים יתאחדו – זהו "עושה שלום".

מימושה הסופי של הבריאה הוא בהתאמה בין שני ההפכים המוחלטים: הבורא והנברא. דבר זה ייתכן רק באמצעות בריאת הרע (ראו פירוש על סימן ב).

סימן יג

וְעוֹד יָשַׁב ר׳ בּוֹן וְדָרַשׁ
מַאי דִּכְתִיב (ישעיהו שם) ״יוֹצֵר אוֹר וּבוֹרֵא
חֹשֶׁךְ״? אֶלָּא אוֹר שֶׁיֵּשׁ בּוֹ מַמָּשׁ, כְּתִיב
בּוֹ ״יְצִירָה״. חֹשֶׁךְ שֶׁאֵין בּוֹ מַמָּשׁ כְּתִיב
בֵּיהּ ״בְּרִיאָה״, כְּמָה דְּאַתְּ אָמַר (עמוס ד, יג)
״יוֹצֵר הָרִים וּבֹרֵא רוּחַ״.
וְאִי בָּעֵית אֵימָא:
אוֹר שֶׁיֵּשׁ בּוֹ עֲשִׂיָּה דִּכְתִיב (בראשית א, ג)
״וַיֹּאמֶר אֱלֹהִים יְהִי אוֹר״, וְאֵין הֲוָיָה
אֶלָּא עַל יְדֵי עֲשִׂיָּה. חֹשֶׁךְ דְּלֹא הָוֵי בֵּיהּ
עֲשִׂיָּה, כְּלוֹמַר דְּלֹא כְּתִיב בֵּיהּ עֲשִׂיָּה
אֶלָּא הַבְדָּלָה וְהַפְרָשָׁה בִּלְבַד קָרֵי בֵּיהּ
בְּרִיאָה, כְּמָה דְּאַתְּ אָמַר ״הִבְרִיא פְּלוֹנִי״.

פירוש

סימן יג

גם כאן, ״בריאה״ עניינה יש מאין, בעוד יצירה היא יש מיש. האור היוצא מן הבורא, הוא אפוא יש מיש. חושך, לעומת זאת, הוא חידוש גמור, ואין לו כל יחסים עם הא־ל. לכן נאמר עליו שהוא ״נברא״, יש מיש (ראו מורה נבוכים, ח״ג פרק י).

הסימן הזה מכיל גם רמז בדבר רעיון

סימן יד

לָמָּה ב׳ סְתוּמָה מִכָּל צַד וּפְתוּחָה מִלְּפָנֶיהָ? לְלַמֶּדְךָ שֶׁהוּא בַּיִת לָעוֹלָם. וְהַיְנוּ דְקֻדְשָׁא בְּרִיךְ הוּא מְקוֹמוֹ שֶׁל עוֹלָם וְאֵין הָעוֹלָם מְקוֹמוֹ וְאַל תִּקְרָא בֵּי״ת אֶלָּא בַּיִת הָדָא הוּא דִכְתִיב (משלי כד, ג) ״בְּחָכְמָה יִבָּנֶה בָּיִת וּבִתְבוּנָה״.

פירוש

הצמצום (שבו דנו במבוא). כל הבריאה הייתה מלאה באור אינסוף, ולכן ה״חושך״, שהוא הגבלת האור וצמצומו, היה בהחלט חידוש ולכן נעשה שימוש בפועל ״בורא״ לגבי החושך. ה״קו״ של האור שנכנס אל תוככי החשכה של החלל הפנוי, יסודו באור אינסוף, ועל כן לגביו נעשה שימוש בפועל ״יוצר״.

באופן כללי, מחשבה היא ״בריאה״ חדשה, שכן הגדרתה היא ״יש מאין״. דיבור, לעומת זאת, נוצר מתוך המחשבה, ״יש מיש״, ועל כן הוא ברמת ״יצירה״, ולא בריאה. כאשר נאמר ״וַיֹּאמֶר אֱלֹהִים יְהִי אוֹר״ (בראשית א, ג), הביטוי ״ויאמר אלהים״ מרמז אל רמת הדיבור, שהיא רמת היצירה. נשים לב שבכל הנוגע לעניין החושך, לא נאמר הביטוי ״ויאמר אלהים״ אלא הכתוב אומר רק: ״וְחֹשֶׁךְ עַל פְּנֵי תְהוֹם״ (שם ב), חושך הנמשך מחכמתו של הא-ל, אך לא מדיבורו. מושג החושך קשור בטבורו גם להבחנה והבדלה, כמו שאומר הכתוב: ״וַיַּבְדֵּל אֱלֹהִים בֵּין הָאוֹר וּבֵין הַחֹשֶׁךְ״ (שם ד). כאשר אנו אומרים שאדם ״מבריא״, כוונתנו שהוא מבדיל את עצמו מן המחלה.

סימן יד

אלוהים מכיל את הכל, אפילו את החלל ואת הזמן, אך הוא איננו מוכל על ידם. דבר זה נכון גם לגבי ספירת ״חכמה״, שהיא נקודת ה״יש״ הראשונית, עוד בטרם נבראו החלל והזמן. לגבי עניינה של האות בי״ת, ראו פירוש על סימן ג.

סימן טו

וּלְמָה ב׳ דּוֹמָה? לְאָדָם שֶׁנּוֹצַר בְּחָכְמָה.
שֶׁסָּתוּם מִכָּל צַד וּפָתוּחַ מִלְּפָנָיו.
וְהָא׳ פָּתוּחַ מִלְּאַחֲרָיו, כָּזֶה א
לוֹמַר זֶה זְנַב הַבּ׳ שֶׁפְּתוּחָה מִלְּאַחֲרָיו

פירוש

סימן טו

שני איברי האדם שבהם הוא בא לידי ביטוי באופן מרכזי הם הפה ואיבר המין, ושניהם "פתוחים" מלפנים. האות בי"ת מסמלת את ספירת חכמה, שהיא אפיק הביטוי הראשון של הא־ל. חכמה היא רק ספירה, האצלה מתוך הא־ל, אך בשום פנים אינה שווה במעמדה לא־ל עצמו. לכן יש לאות בי"ת "זנב" מאחוריה, מקור יניקה אחורי, המרמז לאות שלפניה, האל"ף, המרמזת בעצמה למקור עליון יותר.

איור 2: האות בי"ת: יש לה "זנב" מאחוריה (מימין) והיא פתוחה מלפנים.

האל"ף מסמלת את הספירה הראשונה, "כתר". היא נסתרת לגמרי, ורק משמשת

שֶׁאִלְמָלֵא כֵּן לֹא יִתְקַיֵּם הָאָדָם.
כָּךְ אִלְמָלֵא בֵּי"ת בִּזְנָבָהּ שֶׁל א', לֹא יִתְקַיֵּם הָעוֹלָם.

פירוש

ככלי קיבול לאלוהי, להחזיק את אורו שלא יציף את הבריאה כולה. האל"ף, אם כן, פתוחה מאחוריה. אפילו כתר מקבל את קיומו מן האינסוף, הרחוק מרחק אינסופי ממנו. דבר זה בהחלט נכון גם לגבי ספירת חכמה, הספירה השנייה לאחר הכתר.

אף שכתר הוא היסוד הגבוה ביותר – אך הניתן להשגה – של הבריאה, הוא כאמור רחוק מרחק אינסופי מן האינסוף ברוך־הוא. הזוהר אומר שאף שהכתר הוא האור הבהיר ביותר, הוא חשוך לחלוטין לעומת האינסוף

איור 3: האות אל"ף: ה"זנב" שלה הוא האות בי"ת.

עצמו (תיקוני זוהר, תיקון ע). לכן אפילו לאות אל"ף יש "זנב" בדמות האות בי"ת (ראו איור 3).

סימן טז

אָמַר ר׳ רְחוּמַאי:
הָאוֹרָה קָדְמָה לָעוֹלָם (תהלים צז, ב) שֶׁ״עָנָן
וַעֲרָפֶל סְבִיבָיו״, שֶׁנֶּאֱמַר (בראשית א, ג)
״וַיֹּאמֶר אֱלֹהִים יְהִי אוֹר״.
אָמְרוּ לוֹ קֹדֶם יְצִירַת יִשְׂרָאֵל בִּנְךָ תַּעֲשֶׂה
לוֹ עֲטָרָה. אָמַר לָהֶם: הֵן.
מָשָׁל לְמָה הַדָּבָר דּוֹמֶה? לְמֶלֶךְ
שֶׁמִּתְאַוֶּה לְבֵן וּמָצָא עֲטָרָה נָאָה קְלוּסָה
וּמְשֻׁבַּחַת, שָׂמַח שִׂמְחָה וְאָמַר ״זֶה לִבְנִי
לְרֹאשׁוֹ״.
אָמְרוּ לוֹ ״וְיוֹדֵעַ הוּא שֶׁבְּנוֹ רָאוּי לָזֶה״?
אָמַר ״שְׁתֹק, כָּךְ עָלָה בְּמַחֲשָׁבָה״.
וְנוֹדַע שֶׁנֶּאֱמַר (שמואל ב׳ יד, יד) ״וְחָשַׁב
מַחֲשָׁבוֹת [לְבִלְתִּי יִדַּח מִמֶּנּוּ נִדָּח]״.

פירוש

סימן טז

השאלה כאן היא: מאחר שהאור האלוהי ניתן רק מתוך רצונו החופשי, איך אפשר להיות בטוחים שהאדם שייהנה ממנו יהיה

סימן יז

יָשַׁב ר׳ אָמוֹרָאֵי וְדָרַשׁ: לָמָּה אָלֶ״ף בָּרֹאשׁ? שֶׁהִיא קוֹדֶמֶת לַכֹּל, וַאֲפִלּוּ לַתּוֹרָה.

פירוש

ראוי לכך? הקב״ה עונה על כך בפסוק המלמד שלעתיד לבוא יהיו כולם ראויים לאור הזה, ״לְבִלְתִּי יִדַּח מִמֶּנּוּ נִדָּח״ (שמואל ב׳ יד, יד).

האור הזה, הגנוז לעתיד לבוא, נברא קודם העולם הזה (ראו סימן קס), והוא מיוצג על ידי הכתר, משום שעל העולם הבא נאמר: ״הצדיקים יושבים ועטרותיהם בראשיהם״ (בבלי ברכות יז ע״א). הדבר מלמד שהאור הגבוה ביותר, הנאצל מן הכתר, יהיה לעתיד לבוא בגבול השגתו של האדם.

סימן יז

התורה נאצלת מתוך ספירת חכמה, והאות אל״ף מסמלת את ספירת כתר, הגבוהה מן החכמה. ספירת הכתר אינה בת השגה בעולם הזה, ולכן הדרגה הגבוהה ביותר שאדם יכול להשיג היא ספירת חכמה.

אותיות האל״ף־בי״ת מייצגות מושגים מופשטים, ולכן הן יכולות לפתוח באל״ף, המייצגת כאמור את הכתר. אך התורה מעוניינת שתהיה לאדם תפיסה כלשהי במושג האלוהות, ולכן היא פותחת בבי״ת, שהיא חכמה, הניתנת להשגה.

סימן יח

וְלָמָּה בֵּי"ת קְרוֹבָה לָהּ? מִפְּנֵי שֶׁהִיא
הָיְתָה תְּחִלָּה.
וְלָמָּה יֵשׁ לָהּ זָנָב כָּזֶה ב? לְהֵרָאוֹת
מֵאֵיזֶה מָקוֹם הָיְתָה
וְיֵשׁ אוֹמְרִים שֶׁמִּשָּׁם נִתְקַיֵּם הָעוֹלָם.

פירוש

סימן יח

על "זנבה" של האות בי"ת, ראו לעיל סימן טו.

סימן יט

וְלָמָּה ג׳ שְׁלִישִׁית?
מִפְּנֵי שֶׁהִיא שְׁלִישִׁית [מֻרְכֶּבֶת מִשְּׁלֹשָׁה חֲלָקִים], **לְהוֹדִיעַ שֶׁהוּא גּוֹמֵל חֲסָדִים.**
ר׳ עֲקִיבָא אָמַר: לָמָּה ג׳ שְׁלִישִׁית [מֻרְכֶּבֶת מִשְּׁלֹשָׁה חֲלָקִים] **מִפְּנֵי שֶׁגּוֹמֶלֶת וּמְגַדֶּלֶת וּמְקַיֶּמֶת, כְּמָה דְּאַתְּ אָמַר** (בראשית כא, ח) **״וַיִּגְדַּל הַיֶּלֶד וַיִּגָּמַל״**
אָמַר לוֹ: הוּא דְּבָרַי כִּי הוּא גּוֹדֵל וְגוֹמֵל חֶסֶד לִשְׁכֵנוֹ עִמּוֹ, וְאָמוֹן אֶצְלוֹ.

פירוש

סימן יט
האות גימ״ל רומזת לספירת בינה, היא היד שנותנת החכמה (ראו פירוש על סימן ח). חכמה היא חסרת הבנה ללא הבינה, ובעזרתה יכול אדם להעביר לזולתו את החכמה.

סימן כ

וּמִפְּנֵי מָה יֵשׁ לָהּ זָנָב לְמַטָּה לְגִימֶ״ל?
אָמַר לָהֶם רֹאשׁ יֵשׁ לוֹ לְגִימֶ״ל מִלְמַעְלָה
וְדוֹמֶה לְצִנּוֹר כָּזֶה ן
מַה צִנּוֹר זֶה שׁוֹאֵב מִלְמַעְלָה וּמֵרִיק
מִלְמַטָּה אַף ג׳ שׁוֹאֶבֶת דֶּרֶךְ הָרֹאשׁ
וּמְרִיקָה דֶּרֶךְ הַזָּנָב וְזֶהוּ ג׳.

פירוש

סימן כ
האות גימ״ל בנויה מראש, גוף וזנב. היא מקבלת את החכמה מן הראש, ומעבירה אותה דרך הגוף אל הזנב.

סימן כא

אָמַר ר׳ יוֹחָנָן: בַּשֵּׁנִי נִבְרְאוּ הַמַּלְאָכִים דִּכְתִיב (תהלים קד, ג) "הַמְקָרֶה בַמַּיִם עֲלִיּוֹתָיו"[5] וּכְתִיב (שם ד) "עֹשֶׂה מַלְאָכָיו רוּחוֹת מְשָׁרְתָיו אֵשׁ לֹהֵט".

וְאָמַר ר׳ לְוִיטָס בֶּן טְבָרוּס: הַכֹּל מוֹדִים וּמוֹדֶה ר׳ יוֹחָנָן דְּהַמַּיִם כְּבָר הָיוּ [בַּיּוֹם הָרִאשׁוֹן לַבְּרִיאָה], אֲבָל בַּשֵּׁנִי "הַמְקָרֶה בַמַּיִם עֲלִיּוֹתָיו", וּמִי "הַשָּׂם עָבִים רְכוּבוֹ", וּמִי "הַמְהַלֵּךְ עַל כַּנְפֵי רוּחַ". אֲבָל שְׁלוּחִים לֹא נִבְרְאוּ עַד יוֹם חֲמִישִׁי.

5 הפסוק עוסק בבריאת הרקיע, שהתרחשה ביום השני לבריאה. ראו בראשית רבה ג, ט.

פירוש

סימן כא

ישנם שני סוגי מלאכים: האחד הוא המלאכים העומדים לפני הבורא ומהללים אותו, והאחר הוא המלאכים היוצאים בשליחותו לכל עבר. הסוג הראשון נברא ביום השני לבריאה, והסוג השני נברא ביום החמישי (ראו פירוש ר׳ בחיי על בראשית כח, יב).

סימן כב

וּמוֹדִים הַכֹּל שֶׁלֹּא נִבְרְאוּ בְּיוֹם רִאשׁוֹן,
שֶׁלֹּא יֹאמְרוּ מִיכָאֵל הָיָה מוֹתֵחַ בִּדְרוֹמוֹ
שֶׁל רָקִיעַ וְגַבְרִיאֵל בִּצְפוֹנוֹ וְהַקָּדוֹשׁ
בָּרוּךְ הוּא מוֹדֵד בְּאֶמְצָעוֹ,
אֶלָּא "אָנֹכִי ה' עֹשֶׂה כֹּל, נֹטֶה שָׁמַיִם
לְבַדִּי, רֹקַע הָאָרֶץ מֵאִתִּי" (ישעיהו מד, כד)
"מִי אִתִּי", כְּתִיב.

פירוש

סימן כב

מיכאל הוא מלאך המים והדרום, וגבריאל הוא מלאך האש והצפון (ראו סימן יא).

ה"עץ" המוזכר כאן הוא אילן הספירות כולן (ראו סימנים ו, קיט), אך בעיקר רומז לשבע הספירות התחתונות.

המילה "כל" רומזת לספירת יסוד. שבע הספירות התחתונות נלמדו מן הפסוק "לְךָ ה' הַגְּדֻלָּה וְהַגְּבוּרָה וְהַתִּפְאֶרֶת וְהַנֵּצַח וְהַהוֹד כִּי כֹל בַּשָּׁמַיִם וּבָאָרֶץ לְךָ ה' הַמַּמְלָכָה וְהַמִּתְנַשֵּׂא לְכֹל לְרֹאשׁ" (דברי הימים א' כט, יא). המילה "כל" כאן מרמזת לספירת יסוד (ראו סימן עח). היא נקראת כך כיוון שעניינה הוא להכיל את כל השפע הרוחני.

אֲנִי הוּא שֶׁנָּטַעְתִּי אִילָן זֶה לְהִשְׁתַּעֲשֵׁעַ
בּוֹ אֲנִי וְכָל הָעוֹלָם וְרָקַעְתִּי בּוֹ הַכֹּל.[6]
וְקָרָאתִי שְׁמוֹ כֹּל, שֶׁהַכֹּל תָּלוּי בּוֹ וְהַכֹּל
מִמֶּנּוּ יוֹצֵא וְהַכֹּל צְרִיכִין לוֹ וּבוֹ צוֹפִין וְלוֹ
מְחַכִּין וּמִשָּׁם פּוֹרְחִין הַנְּשָׁמוֹת.
אֲנִי לְבַדִּי הָיִיתִי כְּשֶׁעָשִׂיתִי אוֹתוֹ, וְלֹא
יִגְדַּל עָלָיו מַלְאָךְ לֵאמֹר אֲנִי קָדַמְתִּי
לְךָ, כִּי גַּם בְּעֵת שֶׁרָקַעְתִּי אַרְצִי, שֶׁבּוֹ
נָטַעְתִּי וְשֵׁרַשְׁתִּי אִילָן זֶה וְשָׂמַחְתִּי בְּיַחַד
וְשִׂמַּחְתִּי בָּהֶם, מִי אִתִּי שֶׁגִּלִּיתִי זֶה סוֹדִי?

6 רומז לספירת היסוד, כמו בדברי הימים א׳ כט, א. ראו מבוא.

פירוש

הספירה הזאת מקבילה לאיבר המין הזכרי. יחסי האישות מביאים להולדת בני אדם ולהבאת נשמות חדשות לעולם. ספירת יסוד מקבילה לכך בכך שהיא מקורה השמימי של כל הנשמות (ראו סימן קפ).

סימן כג

אָמַר ר׳ רְחוּמַאי: מִדְּבָרֶיךָ נִלְמַד שֶׁצֹּרֶךְ הָעוֹלָם הַזֶּה בָּרָא הַקָּדוֹשׁ בָּרוּךְ הוּא קֹדֶם הַשָּׁמַיִם. אָמַר לוֹ הֵן.

מָשָׁל לְמָה הַדָּבָר דּוֹמֶה? לְמֶלֶךְ שֶׁבִּקֵּשׁ לִטַּע אִילָן בְּגַנּוֹ. הִשְׁגִּיחַ בְּכָל הַגַּן אִם יֵשׁ שָׁם מַעְיָן נוֹבֵעַ מַיִם וְלֹא מָצָא.

אָמַר ״אֶחְפֹּר מַיִם וְאוֹצִיא מַעְיָן כְּדֵי שֶׁיּוּכַל לְהִתְקַיֵּם הָאִילָן״. חָפַר וְהוֹצִיא מַעְיָן נוֹבֵעַ מִמַּעְיַן מַיִם חַיִּים וְאַחַר כָּךְ נָטַע הָאִילָן וְעָמַד וְעָשָׂה פְּרִי וְהִצְלִיחַ בְּשָׁרָשָׁיו שֶׁהִשְׁקוּהוּ תָּמִיד שֶׁשָּׁאֲבוּ מִן הַמַּעְיָן.

פירוש

סימן כג

ראו סימן ה. כפי שראינו לעיל, המילה ״שמים״ מסמלת את שש הספירות מחסד ועד יסוד. ה״גן״ מסמל את ספירת מלכות, הספירה הנמוכה ביותר, שהיא גם הה״א השנייה של השם המפורש. ״המעיין הנובע״ מסמל את ספירת בינה, הה״א הראשונה של השם המפורש (ראו ביאור על סימנים ח, י).

ה״אילן״ הוא השמים הנטועים בארץ.

סימן כד

אָמַר ר׳ יַנַּאי: הָאָרֶץ נִבְרֵאת קֹדֶם לַשָּׁמַיִם שֶׁנֶּאֱמַר (בראשית ב, ד) ״[בְּיוֹם עֲשׂוֹת ה׳ אֱלֹהִים] אֶרֶץ וְשָׁמָיִם״. אָמְרוּ לוֹ וְהַכְּתִיב (בראשית א, א) ״[בְּרֵאשִׁית בָּרָא אֱלֹהִים] אֵת הַשָּׁמַיִם וְאֵת הָאָרֶץ״? אָמַר לָהֶם לְמָה הַדָּבָר דּוֹמֶה לְמֶלֶךְ שֶׁקָּנָה חֵפֶץ נָאֶה וְלֹא הָיָה שָׁלֵם וְלֹא קָרָא עָלָיו שֵׁם, אָמַר ״אַשְׁלִימֶנּוּ וַאֲתַקֵּן בִּנְיָנוֹ וְחִבּוּרוֹ וְאָז אֶקְרָא לוֹ שֵׁם״. הָדָא הוּא דִּכְתִיב (תהלים קב, כו) ״לְפָנִים הָאָרֶץ יָסַדְתָּ״ וְאַחַר כָּךְ ״וּמַעֲשֵׂה יָדֶיךָ שָׁמָיִם״.[7]

7 המילה ״יסדת״ אף היא מרמזת לספירת יסוד.

פירוש

סימן כד

השאלה הבסיסית כאן היא מה נברא קודם – ה״שמים״, שהם האור וכוח הנתינה, או ה״ארץ״, שהיא הכלי וכוח הקבלה.

רבי ינאי טוען שבלי הכלי, לא יכול האור להתקיים, ועל כן הכלי נברא בתחילה.

ואז הוא ממשיך ואומר שאף שלמעשה השמים נבראו קודם, הם לא קיבלו את שמם

וְאוֹמֵר (שם קד, ב-ג) ״עֹטֶה אוֹר כַּשַּׂלְמָה נוֹטֶה שָׁמַיִם כַּיְרִיעָה הַמְקָרֶה בַמַּיִם עֲלִיּוֹתָיו״ וגו׳, וְאוֹמֵר (שם ד) ״עֹשֶׂה מַלְאָכָיו רוּחוֹת מְשָׁרְתָיו אֵשׁ לֹהֵט״ וגו׳, וְאַחַר כָּךְ (שם ה) ״יָסַד אֶרֶץ עַל מְכוֹנֶיהָ בַּל תִּמּוֹט עוֹלָם וָעֶד״, כְּשֶׁתִּקֵּן לָהּ מָכוֹן אָז תְּאֻמַּץ בָּהּ, שֶׁנֶּאֱמַר ״בַּל תִּמּוֹט״. וּמַה שְּׁמָהּ?[8] ״וָעֶד״ שְׁמָהּ. וּמְכֻנָּה ״עוֹלָם״ וְהַיְנוּ ״עוֹלָם וָעֶד״.

8 מתייחס ל״ארץ״ העליונה. ראו סימן קסט. ראו גם רקנטי, פרשת בא, לא ע״ג.

פירוש

עד אחרי שהארץ נבראה. לפני שנבראה הארץ, השמים לא הושלמו, ועל כן לא יכלו להיקרא בשמם.

הארץ היא הנקבית, שמהותה היא קבלה, בעוד שהשמים הם זכר, שמהותו היא נתינה. לכן, כשהארץ נבראה, הייחוד המיני העליון יכול היה להתקדם, וספירת יסוד, המקבילה לאיבר המין, יכלה להתהוות. כאשר זה קרה, יכלו השמים לקבל את שמם, אבל עד אז העולמות נבראו ונחרבו.

המכונים – ״יָסַד אֶרֶץ עַל מְכוֹנֶיהָ״ (תהלים קד, ה) – מרמזים לספירות נצח והוד, ו״חיבורו״ מרמז לספירת יסוד. הפסוק אפוא מלמד שספירת ה״יסוד״ יכלה להתהוות רק עם קיומה של הארץ.

סימן כה

אָמַר ר׳ בֶּרֶכְיָה:
מַאי דִּכְתִיב (בראשית א, ג) ״וַיֹּאמֶר אֱלֹהִים
יְהִי אוֹר וַיְהִי אוֹר״, וְלֹא אָמַר ״וַיְהִי כֵן״?[9]
מָשָׁל לְמֶלֶךְ שֶׁקָּנָה חֵפֶץ נָאֶה וְהִקְצָהוּ
עַד שֶׁזִּמֵּן לוֹ מָקוֹם וְשָׂמָהוּ שָׁם הָדָא הוּא
דִּכְתִיב ״יְהִי אוֹר וַיְהִי אוֹר״, [מִסְתַּבֵּר]
שֶׁכְּבָר הָיָה.

9 כמו בכל שאר האמירות בפרק הראשון של בראשית.

פירוש

סימן כה

סימן זה מרמז על רעיון הצמצום, שנידון במבוא לספר זה. האור האלוהי הסתלק לצדדים ואל החלל הפנוי נכנס קו דק של אור. מאחר שקו זה הוא המשכה דקה של האור המקורי, ר׳ ברכיה אומר שזהו האור שסולק לצדדים.

סימן כו

אָמַר ר׳ אָמוֹרָאֵי: מַאי דִּכְתִיב (שמות טו, ג) **״ה׳ אִישׁ מִלְחָמָה״?**
אָמַר ר׳ רְחוּמַאי בְּרַבִּי: לָא תִּיבָּעֵי לָךְ מִלְּתָא דִּפְשִׁיטָא לָךְ, שְׁמַע לִי וְאַמְלְכִינָךְ [=אֲיַעֵץ לְךָ]
אָמַר לוֹ: לְמָה הַדָּבָר דּוֹמֶה? לְמֶלֶךְ שֶׁהָיָה לוֹ דִּירוֹת נָאוֹת וְשָׂם שֵׁם לְכָל אֶחָד וְאֶחָד מֵהֶם. וְשָׂם כֻּלָּן זוֹ טוֹבָה מִזּוֹ, אָמַר הַמֶּלֶךְ ״אֶתֵּן לִבְנִי דִּירָה זוֹ שֶׁשְּׁמָהּ

פירוש

סימן כו

האותיות אל״ף יו״ד שי״ן יוצרות את המילה איש, הרומזת לאדם העליון (ראו סימן קיז). האל״ף מסמלת את ספירת כתר, כפי שראינו בסימן יז. יו״ד היא האות הראשונה של שם הויה, ומרמזת לערוץ שבין ספירת הכתר לספירת החכמה. שי״ן היא הערוץ שבין חכמה לבינה.

האותיות האלה יכולות להיות מובנות גם בצורה פשוטה יותר. לאל״ף אין תפקיד מיוחד כאות סופית, אך כאות תחילית היא מתפקדת כגוף ראשון עתיד, ״אהיה״. אלוהים הוא הוא ה״אני״ המוחלט, וההצהרה שלו ״אהיה״ מסמלת שהוא לא גילה את מלוא הפוטנציאל שלו. זו דרגת ״כתר״, האל״ף הקודמת לבי״ת של בראשית, המסמלת את הפוטנציאל של הכתר שעדיין יהיה בלתי ממומש גם בעולם הבא. יתר על כן, ״כתר״ הוא המדרגה מעל עצם המחשבה, ועל כן לא ניתן לדבר עליו. רק אלוהים עצמו יכול לדבר ממדרגת כתר, והוא אשר קרא לעצמו ״אהיה״. זו הסיבה שהשם המזוהה עם כתר הוא ״אֶהְיֶה אֲשֶׁר אֶהְיֶה״ (שמות ג, יד). לאות אל״ף ערך גימטרי של אחד, המסמל את ייחודיות הדרגה הזאת.

כאות תחילית, יו״ד כוונתה ״יהיה״, וכאות סופית היא מסמלת שייכות בגוף

אָלֶ״ף, גַּם זוֹ טוֹבָה שֶׁשְּׁמָהּ יוּ״ד, גַּם זוֹ טוֹבָה שֶׁשְּׁמָהּ שִׁי״ן".10 מֶה עָשָׂה? אֲסָפָן כָּל הַשָּׁלֹשׁ וְעָשָׂה מֵהֶם שֵׁם אֶחָד וּבַיִת אֶחָד.

אָמַר לוֹ: עַד מָתַי תִּסְתֹּם דְּבָרֶיךָ? אָמַר לוֹ: בְּנִי, אָלֶ״ף רֹאשׁ, יוּ״ד שֵׁנִי לָהּ, שִׁי״ן כּוֹלֵל כָּל הָעוֹלָם.

וְלָמָּה שִׁי״ן כּוֹלֵל כָּל הָעוֹלָם? מִפְּנֵי שֶׁכָּתוּב בָּהּ תְּשׁוּבָה.

10 כאשר ג׳ מוארכת ב"ראשה", היא הופכת לד׳. בעזרת זנבה היא הופכת מד׳ לה׳. לעומת זאת, על פי הגר"א, ג׳ וד׳ הן במקום ׳ו׳ ו׳ה׳: מסירים את הזנב של ג׳ וכך היא הופכת לו׳, וזנב זה הופך את ה׳ד׳ ל׳ה׳.

פירוש

ראשון. על כן היא מסמלת את הפוטנציאל האלוהי אשר על אודותיו ניתן לדבר, שהוא מדרגת ספירת החכמה, שעליה ניתן לומר "יהיה". כאשר אלוהים מדבר על עצמו, הוא מכנה את עצמו "אהיה", כפי שראינו, אך כאשר אנו מדברים על אודותיו, אנו משתמשים בשם הויה, שמשמעו שהוא יהיה־בהווה (ראו רשב"ם שמות ג, יד). היו"ד היא אם כן האות הראשונה של השם המפורש, מאחר שהיא המדרגה הראשונה של יכולתנו להבין.

כפי שאמרנו, יו"ד כאות סופית משמעה "שלי", ומשמעות הדבר היא שאף שהיא יכולה להיתפס במחשבותינו, זו עדיין מדרגה השייכת במובהק לקב"ה. זו גם המדרגה של האצילות, שאותה אנו חווים כ"אין". ליו"ד גם הערך הגימטרי עשר, הרומז לעשר ספירות האצילות.

סימן כז

שָׁאֲלוּ תַּלְמִידָיו מַה דָּלֶ"ת?
אָמַר לָהֶם מָשָׁל לְמָה הַדָּבָר דּוֹמֶה?
לַעֲשָׂרָה מְלָכִים שֶׁהָיוּ בְּמָקוֹם אֶחָד.
וְכֻלָּם עֲשִׁירִים, וְאֶחָד מֵהֶם עָשִׁיר אַךְ לֹא
כְּאַחַד מֵהֶם, אַף עַל פִּי שֶׁעָשְׁרוֹ גָּדוֹל,
נִקְרָא דָּל כְּנֶגֶד הָעֲשִׁירִים.

פירוש

כאות תחילית, האות שי"ן מתפקדת כיוצרת שייכות. בצורתה יש לה שלושה ראשים הפונים כלפי מעלה, ומתכנסים למטה בנקודה אחת. שלושת הראשים האלה מסמלים את שלושת המושגים – תזה, אנטיתזה, סינתזה (ראו סימן א). כלומר שלושת אלו קיימים למטרה אחת: המלכות האלוהית, שהיא הנקודה התחתית. שי"ן היא אפוא "כל העולם" והיא המענה לשאלת קיום הבריאה.

אלוהים נקרא "איש" כיוון שתפיסתנו המאנישה הולכת בשלוש דרכים, המיוצגות באותיות אל"ף, יו"ד, שי"ן: אנו רואים אותו כאחדות מוחלטת, המיוצגת באות אל"ף; אנו רואים אותו גם כמבטא עצמו בעשר הספירות, כך שאנו יכולים לקלוט מעט מגדולתו; ולבסוף אנו רואים אותו כריבוי פעולות, אך עם מטרה אחת, המיוצגת באות שי"ן.

סימן כז

דל"ת, האות הרביעית, מסמלת בדרך כלל את ספירת המלכות, האחרונה שבעשר הספירות. בעוד שכל אחת מתשע הספירות האחרות מעניקה לזו שתחתיה, מלכות, בהיותה התחתונה, אינה יכולה לתת. מכיוון שכך, היא אינה מדמה את הקב"ה בשום אופן ובמובן הזה היא נקראת "דלה". כמו הדלים והאביונים, היא רק מקבלת, ואינה יכולה לתת.

סימן כח

אָמְרוּ לוֹ: מָה הֵ״א? כָּעַס עֲלֵיהֶם. אָמַר לָהֶם: אֲמַרְתִּי לָכֶם לֹא תִשְׁאֲלוּ לִי עַל דָּבָר אַחֲרוֹן וְאַחַר כָּךְ עַל הָרִאשׁוֹן? אָמְרוּ לוֹ: וְהֵ״א אַחֲרוֹנָה כְּתוּבָה [אַחַר הַדָּלֶ״ת].

אָמַר לָהֶם: רָאוּי הוּא לִכְתֹּב גִּימֶ״ל הֵ״א. וְעַל מָה נִכְתַּב גִּימֶ״ל דָּלֶ״ת? מִפְּנֵי שֶׁהָיָה לוֹ לִכְתֹּב דָּלֶ״ת הֵ״א.

פירוש

סימן כח

ראו איור 4 בעמוד הבא ובהערה 11.

כפי שהוזכר לעיל, גימ״ל מסמלת את ספירת הבינה, שהיא גם האות ה״א הראשונה בשם הויה, ודל״ת מסמלת את ספירת המלכות, שהיא האות ה״א האחרונה. אם כן, מאחר שגם גימ״ל וגם ה״א מתייחסות לאותה הספירה, הן אמורות להיות זו לצד זו. במענה לקושיה זו עונה המחבר שגם אותיות דל״ת וה״א מתייחסות לאותה הספירה, מלכות, ולכן האות ה״א חייבת להיות לאחר דל״ת.

״גימ״ל... בראשה במקום ה״א״ – גימ״ל שהיא כאמור מסמלת את ספירת הבינה,

וּמִפְּנֵי מָה כָּתַב גִּימֶ״ל דָּלֶ״ת?
אָמַר לָהֶם: נֶחְלָפִים הַגִּימֶ״ל בִּמְקוֹם
דָּלֶ״ת בְּרֹאשָׁהּ בִּמְקוֹם הֵ״א דָּלֶ״ת
בְּקוֹצָהּ מְקוֹם הֵ״א.

איור 4: שלבי הפיכתה של גימ״ל לדל״ת ואז לה״א.

פירוש

ב״ראשה״ היא תואמת לאות ה״א, שעה שה״א מסמלת גם את ספירת הבינה. ״דלי״ת בקוצה מקום ה״א״ – כאשר הה״א מסמלת את ספירת המלכות, קצה כל הספירות, היא והאות דל״ת מסמלות את אותה הספירה.

סימן כט

מַאי וָא"ו?
אָמַר לָהֶם: הֵ"א תַּחְתּוֹנָה וְהֵ"א עֶלְיוֹנָה.[11]

11 מדובר בשתי אותיות הה"א בשם המפורש, המופרדות באמצעות האות וא"ו.

פירוש

סימן כט

הואיל ולכל אחת משתי האותיות ה"א בשם הויה יש משמעות שונה, חייב להיות משהו שיחבר ביניהן. זו היא האות וא"ו.

כאות תחילית, וא"ו משמעותה וא"ו החיבור. שם אות זו נשמע גם כמו המילה "וו", שהוא קרס שעליו תולים דברים.

בשם המפורש, היו"ד מתייחסת אל הדבר הניתן, הה"א הראשונה היא היד הנותנת, והה"א האחרונה היא המקבלת (ראו סימן ח). בתוך הציור הזה, וא"ו היא הזרוע המושטת קדימה על מנת לתת, ועל כן צורתה של האות היא כשל זרוע. זו גם המשמעות הפנימית לכך שהאמה אורכה שישה טפחים, שכן הדבר רומז לוא"ו, שערכה המספרי הוא שש.

סימן ל

אָמְרוּ לוֹ: מַאי וָא"ו? אָמַר לָהֶם: בְּשִׁשָּׁה קְצָווֹת נֶחְתַּם הָעוֹלָם.[12]

12 הערך הגימטרי של האות ו הוא שש. כל אחד משלושת הממדים בעולם מכיל כיוונים, ועל כן ישנם בסך הכול שישה כיוונים: צפון, דרום, מזרח, מערב, מעלה, מטה. ראו ספר יצירה ד, ג.

פירוש

סימן ל

ערכה המספרי של האות וא"ו הוא שש, והוא מקביל לששת כיווני העולם. למרחב הפיזי ישנם צירים, ולכל ציר שני כיוונים. ששת הכיוונים הם: מזרח, מערב, צפון, דרום, מעלה, מטה.

בסימן זה, האותיות של השם המפורש מעניקות את משמעותן הרוחנית למרחב־זמן. כאמור, היו"ד מסמלת את ספירת החכמה, שהיא הדבר הניתן, וההה"א הראשונה היא ספירת הבינה, היד האוחזת בדבר על מנת לתת אותו. בחלל־זמן של העולם הזה, היו"ד היא העבר, שהוא הדבר הניתן כבר, וההה"א הראשונה היא העתיד, המקבל את מה שהעבר מוריש לו. ברווח שבין העבר לעתיד נמצאים שלושת הצירים המרכיבים את ששת הכיוונים של העולם, המסומלים כאמור באות וא"ו. זו משמעות שלוש האותיות הראשונות של השם המפורש, יה"ו.

למושגים הללו יש מקבילה בעולם הרוחני. מערכת היחסים הראשונה ביקום היא בין הבורא לבין הבריאה, הידועה בשם המערכת הסיבתית. סיבה ותגובה מסומלות על ידי ספירות כתר ומלכות, הראשונה והאחרונה במערכת עשר הספירות.

מהרגע שהופיעה המערכת הסיבתית, נתהוו מושגים נוספים, כגון מושג ההפכים. על מנת לדבר על הפכים, יש לדבר גם על דומות. שני מושגים אלו, שונות ודומות, נקראים בשפת הפילוסופיה תזה ואנטיתזה, ובשפה הקבלית הם חכמה ובינה, האותיות יו"ד וההה"א הראשונה בשם הויה.

כאשר אנו מדברים על שונות ודומות, נולד מאליו מושג נוסף – "קשר". במושגי הפילוסופיה, זוהי הסינתזה. במושגים שלנו זוהי האות וא"ו של שם הויה.

בנקודה זו ברצף הלוגי יש לנו חמישה מושגים: סיבה ותוצאה (המקבילים כאמור לכתר ומלכות), שונות ודומות (המקבילים

אָמְרוּ לוֹ: וַהֲלֹא ו׳ אַחַת, אָמַר לָהֶם: וַהֲלֹא כָּתוּב (תהלים קד, ב) ״עֹטֶה אוֹר כַּשַּׂלְמָה״.

פירוש

לחכמה ובינה), והַקשר (המקביל לאות וא"ו). מושג הקשר מבוטא על ידי זעיר אנפין, הנידון בסימנים נג, פא, קמ.

עד שהמושג "קשר" הגיח לעולם, ארבעת המושגים - כתר, מלכות, חכמה ובינה - היו קיימים בעולם אך לא קיימו ביניהם מערכת יחסים, מערכת צירים. היה זה מושג הקשר שהתהווה בשלושה צירים, בעלי ששת הכיוונים. אלו מיוצגים על ידי האות וא"ו, שבה דן סימן זה. כעת, כל אחד מארבעת המושגים המופשטים הללו גילה עניין ביצירת ספירות אחרות שעמן יהיה בקשר. ספירת חכמה "הולידה" את ספירת החסד שמתחתיה, ספירת בינה "הולידה" את ספירת גבורה שמתחתיה, ספירת כתר "הולידה" את ספירת תפארת שמתחתיה, וספירת מלכות "הולידה" את ספירת יסוד שמעליה.

כפי שנידון לעיל (בסימן ב), במובן הרוחני, דומות היא קִרבה, בעוד ששונות היא ריחוק. מכל מקום, על מנת לתת, הנותן חייב להיות קרוב אל המקבל, ולכן, במובן הרוחני, חייב להיות דמיון מסוים בין הנותן למקבל. לכן, ספירת חכמה, שהיא למעשה מושג הדומות, מעוררת את ספירת החסד, שהיא מהווה את עצם מושג הנתינה. ובאופן מהופך לכל, ספירת בינה, שהיא הספירה המבחינה בין דברים, מעוררת את ספירת גבורה, שהיא מהווה את עצם מושג הצמצום.

ספירת תפארת נובעת מספירת כתר, שהיא כאמור מושג הסיבתיות. על מנת שהעיקרון יעבוד, חובה שהסיבה תפעל במידה המדויקת הנדרשת עבור התוצאה הרצויה. זהו הרעיון של נתינה מדודה, המיוצגת על ידי ספירת תפארת. מכל מקום, משום שתפארת היא כאמור הסינתזה בין חסד לגבורה, היא מוצגת בדרך כלל כנמוכה מהם.

ספירת מלכות היא המסובב של הזוג סיבה־מסובב, כאמור, ומסמלת גם את ההיבט הנקבי של הבריאה. מאחר שספירת יסוד נבעה מתוך המלכות, היא נמשכת אליה באופן טבעי וכמהה להידבק בה. זוהי הסיבה שספירת יסוד מקבילה לאיבר מינו של הזכר.

יש לנו כעת ארבעה מושגים חדשים: חסד, גבורה, תפארת ויסוד, שנבעו מן ארבעת המושגים הראשוניים שהוזכרו לעיל. כעת, משהכרנו את מושג הקשר, ארבעת המושגים הללו כבר אינם נקודות מופשטות בחלל, אלא מחוברים זה לזה

פירוש

בעזרת הקשר. שני הצמדים חסד־גבורה (ציר אופקי), תפארת־יסוד (ציר אנכי), הם כמו שני צירים מצטלבים, היוצרים את הדו־ממדיות של היקום.

אנחנו יכולים גם לתאר זאת במושגים של המרחב הפיזי. היות שהסיבה מתוארת בדרך כלל כ"מעל" התוצאה, הממד המחבר בין ספירת כתר לספירת מלכות יכול להיות מתואר כמרחב האנכי של המציאות. הקשר בין ספירת חכמה לספירת בינה יכול באופן דומה להיות מתואר כמרחב הרוחבי - ימין־שמאל או מזרח־מערב. שני זוגות אלו יוצרים את שני צירי המרחב היסודיים.

אך מאחר שעקרון ה"קשר" קיים, אנחנו חייבים לדבר גם על מערכת היחסים בין שני הצירים עצמם. בתיאור החלל העקרוני, אנחנו יכולים לומר שניתן לצייר קו בין שני קווים קיימים. אנחנו יכולים לראות מיד שעקרון הסיבתיות, הקשר בין כתר למלכות, היה הקשר הראשוני ביותר. התזה־אנטיתזה, הקשר בין חכמה לבינה, נחשב לראשוני רק על מנת להראות שקשר סיבתי הוא אפשרי.

הקשר בין כתר למלכות יכול אם כן להיקרא הציר הראשוני, בעוד שיחסי חכמה־בינה ייקראו ציר שני. דבר זה מוליד ממד חדש לגמרי - מושגים כגון "מוקדם" ו"מאוחר". מאחר שכך, נוצר גם ציר שלישי, הנע קדימה ואחורה בזמן. במובן הקבלי זהו הציר בין הספירות נצח והוד.

בהצגת עקרונות חדשים אלו, פרצוף זעיר אנפין מהווה את שש הספירות: חסד, גבורה, תפארת, נצח, הוד, יסוד. אלו שישה כיוונים מושגיים / רעיוניים / ערכיים, המיוצגים על ידי האות וא"ו, שבה אנו דנים כעת.

שש הספירות האלו, יחד עם ארבע האחרות, מביאות אותנו אל עשר הספירות.

ששת הכיוונים המיוצגים על ידי האות וא"ו מקבילים לששת הכיוונים הפיזיים בחלל. יתר על כן, כפי שספר יצירה מלמד, חכמה־בינה מתווה את מרחב הזמן, בעוד שכתר־מלכות מייצג את הציר הרוחני והמוסרי, המרחב שבין הטוב לרע. הבריאה מורכבת כעת מחמישה צירים, או עשרה כיוונים.

מאחר שספירת מלכות קרובה לא־ל, היא אמורה לייצג כמובן את הטוב. וכן להפך - מכיוון שספירת מלכות מסמלת את התוצאה, היא הרחוקה ביותר ולכן מייצגת את הרוע. בהקשר זה, ספירת חכמה מייצגת את העבר ואילו ספירת בינה - את העתיד. חכמה היא אחידה ואחדותית, כמו העבר: מה שהיה הוא מה שהיה, אפשרות אחת מני רבות; ואילו בינה היא רבת גוונים ומרובת אפשרויות, כמו העתיד עצמו. העובדה שישנן הרבה אפשרויות פתוחות בעתיד, היא שמאפשרת את חופש הבחירה. על כן, ספירת בינה היא מחד גיסא שורש הבחירה החופשית, ומאידך גיסא היא גם שורש הרוע.

מכיון שהעבר הוא שמפרה את העתיד, ספירת חכמה והעבר עצמו נחשבים לזכריים, בעוד שספירת בינה והעתיד הם נקביים. זה פשר המדרש: "נתן הקב"ה בינה יתרה באשה יותר מבאיש" (בראשית רבה יח, א). יתרה מזאת, יש לנו ידע על העבר, אבל לא על העתיד. העתיד, שהוא היסוד הנקבי כאמור, קשה לידיעה, ועל כן "נשים דעתן קלה" (קידושין פ ע"ב). זוהי גם הסיבה לכך שנשים פטורות ממצוות עשה שהזמן גרמן.

סימן לא

אָמַר ר' אָמוֹרָאֵי: גַּן עֵדֶן הֵיכָן הוּא?
אָמַר לוֹ: בָּאָרֶץ.

פירוש

המחבר בסימן שלנו שואל: "והלא ו' אחת?" פירוש הדבר שכל שש הספירות של זעיר אנפין הן עניין אחד, שהוא ה"קשר", ואם כן מדוע התחלקו לשש? והוא משיב בעזרת הפסוק שהשמים נפרסו לכל עבר. כלומר אף שהכל הוא עניין אחד, הוא מיוצג על ידי שישה מושגים שונים, שהם שש הספירות.

מסיבה זו, המילה שמים היא ברבים; מדובר בריבוי המילה "שם". המילה רומזת באופן מילולי לכל המקומות שהם "שם". המילה "שם", בצורת יחיד, יכולה להצביע לכל כיוון. השמים אפוא התפזרו לכל כיוון – "עֹטֶה אוֹר כַּשַּׂלְמָה, נוֹטֶה שָׁמַיִם כַּיְרִיעָה" (תהלים קד, ב).

סימן לא

ההרמזים של "גן עדן" כבר נידונו בכמה סימנים (ה, ו, כג). הפרדיגמה של גנים היא גן עדן, ומשמעות השאלה היא – היכן הוא ומה משמעותו הרוחנית? התשובה היא שגן עדן נמצא בארץ. מכך למדים אנו שגן העדן המקורי היה כאן, על הארץ, ולא היה רק מהות רוחנית. במובן מופשט יותר, יש לכך משמעות עמוקה יותר. הרעיון של גן הוא בארץ המופשטת, המסומלת בספירת מלכות, האות ה"א האחרונה של שם הויה.

שלוש האותיות הראשונות של שם הויה כבר נידונו לעיל, וכעת עלינו לדון בה"א האחרונה. כפי שהתחלנו להסביר קודם לכן, המלכות היא ה"תוצאה" האחרונה, התכלית האחרונה של הבריאה, "סוף מעשה במחשבה תחילה".

תכלית בריאת העולם על ידי הקב"ה הייתה להיטיב והטוב הזה הוענק לראשונה בגן עדן. זו הסיבה שהשכר המובטח לאדם בעולם הבא מכונה "גן עדן". היות שהא־ל הוא הטוב המושלם, הטוב שהוא העניק היה מעצם מהותו. כפי שהזכרנו לעיל, דבר זה בא לידי ביטוי בספירת מלכות.

סימן לב

דָּרַשׁ ר' יִשְׁמָעֵאל לְר' עֲקִיבָא:
מַאי דִּכְתִיב (בראשית א, א) **"אֵת הַשָּׁמַיִם וְאֵת הָאָרֶץ"?**
אִלְמָלֵא לֹא נֶאֱמַר "אֵת" הָיִינוּ אוֹמְרִים שָׁמַיִם וָאָרֶץ אֱלֹהוּת הֵן [=אִם הָיָה נִכְתָּב "בְּרֵאשִׁית בָּרָא אֱלֹהִים הַשָּׁמַיִם וְהָאָרֶץ, הָיָה מִשְׁתַּמֵּעַ שֶׁהַשָּׁמַיִם וְהָאָרֶץ הִנָּם חֵלֶק מִשְּׁמוֹת הָאֵלִים הַבּוֹרְאִים]

פירוש

סימן לב
המילה "את" מורכבת מן האות הראשונה באל"ף-בי"ת ומן האות האחרונה. בכך היא מסמלת את הדרך מן ההתחלה ועד הסוף. רבי ישמעאל סבור שמילה זו באה להדגיש את המובן התהליכי של המילה "ברא". לעומת זאת, ר' עקיבא סבור שהעובדה שהמילה "את" מכילה את כל האל"ף-בי"ת מרמזת לכך שהיא באה לרבות עניין שהוא מעבר לנושא או לפועל של המשפט הנתון.

בתלמוד נאמר שר' עקיבא למד את כלל הריבוי של המילה "את" מנחום איש גמזו, חברו של ר' נחוניה. ר' ישמעאל, מן

אָמַר לוֹ: הָעֲבוֹדָה! נָגַעְתָּ! אֲבָל לֹא בֵּרַרְתָּ, כֵּן דִּבַּרְתָּ [=לֹא דִּיַּקְתָּ בַּמִּקְרֶה שֶׁלְּפָנֵינוּ]

אֲבָל "אֵת" לְרַבּוֹת חַמָּה וּלְבָנָה כּוֹכָבִים וּמַזָּלוֹת, "וְאֵת" לְרַבּוֹת אִילָנוֹת וּדְשָׁאִים וְגַן עֵדֶן.[13]

13 בראשית רבא א, יד; חגיגה יב ע"א-ע"ב. לפי רבי עקיבא, המילה "את" תמיד באה לרבות. מכאן שהוא טוען שגן העדן נמצא על הארץ.

פירוש

הצד השני, היה תלמיד של ר' נחוניה אך לא קיבל את הכלל הזה, והייתה לו שיטת פרשנות אחרת (שבועות כו ע"א).

אחד מן הדברים שר' עקיבא "ריבה" בנוסף על "ארץ" (בפסוק "את השמים ואת הארץ", בראשית א, א) היה גן עדן, פרשנות המחזקת את העמדה שגן עדן אכן היה על הארץ.

סימן לג

אָמְרוּ לוֹ: הַכְּתִיב (איכה ב, א) "הִשְׁלִיךְ מִשָּׁמַיִם אֶרֶץ תִּפְאֶרֶת יִשְׂרָאֵל" וְאִם כֵּן נָפְלוּ?[14]

אָמַר לָהֶם: אִם קָרוּ לֹא שָׁנוּ וְאִם שָׁנוּ לֹא שִׁלְּשׁוּ. מָשָׁל לְמָה הַדָּבָר דּוֹמֶה לְמֶלֶךְ שֶׁהָיְתָה לוֹ עֲטָרָה נָאָה עַל רֹאשׁוֹ, מֵילָת [=גְּלִימָה] נָאָה בִּכְתֵפָיו וּבָא לוֹ שְׁמוּעָה רָעָה הִשְׁלִיךְ הָעֲטָרָה מֵעַל רֹאשׁוֹ וְהַמֵּילָת מִלְּפָנָיו.

14 מתייחס שוב לגן עדן. לפי הפסוק, נראה שגן עדן מלכתחילה היה בשמים.

פירוש

סימן לג

בשונה מן הנאמר לעיל, מן הפסוק נראה שהארץ הייתה בשמים קודם לכן ומשם הושלכה לארץ. השאלה העולה אפוא היא כיצד נאמר ש"ארץ תפארת ישראל" הושלכה "משמים"? דבר זה גם מעלה שאלה כנגד דברי רבי ינאי, שהארץ נבראה לפני השמים (סימן כד), שהרי נראה מכאן שהארץ במקורה הייתה בשמים. בעיה נוספת העולה מן הפסוק נובעת מן הזיהוי השגרתי של "ארץ" עם ספירת מלכות. הרי מן הפסוק נראה שהארץ מזוהה דווקא עם ספירת תפארת. ספירה זו היא אחת משש הספירות המזוהות עם זעיר אנפין, המכונה בדרך כלל "שמים" (ראו סימן ל).

התשובה לכך היא שמשמעותו האמיתית של הפסוק היא אחרת. במשל המובא, למלך הייתה "עטרה נאה על ראשו", המסמלת את ספירת כתר, ו"מלת [=שמלה, גלימה] נאה בכתפיו", שעל פי הפסוק שצוטט בסימן ל, "עֹטֶה אוֹר כַּשַּׂלְמָה" (תהלים קד, ב), היא אורן של ספירות חכמה

סימן לד

שָׁאֲלוּ: מִפְּנֵי מָה צוּרַת חֵי"ת צוּרַת פַּתָּח וּנְקֻדָּה בְּפַתָּח קָטָן?[15] אָמַר לָהֶם מִפְּנֵי שֶׁכָּל הָרוּחוֹת סְתוּמוֹת חוּץ מֵרוּחַ צָפוֹן שֶׁהִיא פְּתוּחָה לַטּוֹב וְלָרַע.[16]

15 נראה שההתייחסות היא למילה רוח שבפסוק "ורוח אלהים מרחפת על פני המים" (בראשית א, ב). האות חי"ת מנוקדת בפת"ח בסוף מילה, מצב מיוחד שבו קוראים את התנועה לפני העיצור שלה.

16 ראו סימנים קסב, קסג, קצט.

פירוש

ובינה. כאשר כוחות הרע מתגברים ("שמועה רעה"), הספירות כתר, חכמה ובינה "יורדות" על מנת להגן על הספירות הנמוכות יותר.

סימן לד

המבנה השלישוני של מערכת עשר הספירות:

כתר

חכמה | בינה

חסד | גבורה

תפארת

נצח | הוד

יסוד

מלכות

הניקוד והספירות

הניקוד	צורה	ספירה
קמץ	ָ	כתר
פתח	ַ	חכמה
צירי	ֵ	בינה
סגול	ֶ	חסד
שווא	ְ	גבורה
חולם	ֹ	תפארת
חיריק	ִ	נצח
קובוץ	ֻ	הוד
שורוק	וּ	יסוד
ללא ניקוד		מלכות

ראו תיקוני זוהר, תיקון ע, קכט ע"א-ע"ב.

אָמְרוּ לוֹ: לְטוֹבָה? וְהָכְתִיב (יחזקאל א, ד)
״וְהִנֵּה רוּחַ סְעָרָה בָּאָה מִן הַצָּפוֹן עָנָן
גָּדוֹל וְאֵשׁ מִתְלַקַּחַת״, וְאֵין אֵשׁ אֶלָּא
חֲרוֹן אַף דִּכְתִיב (ויקרא י, ב) ״וַתֵּצֵא אֵשׁ
מִלִּפְנֵי ה׳ וַתֹּאכַל אוֹתָם וַיָּמֻתוּ״.
אָמַר לָהֶם: לֹא קַשְׁיָא כָּאן בִּזְמַן

פירוש

כל האותיות עד וא״ו כבר נידונו עד כה, והאות זי״ן תידון להלן (סימן נג). הדיון כאן עוסק באות חי״ת והוא קושר את האות עם המילה רוח או רוחות, שמלבד הפסוקים המצוטטים כאן היא מופיעה גם בפסוק השני בתורה, ״וְרוּחַ אֱלֹהִים מְרַחֶפֶת...״, שחלקו הראשון נידון בסימן ב ויש לראות את הדיון כאן כהמשך הדיון בו. המילה רוח מסתיימת בחי״ת עם פתח מתחתיה. אופן ההגייה של החי״ת הסופית הוא ייחודי, כיוון שבדרך כלל פתח יוצר תנועה באות ואילו החי״ת הסופית מבוטאת ללא תנועה אחרי שמבטאים אַ.

המקובלים סבורים שחי״ת מייצגת את ספירת היסוד המקבילה לאיבר המין הזכרי. באיבר זה ישנם שני צינורות, האחד לרבייה והאחר להוצאת הפסולת מן הגוף. שני אלו מיוצגים בשתי רגליה של האות חי״ת (שער רשב״י על זוהר ח״א, ג ע״א). הצינור הראשון הוא מקור הטוב ואילו השני הוא מקור הרע.

האות חי״ת, בצורתה הגרפית, סגורה משלושה צדדים ופתוחה מלמטה. אך ניתן להתגבר על פתיחה זו על ידי הניקוד בפתח, שמשמעותו המילולית היא פֶּתַח. ספר הבהיר מלמד שהאות חי״ת במילה רוח רומזת לשלושת כיווני האוויר הסגורים, שהם דרום, מזרח ומערב, המקבילים לספירות חסד, תפארת ויסוד. הצד הפתוח הוא צפון, הרומז לספירת גבורה.

המהות של ספירת חסד היא נתינה חופשית, בעוד שהמהות של גבורה היא צמצום. ה״גבורה״ כאן היא במובן של כיבוש

שֶׁיִּשְׂרָאֵל עוֹשִׂין רְצוֹנוֹ שֶׁל מָקוֹם כָּאן כְּשֶׁאֵין יִשְׂרָאֵל עוֹשִׂין רְצוֹנוֹ, בִּזְמַן שֶׁאֵין יִשְׂרָאֵל עוֹשִׂין רְצוֹנוֹ אֵשׁ קְרוֹבָה, וּבִזְמַן שֶׁעוֹשִׂין רְצוֹנוֹ מִדַּת הָרַחֲמִים מִתְגַּלְגֶּלֶת וְסוֹבֶבֶת, הָדָא הוּא דִּכְתִיב (מיכה ז, יח) ״נֹשֵׂא עָוֹן וְעֹבֵר עַל פֶּשַׁע״.

פירוש

פנימי, כדברי המשנה: ״איזהו גיבור? הכובש את יצרו״ (אבות ד, א). ברור שאדם יכול לגבור על יצרו, ואם אדם יכול לעשות זאת, ודאי שגם הא־ל יכול. טבעו של הא־ל הוא להיטיב ולכן כאשר הוא מתגבר ומצמצם את טובו, התוצאה היא רוע. לכן ספירת גבורה היא מקור הרוע.

צד צפון מקושר עם הרוע במקומות רבים בספרנו (ראו סימנים קסב, קסג, קצט). האות חי״ת נראית פתוחה, כיוון שקיומו של הרע ״פותח״ פתח לבחירה החופשית.

ה״רוח סערה״, ה״ענן גדול״ וה״אש מתלקחת״, המוזכרים בפסוקים מספר יחזקאל, מסמלים את שלוש הקליפות של הרוע (ראו זוהר, ח״ב, רג ע״א). שלוש הקליפות האלה, על פי הפסוקים, מקושרים עם כיוון צפון. הקליפה הקרובה ביותר לעולם החומר היא האש, והיא שהורסת ומענישה. מסיבה זו, עונש הגיהנום מזוהה לרוב עם אש (ראו עץ חיים, שער קיצור אבי״ע, ד).

ספירת גבורה מזוהה עם היום השני לבריאה. התלמוד (פסחים נד ע״א) מלמד שהביטוי החוזר בפרשת הבריאה ״כי טוב״ אינו מוזכר ביום זה מפני שביום זה נבראה אש הגיהינום.

ישנו מתח קבוע בין ספירת חסד לבין ספירת גבורה, שאינו אלא המתח בין מידת הרחמים לבין מידת הדין, בהתאמה. כאשר ישראל עושים רצונו של מקום, מידת הרחמים גוברת.

סימן לה

מָשָׁל לְמֶלֶךְ שֶׁרָצָה לִרְדּוֹת אֶת עֲבָדָיו וּלְיַסְּרָם. עָמַד הֶגְמוֹן אֶחָד וְשָׁאַל ״עַל מָה״? אָמַר לוֹ עַל כֵּן, אָמַר לוֹ ״לֹא עָשׂוּ עֲבָדֶיךָ דָּבָר זֶה מֵעוֹלָם וַאֲנִי עָרֵב לְךָ בָּהֶם וְאַתָּה תִּבְדֹּק אַחֲרֵיהֶם״. בֵּין כָּךְ וּבֵין כָּךְ שָׁכְכָה חֲמַת הַמֶּלֶךְ.

פירוש

סימן לה

מידת הדין דורשת עונש מיידי על כל עבירה. מידת הרחמים, לעומת זאת, כוחה בהשהיית הענישה, והיא נותנת לאדם הזדמנות לתקן.

סימן לו

שָׁאֲלוּ תַלְמִידָיו וְאָמְרוּ: מִפְּנֵי מָה דָּלֶ"ת עָבָה מִן הַצַּד, כָּזֶה ד?[17] אָמַר לָהֶם: מִפְּנֵי הַסֶּגוֹ"ל שֶׁהוּא בְּפַתָּח קָטָן[18] שֶׁנֶּאֱמַר (תהלים כד, ז) "פִּתְחֵי עוֹלָם", שָׁם שָׂם פַּתָּח לְמַעְלָה וְסֶגוֹ"ל לְמַטָּה וּבָאָה עָבָה.

17 בכתיבה תמה, הרגל שלה מעובה ולא כתובה בקו דק כמו באות ר׳.

18 פת"ח וסגו"ל הם ניקודי תנועה. המשמעות מעט לא ברורה, אך עשויה להתייחס לצורת האות, שנראית כמו פת"ח וסגו"ל. לחלופין, זה עשוי להתייחס לעובדה שבאות ד׳ התנועה הראשונה היא פת"ח בעוד השנייה היא סגו"ל. ד׳ פירושה "דלת" בעוד שפתח פירושו "פתיחה". באשר לסגול, ראו סימנים פח, צ, קעה.

פירוש

סימן לו

ראו הערות ואיור.

האות דל"ת מורכבת משני קווים, רוחבי ואנכי, האנכי יורד מחלקו הימני יותר של הקו הרוחבי. הרוחבי מקשר בין חכמה לבינה, והאנכי מקשר בין חכמה לחסד. הניקוד המסמל את ספירת החכמה הוא פתח, והניקוד המסמל את ספירת החסד הוא סגול. שמה של האות דל"ת הוא כמו המילה דלת. הואיל וספירת החכמה מסמלת את פסגת יכולת ההשגה שלנו את הקב"ה, זוהי למעשה "פתיחת דלת" מצדו, על מנת להתגלות אלינו. הניקוד סגול הוא מלשון

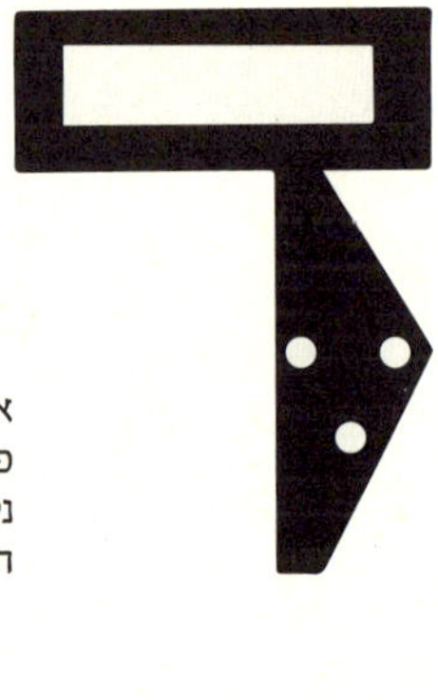

איור 5: האות דל"ת עם פתח מעליה, ושלוש נקודות המייצגות את הסגול בצד.

סימן לז

מַאי פַּתָּ"ח? פֶּתַח.
וּמַאי פֶּתַח? הוּא רוּחַ צְפוֹנִית שֶׁהוּא
פֶּתַח לְכָל בָּאֵי עוֹלָם, מִן הַשַּׁעַר שֶׁיָּצָא
הָרַע יוֹצֵא הַטּוֹב.
וּמַה טּוֹב?
לְגַלֵּג עֲלֵיהֶם: וַהֲלֹא אָמַרְתִּי לָכֶם פַּתָּח
קָטָן?
אָמְרוּ לוֹ: שְׁכַחְנוּ, שְׁנֵה לָנוּ.

פירוש

סגולה, מרשם הפועל את פעולתו לשם צורך מסוים. סגול אם כן מקביל לספירת חסד, נתינה ללא כל הגבלה, אף ללא סיבה. ספירת גבורה, לעומת זאת, מגבילה את החסד ומאפשרת נתינה רק למי שהרוויח ביושר את הראוי לו על פי כללי הצדק.

"פתחי עולם" הם אפוא פתח וסגול. פתח הוא נתינה טבעית, וסגול הוא נתינה אף ללא סיבה. שניהם יחד מרכיבים את הדל"ת (ראו סימנים פט, קעח).

סימן לז

הפֶּתח, שהוא גם הניקוד פַּתח, שבין ספירת חכמה לספירת בינה, מאפשר גם את קיומה של ספירת גבורה, כיוון שכמו שהזכרנו לעיל, היא גם כיוון צפון, מקור הרוע (ראו הערה 19).

ה"כסא" הוא ספירת בינה. הוא נקרא כך מפני שבאופן כללי, הרעיון של ישיבה על כיסא הוא של ירידה, הנמכה עצמית. לכן, כאשר אנו אומרים שהקב"ה "יושב" על כיסאו, אנו מתכוונים שהוא "הנמיך" כביכול את מהותו העצמית, על מנת לדון בעולמו מחד גיסא, ולהיות מובן מאידך גיסא. הכיסא הוא אמצעי שדרכו אלוהים יושב ומנמיך את עצמו, וזה בדיוק העניין של ספירת בינה, דרכה אנו יכולים לתפוס משהו מן האלוהי. הכיסא הזה הוא המוזכר בפרק א של יחזקאל ובפרק ו של ישעיהו.

ספירת בינה היא בדרך כלל בראש. אך

שָׁנָה לָהֶם: לְמֶלֶךְ שֶׁהָיָה לוֹ כִּסֵּא
לִפְעָמִים לוֹקֵחַ אוֹתוֹ עַל זְרוֹעוֹ וְלִפְעָמִים
עַל רֹאשׁוֹ.[19]
אָמְרוּ לוֹ: לָמָּה?
לְפִי שֶׁהוּא נָאֶה וְחָס לֵישֵׁב עָלָיו.
אָמְרוּ לוֹ: וְאָנָּא שָׂמוּ עַל רֹאשׁוֹ?
אָמַר לָהֶם: בְּמֵ"ם פְּתוּחָה,[20] שֶׁנֶּאֱמַר
"אֱמֶת מֵאֶרֶץ תִּצְמָח וְצֶדֶק (תהלים פב, יב)
מִשָּׁמַיִם נִשְׁקָף".

19 זהו רמז לתפילין, ראו סימן קנב. על פי סדר הספירות, פתח הוא חכמה בעוד שסגול היא חסד, היד הימנית. ראו סימן קמב, קמד. ראו תיקוני זוהר, תיקון ע, קכט ע"א-ע"ב.

20 ראו סימנים פד, פה, פו. הכוונה לאות מ' שבמילה "מארץ" בפסוק המצוטט.

פירוש

בן זוגה בספירות הנמוכות יותר הוא ספירת גבורה, המקבילה לזרוע שמאל. כך, הכיסא הזה הוא לפעמים "על ראשו" ולפעמים "על זרועו", ממש כמו התפילין, המונחות על הראש ועל זרוע שמאל (דברים ו, ח).

התלמוד מזכיר כי הקב"ה מניח תפילין (ברכות ז ע"א), ונראה שהסימן שלנו רומז לכך. כאשר אנו מניחים תפילין, הן מקבילות לאלו של הקב"ה, והן מביאות אותנו קרוב לקב"ה באותה מידה שאנו מידמים אליו. מובן שהתפילין של הקב"ה אינן גשמיות, אלא מתייחסות לעניינים מיוחדים הקשורים לספירות מסוימות.

במובן מסוים, בהניחנו תפילין אנו מנמיכים את הא־ל לכיווננו, ומאפשרים לעצמנו לקחת חלק כביכול במהותו. זהו, על כל פנים, העניין של "הכסא" הנזכר לעיל. אולי היינו צריכים לעשות את התפילין

סימן לח

יָשַׁב ר' אֲמוֹרָאֵי וְדָרַשׁ:
מַאי דִּכְתִיב (תהלים פז, ב) "אֹהֵב ה' שַׁעֲרֵי
צִיּוֹן מִכֹּל מִשְׁכְּנוֹת יַעֲקֹב".
"שַׁעֲרֵי צִיּוֹן" הֵם פִּתְחֵי עוֹלָם.
וְאֵין שַׁעַר אֶלָּא פָּתוּחַ כְּמָה דְּאַתְּ אָמַר
"פִּתְחוּ לִי שַׁעֲרֵי [צֶדֶק] רַחֲמִים",[21]
כָּךְ אָמַר הַקָּדוֹשׁ בָּרוּךְ הוּא: אוֹהֵב אֲנִי
שַׁעֲרֵי צִיּוֹן כְּשֶׁהֵן פְּתוּחִין.

פירוש

בצורת כיסא ולשבת עליהן, אך אין ספק שהדבר לא היה מכבד אותן כראוי.

ספר הבהיר מצהיר אפוא שהא־ל מניח תפילין "במ"ם פתוחה". הרעיון הזה הוא של ספירת בינה, האם הגדולה, כאשר היא יורדת על מנת להקיף את הספירות הנמוכות ולהגן עליהן, אשר הן ילדיה כביכול. הירידה היא המסתורין של הרחם השמימי (ראו סימן פד). לכן לתפילין של ראש ישנן רצועות היורדות אל הגוף וכאילו סובבות אותו.

הערך המספרי של האות מ"ם הוא ארבעים, רמז לאותם ארבעים ימים שבהם נוצר העובר ברחם אמו. מספר ימים זה מקביל גם לעשר הספירות שבכל אחד מארבעת הבתים של תפילין של ראש (ראו סימן נ).

סימן לח

העניין המרכזי בסימן זה הוא העובדה שלקב"ה יש תענוג כאשר הרע עצמו

לָמָּה? שֶׁהֵן מִצַּד הָרָעָה, וּכְשֶׁיִּשְׂרָאֵל טוֹבִים לִפְנֵי הַמָּקוֹם וּרְאוּיִים לְהִפָּתַח לַטּוֹב הַקָּדוֹשׁ בָּרוּךְ הוּא אוֹהֲבָם מִכָּל מִשְׁכְּנוֹת יַעֲקֹב שֶׁהֵם כֻּלָּם שָׁלוֹם, שֶׁנֶּאֱמַר (בראשית כה, כו) "וְיַעֲקֹב אִישׁ תָּם יֹשֵׁב אֹהָלִים".

21 פרפרזה על תהלים קיח, יט.

פירוש

מתהפך לטוב. לאדם ניתנה בחירה חופשית וביכולתו להתגבר על הרע, וזו הייתה מטרת הבריאה. כאשר הרע מתגבר, המטרה הזאת אינה מתקיימת ולקב"ה אין נחת רוח.

במובן עמוק יותר, ככל שאדם מתגבר על הרע, כך הוא עושה שימוש נרחב יותר ביכולת הבחירה החופשית שלו, ובעשותו כן הוא מידמה יותר לאלוהים.

הסימן הזה הוא ראיה לכך שההפך של הרע הוא שלום (ראו סימנים יא, יב).

סימן לט

מָשָׁל לִשְׁנֵי בְּנֵי אָדָם, אֶחָד מְזֻמָּן לַעֲשׂוֹת רַע וְעָשָׂה טוֹב, וְאֶחָד מְזֻמָּן לַעֲשׂוֹת טוֹב וְעָשָׂה טוֹב.

לְמִי מְשַׁבְּחִין יוֹתֵר? לְמִי שֶׁרָגִיל לַעֲשׂוֹת רַע וְעָשָׂה טוֹב, אוּלַי יַעֲשֶׂה פַּעַם שְׁנִיָּה, הָדָא הוּא דִכְתִיב (תהלים פז, ב) "אֹהֵב ה' שַׁעֲרֵי צִיּוֹן מִכֹּל מִשְׁכְּנוֹת יַעֲקֹב" שֶׁהֵן כֻּלָּם שָׁלוֹם, שֶׁנֶּאֱמַר (בראשית כה, כו) "וְיַעֲקֹב אִישׁ תָּם יֹשֵׁב אֹהָלִים".

סימן מ

שָׁאֲלוּ תַּלְמִידָיו: מַהוּ חוֹלָם?[22] אָמַר לָהֶם: נְשָׁמָה וּשְׁמָהּ חוֹלָם.[23] שֶׁאִם תִּשְׁמַע תַּחֲלִים גּוּפְךָ לֶעָתִיד לָבוֹא, וְאִם תִּמְרֹד בָּהּ יָשׁוּבוּ חֳלָאִים בְּרֹאשְׁךָ וְחָלָיִים בְּרֹאשָׁהּ.

22 על פי סדר הספירות, מדובר כאן בספירת הוד.

23 ראו להלן סימנים קטו, קטז.

פירוש

סימן מ

כפי שכבר ראינו, הניקוד חולם מציין את ספירת תפארת, שהיא תמציתו של פרצוף זעיר אנפין, דמות האדם העליון. זהו גם עצם עניין הנשמה. באופן כללי, הניקוד הוא "נשמת" האותיות (ראו סימן קטז). החולם מוחלף פעמים רבות באות וא"ו (בכתיב מלא), ואם כן ניתן לומר שהניקוד, הנשמה, מתגשם בדמות גוף, האות וא"ו. מעבר לכך, הבחירה "להתגשם" באות זו דווקא מעיד על הבחירה בקשר (ראו הערות על סימן כט).

אם תשומת הלב של האדם תינתן לנשמתו, אזי גם גופו יזכה להיות חזק לאחר תחיית המתים, שכן מעלתה של הנשמה ומידת הנצחיות שלה משפיעות על הגוף העתידי (ראו דרך ה', ח"א, פ"ג סע' יג). ה"כוח" של הגוף הוא מידת הידמותו לאדם העליון, המסומל בחולם.

החולם ממוקם מעל ראשה של האות וא"ו ומסמל שמקום מושבה המרכזי של הנשמה הוא המוח. ובמקביל לכך, אם אדם פוגע בנשמתו, הוא לוקה בראשו.

סימן מא

וְעוֹד אָמְרוּ שֶׁכָּל חֲלוֹם הוּא בְּחוֹלָם, וְכָל מַרְגָּלִית לְבָנָה הוּא בְּחֹלָם כְּדִכְתִיב "וְאַחְלָמָה".[24] (שמות כח, יט)

24 אונקלוס מתרגם מילה זאת "עין עיגלה", כלומר עין-עגל. ר' בחיי מזהה את האחלמה עם אבן הבדולח, הקשורה לחלומות. ראו אבן עזרא על אתר וכן רד"ק, ספר השרשים (עמ' ריא).

פירוש

סימן מא
החולם מסמל את התפשטותה של הנשמה בגוף. האופן הרווח ביותר להופעת הנשמה הוא החלום (ראו דרך ה', ח"ג, פ"א סע' ו).

סימן מב

**אָמַר לָהֶם: עוּלוּ וְשִׁמְעוּ דִקְדּוּקֵי נְקֻדָּה דְּאוֹרָיְיתָא דְּמֹשֶׁה.
יָשַׁב וְדָרַשׁ לָהֶם: חִירִיק שׂוֹנֵא אֶת הָרָעִים וּמְיַסְּרָם, וּבְצִדּוֹ הַקִּנְאָה וְהַשִּׂנְאָה וְהַתַּחֲרוּת, דִּכְתִיב (תהלים לז, יב) "וְחֹרֵק עָלָיו שִׁנָּיו", אַל תִּקְרֵי חֹרֵק אֶלָּא רַחֵק. רַחֵק (הַרְחֵק) אֵלּוּ הַמִּדּוֹת, וְהַרְחֵק מִמְּךָ הָרַע, וְכָל שֶׁכֵּן דְּהַטּוֹב יִדְבַּק בְּךָ.**

פירוש

סימן מב

הניקוד חיריק מסמל את ספירת הנצח. כאמור לעיל, ספירת נצח מסמלת את תכלית הבריאה הראשונית, בעוד שספירת הוד מייצגת את הסיבה השניונית. הרוע הוא תוצאה של התכלית השנייה, שכן הוא נובע מן האפשרות של בריאת האדם באופן שתהיה לו בחירה חופשית, אבל רק כך מתאפשר גם מימוש התכלית הראשונית, והיא שהאדם ידבק בבוראו. מאחר שהרע הוא ה"אחוריים" של הסטרא אחרא, הוא ניזון בתחילה מספירת הוד (ראו עץ חיים, שער מיעוט הירח). מסיבה זו, המילה הוד קשורה למילה הודאה, שהיא גם כניעה. ספירה זו נכנעת בפני הרע ומאפשרת את קיומו. אין זה מנוגד לעובדה שהמקור הראשוני של הרע הוא כאמור ספירת גבורה, משום שבעץ הספירות, ספירת הוד היא ענף של ספירת גבורה.

מכל מקום, התכלית הראשונית לבריאת העולם היא כולה טובה, ולכן מתעבת כל רוע. זו מסומלת על ידי החיריק, המקביל לספירת נצח. משמעות הדבר היא שהאדם צריך לסלק עצמו מכל רוע כך שהטוב ירצה לדבוק בו.

החיריק הוא אם כן נקודה בודדת, לסמן לנו שבסופו של דבר ישנה רק מטרה אחת לבריאה.

סימן מג

חֹרֶק. אַל תִּקְרֵי חֹרֶק אֶלָּא קֵרֵחַ, אֶלָּא כָּל מָקוֹם [שֶׁנֶּאֱמַר] שֶׁדָּבֵק חֹרֶק נִשְׁאָר קֵרֵחַ, שֶׁנֶּאֱמַר (שמות לד, ז) "וְנַקֵּה".

פירוש

סימן מג

עניינו של ה"קֶרח" המוזכר כאן הוא היותו חָלק, לכן הוא נכתב כמו המילה קֵרֵחַ. מים מסמלים בדרך כלל את ספירת החסד ולכן הם מוזכרים ביום הראשון של הבריאה, המקביל לספירה זו. אך ההתממשות של פוטנציאל המים התרחשה רק ביום החמישי, המקביל לספירת הוד, שבו נבראו הדגים וכל יצורי הים. במובן זה, המים מסמלים שינוי ובחירה חופשית, שהם עניינה של ספירת הוד. יצורי הים היו הנבראים הראשונים בעולם החי, והם לוקחים חלק ברעיון היכולת להשתנות ולבחור באופן חופשי.

קרח, לעומת זאת, הוא מים קפואים, אין בו כל שינוי או חופש. לכן הוא מסמל את ספירת נצח, שכן משמעה של המילה נצח הוא גם קבוע לעולמי עד. זה מרמז לאדם את מצבו הקבוע בעולם הבא, שבו "הצדיקים יושבים... ונהנים מזיו השכינה" (ברכות יז ע"א). המלאכים שנראו על ידי יחזקאל עומדים במצב זה לנצח, ועל כן נאמר עליהם: "וּדְמוּת עַל רָאשֵׁי הַחַיָּה רָקִיעַ כְּעֵין הַקֶּרַח הַנּוֹרָא נָטוּי עַל רָאשֵׁיהֶם מִלְמָעְלָה" (יחזקאל א, כב).

השֵׂער הוא דבר הצומח מגוף חי, אך בו עצמו אין כל חיות. הוא מסמל אפוא דרגה נמוכה ביותר, דבר שאינו חי הניזון מחי. נוסף על כך, השער הוא גם מעין "בגד" מתוצרת עצמית, המכסה ומסתיר את העור החשוף.

כוונתו הראשונית של הבורא היא שיוכל לגלות עצמו לנבראיו, שזהו הטוב העליון ביותר שניתן להעניק. זו אפוא הדרגה של ספירת נצח, המסמלת כאמור את הכוונה הזאת. אולם בלתי אפשרי לממש תכלית זו, ללא הגבלה, הנמכה והיעלמות, מפני ששום יצור נברא איננו יכול לסבול את אור האינסוף כפי שהוא. לכן, כתכלית משנית לבריאה, הא־ל חייב לצמצם את עצמו, להנמיך את אורו ולהעלימו במידה רבה. דבר זה מתאפשר באמצעות השער. זוהי מדרגת ספירת ההוד, המטרה השניונית.

קירחות, הסרת השער, מרמזת לעתיד לבוא, כאשר לא יהיה עוד צורך בהסתרה, ואדם יוכל לחוות את הבורא בדרגה הגבוהה ביותר האפשרית ליצור חי. בזמן ההוא, המטרה הראשונית של הבריאה, המרומזת כאמור בחיריק ומזוהה עם ספירת הנצח, תתגלה.

סימן מד

וּמַאי מַשְׁמַע דְּהַאי חֹרֶק לְשׁוֹן שׂוֹרֵף?[25]
מִשּׁוּם דְּהוּא אֵשׁ שׂוֹרֶפֶת כָּל הָאִשּׁוֹת,
דִּכְתִיב (מלכים א׳ יח, לח) ״וַתִּפֹּל אֵשׁ ה׳
וַתֹּאכַל אֶת הָעֹלָה וְאֶת הָעֵצִים וְאֶת
הָאֲבָנִים וְאֶת הֶעָפָר, וְאֶת הַמַּיִם אֲשֶׁר
בַּתְּעָלָה לִחֵכָה״.

25 חרך פירושו לשרוף.

פירוש

המילה ״ונקה״ היא המידה האחרונה בי״ג מידות הרחמים המוזכרות בהתגלות הקב״ה למשה בנקרת הצור. דבר זה מרמז לכך שהבורא ינקה את הבריאה מכל רע שעה שהמטרה הראשונית לבריאה תבוא לידי ביטוי.

סימן מד

זהו המשך של הנידון לעיל, שכן הוא דן בסוגי אש שאף מכלים את המים – ״וַתִּפֹּל אֵשׁ ה׳ וַתֹּאכַל... אֶת הַמַּיִם״ (מלכים א׳ יח, לח).

סימן מה

אָמַר מָר: מַאי דִּכְתִיב (שמות כ, יח) **"וְכָל הָעָם רֹאִים אֶת הַקּוֹלֹת וְאֶת הַלַּפִּידִם", וְכִי נִרְאִים קוֹלוֹת? אֶלָּא "וְכָל הָעָם רֹאִים אֶת הַקּוֹלֹת",** [אֵלּוּ שִׁבְעַת הַ]**קּוֹלוֹת שֶׁאָמַר דָּוִד** (תהלים כט, ג) **"קוֹל ה' עַל הַמָּיִם אֵל הַכָּבוֹד הִרְעִים ה' קוֹל ה' בַּכֹּחַ" וְאוֹמֵר** (ישעיהו י, יג) **"בְּכֹחַ יָדִי עָשִׂיתִי", וְאוֹמֵר** (שם מח, יג) **"אַף יָדִי יָסְדָה אֶרֶץ", "קוֹל ה' בֶּהָדָר" וְאָמַר קְרָא** (תהלים קיא, ג) **"הוֹד וְהָדָר פָּעֳלוֹ וְצִדְקָתוֹ" וגו', "קוֹל ה' שֹׁבֵר אֲרָזִים"** (שם כט, ה)**, זוֹ קֶשֶׁת שֶׁמְּשַׁבֶּרֶת עֲצֵי בְרוֹשִׁים וַעֲצֵי אֲרָזִים, "קוֹל ה' חֹצֵב לַהֲבוֹת אֵשׁ"** (שם ד) **זֶה שֶׁעוֹשֶׂה שָׁלוֹם**

פירוש

סימן מה

ה"קול" הראשון שנשמע במעמד הר סיני הוא ספירת חסד, ועל כן מסומל במים, "קול ה' עַל הַמָּיִם" (תהלים כט, ג). הקול השני הוא ספירת גבורה, והיא מסומלת במילה יד, שבפסוק "בְּכֹחַ יָדִי עָשִׂיתִי" (ישעיהו י, יג), אך לא מצוין כאן איזו יד. בהמשכו של הפסוק הבא המצוטט מישעיהו, נאמר "וִימִינִי טִפְּחָה שָׁמָיִם" (מח, יג), ואם כן אנו למדים ש"סתם" יד היא שמאל. גבורה היא אפוא יד שמאל (ראו סימן קמה).

ה"קול" השלישי הוא ספירת הוד,

בֵּין הַמַּיִם וּבֵין הָאֵשׁ, שֶׁחוֹצֵב כֹּחַ הָאֵשׁ וּמוֹנֵעַ אוֹתָם מִלְּלַחֵךְ הַמַּיִם וְגַם מוֹנְעָן מִלְּכַבּוֹתוֹ, "קוֹל ה' יָחִיל מִדְבָּר" (שם ח) שֶׁנֶּאֱמַר (שם יח, נא) "וְעֹשֶׂה חֶסֶד לִמְשִׁיחוֹ לְדָוִד וּלְזַרְעוֹ עַד עוֹלָם", יוֹתֵר מִן הַמִּדְבָּר, "קוֹל ה' יְחוֹלֵל אַיָּלוֹת וַיֶּחֱשֹׂף יְעָרוֹת וּבְהֵיכָלוֹ כֻּלּוֹ אֹמֵר כָּבוֹד" (שם כ, ט), וּכְתִיב (שיר השירים ב, ז) "הִשְׁבַּעְתִּי אֶתְכֶם בְּנוֹת יְרוּשָׁלַיִם בִּצְבָאוֹת אוֹ בְּאַיְלוֹת הַשָּׂדֶה", הָא לָמַדְתָּ שֶׁבְּשֶׁבַע קוֹלוֹת נִתְּנָה תּוֹרָה, וּבְכֻלָּם נִגְלָה אֲדוֹן הָעוֹלָם עֲלֵיהֶם וְרָאוּם וְהַיְנוּ דִּכְתִיב "וְכָל הָעָם רֹאִים אֶת הַקּוֹלֹת".

פירוש

כפי שנראה בבירור מן הפסוק המצוטט. ה"קול" הרביעי הוא ספירת יסוד, המסומלת ב"קשת", סימן ידוע לאיבר הברית. ה"קול" החמישי הוא ספירת תפארת, העושה "שלום בין המים ובין אש" (ראו סימן יא). ה"קול" השישי הוא ספירת נצח, הרמוזה במילות הפסוק "עד עולם". ה"קול" השביעי הוא ספירת מלכות, הרמוזה במילה "כבוד".

סדר הספירות כאן שונה מן המקובל בדרך כלל, וספירות הוד ויסוד הוקדמו לתפארת ונצח.

סימן מו

כָּתוּב אֶחָד אוֹמֵר (שמואל ב׳ כב, י) "וַיֵּט שָׁמַיִם וַיֵּרַד וַעֲרָפֶל תַּחַת רַגְלָיו", וְכָתוּב אֶחָד אוֹמֵר (שמות יט, כ) "וַיֵּרֶד ה׳ עַל הַר סִינַי", וְכָתוּב אֶחָד אוֹמֵר (שם כ, כב) "כִּי מִן הַשָּׁמַיִם דִּבַּרְתִּי עִמָּכֶם", הָא כֵּיצַד?

אִשּׁוֹ הַגְּדוֹלָה הָיְתָה בָּאָרֶץ שֶׁהוּא קוֹל אֶחָד וּשְׁאָר הַקּוֹלוֹת הָיוּ בַּשָּׁמַיִם שֶׁנֶּאֱמַר (דברים ד, לו) "מִן הַשָּׁמַיִם הִשְׁמִיעֲךָ אֶת קֹלוֹ לְיַסְּרֶךָּ וְעַל הָאָרֶץ הֶרְאֲךָ אֶת אִשּׁוֹ הַגְּדוֹלָה וּדְבָרָיו שָׁמַעְתָּ מִתּוֹךְ הָאֵשׁ".

מֵאַיִן הָיָה יוֹצֵא הַדִּבּוּר? מִן הָאֵשׁ, שֶׁנֶּאֱמַר (שם) "וּדְבָרָיו שָׁמַעְתָּ מִתּוֹךְ הָאֵשׁ".

פירוש

סימן מו

כאן אנו למדים על היבט אחר של ספירת נצח – היותה המקור של ההתגלות והנבואה. ההתגלות היא מתוך האש, בדיוק אותה האש שהתגלתה לאליהו, המוזכרת בסימן מד. ספירות נצח והוד מקבילות לשתי הרגליים העומדות על הארץ, הן אלה שכביכול מקיימות את הקשר עם הארץ, העולם הזה. על כן הן המקור לכל התגלות מן העולם העליון. כשהן יורדות אל הארץ, ישנה התגלות מתוך האש – "וְעַל הָאָרֶץ הֶרְאֲךָ אֶת אִשּׁוֹ הַגְּדוֹלָה וּדְבָרָיו שָׁמַעְתָּ מִתּוֹךְ הָאֵשׁ" (דברים ד, לו).

סימן מז

וּמַאי (דברים ד, יב) **"וּתְמוּנָה אֵינְכֶם רֹאִים זוּלָתִי קוֹל"? כְּדְאָמַר לָהֶם מֹשֶׁה לְיִשְׂרָאֵל** (שם, טו) **"כִּי לֹא רְאִיתֶם כָּל תְּמוּנָה", תְּמוּנָה וְלֹא כָּל תְּמוּנָה. מָשָׁל לְמָה הַדָּבָר דּוֹמֶה? לְמֶלֶךְ שֶׁעוֹמֵד עַל עֲבָדָיו וְעָטַף כְּסוּת לְבָנָה.**[26] **רָחוֹק הָיָה הַמֶּלֶךְ וְשָׁמְעוּ אֶת קוֹלוֹ. יְכוֹלִים לִרְאוֹת גְּרוֹנוֹ? אָמַרְתָּ לֹא, הָא לָמַדְתָּ שֶׁרָאוּ תְּמוּנָה וְלֹא כָּל תְּמוּנָה. וְהַיְנוּ דִּכְתִיב** (שם) **"וּתְמוּנָה אֵינְכֶם רֹאִים זוּלָתִי קוֹל", וּכְתִיב** (שם) **"קוֹל דְּבָרִים אַתֶּם שֹׁמְעִים".**

26 רמז לטלית שבה התעטף הקב"ה בהר סיני, על פי בבלי ר"ה יז ע"ב; תהלים קד, ב; דניאל ז, ט. ראו גם סימנים קב, קו. הערת המתרגם: בגרסתו של הרב קפלן לבהיר חסרות כאן המילים: "לא די לאימת מלכות שיסתכלו במלבושיו? ועוד... ".

פירוש

סימן מז

כאן אנו למדים שבהתגלות הנ"ל ראו בני ישראל רק את הספירות, ולא את הא־ל עצמו. יתר על כן, הם ראו רק את שבע הספירות הנמוכות; הם לא ראו דבר מעל ל"גרון", כלומר הם לא השיגו את שלוש הספירות העליונות – כתר, חכמה ובינה (ראו עליהן להלן סימן מט).

סימן מח

כְּתוּב אֶחָד אוֹמֵר (שמות כ, טו) "וְכָל הָעָם רֹאִים אֶת הַקּוֹלֹת", וְכָתוּב אֶחָד אוֹמֵר (דברים ד, יב) "קוֹל דְּבָרִים אַתֶּם שֹׁמְעִים". הָא כֵּיצַד? בַּתְּחִלָּה רוֹאִים אֶת הַקּוֹלוֹת. מַאי רָאוּ? שִׁבְעָה קוֹלוֹת שֶׁאָמַר דָּוִד. וּלְבַסּוֹף שָׁמְעוּ הַדִּבּוּר יוֹצֵא מִבֵּין כֻּלָּם. וְהָא אֲנַן תְּנַן עֲשָׂרָה?[27] כְּרַבָּנָן תְּנַן, דְּאָמְרֵי דְּכֻלְּהוּ אֲמָרָן בְּחַדָא מִלְּתָא.[28] כֵּן כֻּלְּהוּ אֲמָרָן כַּחֲדָא מִלְּתָא.

פירוש

סימן מח

בחלק זה מוצג הרעיון של עשר הספירות. שבע הספירות הנמוכות מקבילות לשבעת ימי הבריאה (כאמור בסימן מה). הבריאה הייתה כידוע בעשרה מאמרות (אבות ה, א). באופן דומה, אף שבהתגלות במעמד הר סיני ישנם עשרה דיברות, הם היו מורכבים משבעה קולות בלבד.

אם כן, עולה שאלת היחס בין עשר לבין שבע – אם ישנם עשרה מאמרות, מדוע הופיעו רק שבע ספירות, ולהפך? התשובה היא שעשר הספירות "כולהו אמרן כחדא

וְהָוֵי שֶׁבַע? אֲמַרַן מִשִּׁבְעָה קוֹלוֹת, וְעַל תְּלָת נֶאֱמַר "קוֹל דְּבָרִים אַתֶּם שֹׁמְעִים וּתְמוּנָה אֵינְכֶם רֹאִים זוּלָתִי קוֹל", הָא לְמַדְתָּ דְּכֻלְּהוּ בַּחֲדָא מִלְּתָא אֲמִירָה. וּבַעֲבוּר שֶׁלֹּא יִטְעוּ יִשְׂרָאֵל לוֹמַר אֲחֵרִים עֲזָרוּהוּ מִן הַמַּלְאָכִים אַךְ קוֹלוֹ לְבַדּוֹ אֵינוֹ חָזָק כָּל כָּךְ, בַּעֲבוּר כֵּן חָזַר וּכְלָלָן.

27 הכוונה למצוות או לספירות; ראו אור הגנוז על אתר.

28 ראו תנחומא, יתרו, פרשה יא.

פירוש

מילתא", נאמרו במילה אחת בודדת. המספר עשר מבטא רעיון מורכב אך לכיד, הבא לידי ביטוי כעניין אחד. "עשר" הוא מבנה מושלם. "שבע", לעומת זאת, הוא מבנה בלתי מושלם, ועל כן הוא מבטא ישויות שונות שהתקבצו יחד (ראו עץ חיים, שער המלכים, פרק ה).

על כן, מבחינת ה"דיבור", הבריאה הייתה בעשרה מאמרות (ראו סימנים קיח, קלח, קמ, קעט). הבריאה היא רעיון לכיד שהתגלה באבחה אחת. כאשר הבריאה יצאה מן הרעיון אל המציאות, היא התגלתה בשבעה ימים.

סימן מט

דָּבָר אַחֵר, שֶׁלֹּא יֹאמְרוּ הָעוֹלָם: הוֹאִיל וְהֵם י׳ מַאֲמָרוֹת לְי׳ מְלָכִים. שֶׁמָּא לֹא יוּכְלוּ לְדַבֵּר עַל פֶּה אֶחָד? כָּתַב בֵּיהּ "אָנֹכִי" וְכָלַל כָּל הָעֲשָׂרָה.

וּמַאי י׳ מְלָכִים?[29] ז׳ קוֹלוֹת וְג׳ מַאֲמָרוֹת. וּמַאי נִינְהוּ מַאֲמָרוֹת דִּכְתִיב (דברים כו, יח) "וַה׳ הֶאֱמִירְךָ הַיּוֹם", וּמַאי נִינְהוּ ג׳ דִּכְתִיב (משלי ד, ז) "רֵאשִׁית חָכְמָה קְנֵה

פירוש

סימן מט

עשר הספירות מחולקות לשתי קבוצות – שבע הנמוכות נקראות "מידות", ושלוש העליונות נקראות "מוחין". המידות הן מוחצנות, ואילו המוחין הן מופנמות. כך גם "קול" הוא עניין מוחצן ואילו מאמר (ללא קול) הוא עניין מופנם.

עשרת המלכים המוזכרים כאן הם אותם אלו המוזכרים בסימן כז. הספירות נקראות "מלכים" במקומות רבים בספרות

חָכְמָה וּבְכָל קִנְיָנְךָ קְנֵה בִינָה", כְּמָה דְּאַתְּ אָמַר (איוב לב, ח) "וְנִשְׁמַת שַׁדַּי תְּבִינֵם", נִשְׁמָתוֹ שֶׁל שַׁדַּי הִיא תְּבִינֵם, שְׁלִישִׁי מַאי הִיא כִּדְאָמְרִי לֵיהּ הַהוּא סָבָא לְהַהוּא יְנוּקָא, בַּמֻּפְלָא מִמְּךָ בַּל תִּדְרֹשׁ וּבַמְּכֻסֶּה מִמְּךָ בַּל תַּחְקֹר, בְּמַה שֶּׁהֻרְשֵׁיתָ הִתְבּוֹנֵן אֵין לְךָ עֵסֶק בַּנִּסְתָּרוֹת.

29 הערת המתרגם: נוסחאות אחרות – "מלאכים".

פירוש

הקבלית, במיוחד במצבם בעולמות התוהו, לפני השבירה (ראו בפירוש סימן יא). מלכים אלו נרמזים ברשימת מלכי אדום בסוף פרק לו בספר בראשית. הם נקראים "מלכים" כיוון שמלך רק לוקח מן הממלכה ואינו תורם דבר לכלכלה שלה. באופן דומה, אותן ספירות של עולמות התוהו יכלו רק לקבל ולא יכלו להעניק.

מתוך שלוש הספירות המוזכרות כאן, רק ספירת חכמה וספירת בינה נזכרות באופן מפורש. ביחס לספירת כתר, אנו מוזהרים שלא לתהות על אודות רזיה.

סימן נ

תָּנָא (משלי כה, ב) **"כְּבֹד אֱלֹהִים הַסְתֵּר דָּבָר". וּמַאי דָּבָר? כִּדְאָמַר** (תהלים קיט, קס) **"רֹאשׁ דְּבָרְךָ אֱמֶת"** (משלי שם), **"וּכְבֹד מְלָכִים חֲקֹר דָּבָר", וּמַאי דָּבָר, דִּכְתִיב**

פירוש

סימן נ

במושגים קבליים, המילה "כבוד" קשורה תמיד ללבוש (ראו בבלי, שבת קיג ע"א). היא גם רומזת לספירת מלכות. המלבוש משרת שתי מטרות: האחת לשם כיסוי, והאחרת לשם גילוי. ביחס לא־ל, ה"מלבוש" עניינו לכסות את מהותו האמיתית, אך באותו זמן המלבוש גם מגלה משהו ממהותו, מה שבתחום הניתן לתפיסה.

הפסוק "רֹאשׁ דְּבָרְךָ אֱמֶת" (תהלים קיט, קס) מדבר על שלושה שלבים הקודמים לשבעת ימי הבריאה, ה"ראש" שלפני הדיבור. שלוש האותיות המרכיבות את המילה "אמת", הן הראשונה, האמצעית והאחרונה בסדר האל"ף־בי"ת. הן מסמלות את העבר, ההווה והעתיד, בהתאמה, ומקבילות לספירות חכמה, כתר ובינה, שהן כאמור ספירות גבוהות שאינן בנות השגה.

כפי שנידון קודם לכן, ספירת חכמה מקבילה לעבר, ספירת בינה – לעתיד, וספירת כתר היא ההווה הנצחי, מאחר שההווה קיים בתוכנית האלוהית שהיא מעבר לזמן. המדרגה הזאת נמצאת מעבר ליכולת ההשגה לחלוטין ולכן מסומלת על ידי המעין־ספירה "דעת", שהיא הממשק בין ספירת חכמה לספירת בינה. זהו ההווה הזמני, שהוא הממשק בין העבר לבין העתיד. הרעיון הנצחי של ספירת כתר בא אפוא לידי ביטוי בספירת הדעת (ראו סימן קפו).

הספירות הנקראות "מלכים" בסוף פרק לו של ספר בראשית, הן שבע הספירות התחתונות. אלו הספירות הניתנות להשגה.

(שם כה, יא) "דָּבָר דָּבֻר עַל אָפְנָיו", אַל תִּקְרֵי אָפְנָיו אֶלָּא אֳפָנָיו.[30]

30 אפן – במקומו הנכון; אופן – גלגל. ראו גם סימנים קסט, קע, קעא.

פירוש

יתר על כן, הספירה שדרכה מתגלות הספירות האחרות היא ספירת בינה. לכן, "וּכְבֹד מְלָכִים חֲקֹר דָּבָר" (משלי כה, ב).

ארבעת השלבים הבסיסיים של הבריאה רומזים לארבעת העולמות, כל עולם והישויות השוכנות בו. בשלושת העולמות התחתונים שוכנים סוגים שונים של מלאכים, כמתואר בטבלה הבאה:

ארבע הדרגות

דרגה	עולם	ישויות
חכמה	אצילות	ספירות פרצופים
בינה	בריאה	שרפים
שש הספירות חסד־יסוד	יצירה	מלאכים (חיות, כרובים וכיו"ב)
מלכות	עשייה	אופנים

"כבוד מלכים" מתייחס למדרגת המלכות, שהיא עולם העשייה. המלאכים שוכני עולם זה הם האופנים, "דָּבָר דָּבֻר עַל אָפְנָיו" (משלי כה, יא).

סימן נא

שְׁאֵלוּ תַלְמִידָיו אֶת ר׳ בֶּרֶכְיָה, [הַ]רְצֵה
דְּבָרֵינוּ לְפָנֶיךָ, [אַךְ] לֹא נָתַן לָהֶם רְשׁוּת.
פַּעַם אַחַת נָתַן לָהֶם רְשׁוּת, וְהוּא דְּעָבֵיד
לְבָדְקָן דִּין הוּא הַשְׁתָּא כִּוְּנוּ לְנַפְשַׁיְהוּ
[עָשָׂה כֵּן לְבָדְקָם, אִם יִתְּנוּ תְּשׂוּמַת לֵב רְאוּיָה].
יוֹם אֶחָד בָּדַק אוֹתָן, אָמַר לָהֶם:
הַשְׁמִיעוּנִי חָכְמַתְכֶם! פָּתְחוּ וְאָמְרוּ:
"בְּרֵאשִׁית", אֶחָד וְ"רוּחַ מִלְּפָנַי יַעֲטוֹף
וּנְשָׁמוֹת אֲנִי עָשִׂיתִי" (ישעיהו נו, טז) [הוּא

פירוש

סימן נא

כאן הספירות מתוארות בפירוט רב יותר. הואיל ולא ניתן לומר דבר כמעט על ספירת כתר, הספירה הראשונה הנידונה כאן היא חכמה. ספירה זו נרמזת כבר במילה הראשונה בתורה, "בראשית". פירוש זה נתמך על ידי הפסוק "רֵאשִׁית חָכְמָה" (תהלים קיא, י; ראו סימן מט).

הספירה השנייה הנידונה כאן היא בינה. ספירה זו מזוהה עם הנשמות, כפי שנאמר: "וְנִשְׁמַת שַׁדַּי תְּבִינֵם" (איוב לב, ח; ראו סימן מט). כאן היא מזוהה גם עם הרוח בעזרת הפסוק מישעיהו, ועניין זה גם רמוז בפסוק מבראשית, "וְרוּחַ אֱלֹהִים מְרַחֶפֶת עַל פְּנֵי הַמָּיִם" (בראשית א, ב).

על פי הקבלה, ספירת בינה היא מקור הנשמות, ועל כן היא מכונה גם "אמא עילאה". כמוזכר לעיל, ספירת בינה מקבילה ל"עולם הבריאה" ועולם זה הוא מקור הנשמות.

כפי שנידון לעיל, חכמה היא העבר, ואילו בינה היא העתיד, ולכן עצם עניין הזמן הוא המפגש בין שתי ספירות אלה. המובן המלא של ה"זמן" מופיע אפוא רק עם ספירת בינה, ולכן האדם, היכול להתקיים רק

שְׁתַּיִם], "פֶּלֶג אֱלֹהִים מָלֵא מָיִם" (תהלים סה, י) [הוּא שָׁלֹשׁ].

מַאי פֶּלֶג אֱלֹהִים? כָּךְ לִמַּדְתָּנוּ רַבֵּנוּ שֶׁנָּטַל הַקָּדוֹשׁ בָּרוּךְ הוּא מֵימֵי בְּרֵאשִׁית וְחִלְּקָם וְנָתַן חֶצְיָם בָּרָקִיעַ וְחֶצְיָם בָּאוֹקְיָאנוּס, הַהוּא דִּכְתִיב (שָׁם) "פֶּלֶג אֱלֹהִים מָלֵא מָיִם", וְעַל יָדָם אָדָם לָמֵד תּוֹרָה דְּאָמַר מָר בִּזְכוּת גְּמִילוּת חֲסָדִים אָדָם לָמֵד תּוֹרָה, שֶׁנֶּאֱ' (ישעיהו נה, א) "הוֹי כָּל צָמֵא לְכוּ לַמַּיִם וַאֲשֶׁר אֵין לוֹ כָּסֶף לְכוּ" אֵלָיו יִגְמָלְכֶם חֶסֶד וְשִׁבְרוּ וְאִכְלוּ.

פירוש

במסגרת ה"זמניות", נשמתו מקורה בספירה זו, שהיא כאמור מקור הזמן.

המדרגה הבאה היא ספירת חסד, שהיא הספירה הרביעית, והיא מקושרת עם מים (ראו הערות על סימן מג), שהיא דרגה מתחת ל"רוח". עניין זה מתבסס על הפסוק: "וְרוּחַ אֱלֹהִים מְרַחֶפֶת עַל פְּנֵי הַמָּיִם" (שם). מדרגת החסד, המקבילה כאמור למים, היא הראשונה בשבע הספירות התחתונות, המקבילות לשבעת ימי הבריאה. אלו הן אבני היסוד של הבריאה, ועל כן נאמר: "עוֹלָם חֶסֶד יִבָּנֶה" (תהלים פט, ג). באופן דומה נאמר: "לְרֹקַע הָאָרֶץ עַל הַמָּיִם – כִּי לְעוֹלָם חַסְדּוֹ" (שם קלו, ו). מאחר שחסד הוא הפותח את מעשה הבריאה, ופותח את התורה בכלל, זהו גם השער שדרכו יכול האדם להיכנס לעולם התורה.

הפסוק מישעיהו הוא הפסוק שממנו לומד התלמוד שהתורה עצמה נמשלה למים (ראו ב"ק יז ע"א).

סימן נב

דָּבָר אַחֵר "וַאֲשֶׁר אֵין לוֹ כֶּסֶף לְכוּ" אֵלָיו, כִּי יֵשׁ אֶצְלוֹ כֶּסֶף? דִּכְתִיב (חגי ב, ח) "לִי הַכֶּסֶף וְלִי הַזָּהָב", מַאי "לִי הַכֶּסֶף וְלִי הַזָּהָב"?

מָשָׁל לְמָה הַדָּבָר דּוֹמֶה? לְמֶלֶךְ שֶׁיֵּשׁ לוֹ שְׁנֵי אוֹצָרוֹת אֶחָד שֶׁל כֶּסֶף וְאֶחָד שֶׁל זָהָב, שָׂם שֶׁל כֶּסֶף בִּימִינוֹ וְשֶׁל זָהָב בִּשְׂמֹאלוֹ, אָמַר [עַל הַכֶּסֶף] זֶה יִהְיֶה

פירוש

סימן נב

הואיל וזהב יקר יותר מכסף, עולה השאלה מדוע מוזכר הכסף לפני הזהב? התשובה היא שחסד מזוהה עם כסף, בעוד שגבורה, הספירה החמישית, מזוהה עם זהב. הסיבה לכך היא שכסף הוא פחות ערך ביחס לזהב, ולכן הוא ממוקם בצד ימין, הקל יותר לתת ולפזר לכל דורש. זהב, לעומת זאת, הוא יקר ערך ביחס לכסף, ועל כן ממוקם בשמאל, הצד המרוסן יותר.

מְקוֹמוֹ וְקַל לְהוֹצִיאוֹ. וְעוֹשֶׂה דְּבָרָיו בְּנַחַת וְהוּא יִהְיֶה דָּבוּק עִם הָעֲנִיִּים וּמַנְהִיגָם בְּנַחַת, הָדָא הוּא דִכְתִיב (שמות טו, ו) "יְמִינְךָ ה' נֶאְדָּרִי בַּכֹּחַ".

וְאִם שָׂמֵחַ בְּחֶלְקוֹ טוֹב, וְאִם לָאו "יְמִינְךָ ה' תִּרְעַץ אוֹיֵב".

אָמַר לָהֶם: זֶה הַזָּהָב, דִּכְתִיב "לִי הַכֶּסֶף וְלִי הַזָּהָב".

פירוש

הקבלה מלמדת שימין הוא צד החסד ושמאל הוא צד הגבורה (ראו סימנים קמד, קמה). באופן כללי, הימין מסמל נתינה, ואילו השמאל – מניעה. לכן נאמר "לעולם תהא שמאל דוחה וימין מקרבת" (סוטה מז ע"א).

סימן נג

וְלָמָּה נִקְרָא שְׁמוֹ זָהָב? שֶׁבּוֹ כְּלוּלוֹת שָׁלֹשׁ מִדּוֹת [אוֹתִיּוֹת זה״ב]: [הָרִאשׁוֹנָה] זָכָר, וְהוּא הַזַּיִ״ן, [הַשְּׁנִיָּה] נְשָׁמָה, וְהִיא הַהֵ״א, וַחֲמִשָּׁה שֵׁמוֹת לַנְּשָׁמָה: רוּחַ חַיָּה יְחִידָה נֶפֶשׁ נְשָׁמָה.[31]

פירוש

סימן נג

שש הספירות הראשונות מתוך שבע התחתונות, מספירת חסד ועד ספירת יסוד, מרכיבות את פרצוף זעיר אנפין, הארכיטיפ של הגבריות, בשפה האנתרופומורפית הקבלית (ראו סימנים פא, קמ). הוא הדמות שחזה יחזקאל: "וְעַל דְּמוּת הַכִּסֵּא דְּמוּת כְּמַרְאֵה אָדָם עָלָיו" (יחזקאל א, כו). אף ששבע הספירות התחתונות כוללות גם את ספירת מלכות, היסוד הנקבי באלוהות, המחבר מדבר כאן על המדרגה הקודמת ליצירת הנקבה מן הזכר. מדרגה זו מקבילה למצבו של אדם לפני שחוה ננסרה ממנו.

ה"זכר" מסומל באות זי"ן, הוא עולם האצילות, בעוד הכיסא הוא עולם הבריאה, שהוא גם עולם הנשמות, כנזכר לעיל. במובן זה, האות ה"א היא כיסא לאות זי"ן. במובן אחר, האות ה"א מסמלת את ספירת הבינה, שהיא אמו של הזכר, והיא גם שורש הנשמות (ראו סימן נא). זוהי האות ה"א הראשונה של השם המפורש (ראו פירוש לסימן כט).

ישנן חמש מדרגות לנשמה, ואלו מקבילות לספירות ולעולמות, כפי שמוצג בטבלה:

ספירה	עולם	מדרגת הנשמה
כתר	אדם קדמון	יחידה
חכמה	אצילות	חיה
בינה	בריאה	נשמה
שש הספירות התחתונות	יצירה	רוח
מלכות	עשייה	נפש

מַאי עֲבִידְתֵּיהּ בְּהֵ"א? הִיא כִּסֵּא לְזַ"ןְ דִּכְתִיב (קהלת ה, ז) **"כִּי גָבֹהַּ מֵעַל גָּבֹהַּ שֹׁמֵר".**

וְ[הַשְּׁלִישִׁית] בֵּי"ת, הִיא קִיּוּמָם כִּדְאָמַר (בראשית א, א) **"בְּרֵאשִׁית בָּרָא".**

31 בראשית רבה יד, ט.

פירוש

מתוך חמש מדרגות אלה, רק השלוש התחתונות נמצאות באדם. שתי המדרגות העליונות, חיה ויחידה, נחשבות למדרגות "מקיפים", ואינן משפיעות על האדם באופן ישיר. סיבה אחת לכך היא ששתי אלו נמצאות בעולם שמעבר לזמן (ראו פירוש על סימן נא). במדרגות אלה יזכה האדם רק בעולם הבא.

הרעיון של חמשת חלקי הנשמה יכול להיות מובן באנלוגיה לניפוח זכוכית. נשיפתו של האומן עוזבת את שפתיו ונדחפת בצינור הנשיפה כמו רוח, ולבסוף נחה בתוך הצורה שעיצב כפי רצונו. הנשיפה היא הנשמה, כפי שנאמר: "וַיִּפַּח בְּאַפָּיו נִשְׁמַת חַיִּים" (בראשית ב, ז). נשמה זו יורדת מטה אל האדם כמו "רוח", שהיא מדרגת "רוח" הנזכרת. כאשר הרוח מגיעה אל האדם, היא מכונה "נפש", שהיא מלשון להינפש, לנוח.

על פי המשל הזה, מדרגת "חיה" היא למעשה האוויר קודם שעוזב את שפתיו של האומן, כאשר הוא חלק מ"חייו" של האומן עצמו. מדרגת "יחידה" היא עצם תשוקת החיים המניעה את האומן לנשום.

כבר הערנו לעיל שהאות בי"ת מסמלת את ספירת החכמה, שהיא המהות של כל הדברים (ראו סימן ה).

המפתח לתורה זו הוא האות ה"א, שהיא נמוכה מהכיסא, המסומל באות זי"ן, ובאותו הזמן גם מעליו. באופן דומה, אף שהזהב יקר מן הכסף, הוא מתגלם בספירה נמוכה ממנו.

הסיבה לכך נעוצה בעיקרון חשוב. רצונו הקדום של הבורא הוא לתת. היות שהבריאה אינה יכולה לקבל את כל מה שהבורא יכול לתת, הוא חייב לרסן את עצמו. הריסון העצמי מתפקד אפוא כתכלית שניונית

סימן נד

וּמַאי עֲבִידְתֵּיהּ בְּהֵ"א, מָשָׁל לְמָה הַדָּבָר דּוֹמֶה, לְמֶלֶךְ שֶׁהָיְתָה לוֹ בַּת טוֹבָה וּנְעִימָה וְנָאָה וּשְׁלֵמָה, וְהִשִּׂיאָהּ לְבֶן מֶלֶךְ, וְהִלְבִּישָׁהּ וְעִטְּרָהּ וְקִשְּׁטָהּ וּנְתָנָהּ לוֹ בְּמָמוֹן רַב, אֶפְשָׁר לוֹ לְמֶלֶךְ זֶה לֵישֵׁב חוּץ מִבֵּיתוֹ, אָמַרְתָּ לֹא, אֶפְשָׁר לָשֶׁבֶת

פירוש

בבריאה. כסף וחסד מסמלים אהבה, ולכן הם במדרגה גבוהה מזהב ומספירת גבורה, המסמלים ריסון.

אך אף על פי שהנתינה גבוהה מן הריסון, מה שרוסן הוא לעולם גבוה יותר מן החלק שניתן. אכן, הסיבה שהדבר הוחזק ורוסן היא בדיוק מפני שהוא גבוה מדי מכדי לתת אותו. לכן, מה שניתן בפועל הוא כסף, אך מה שהיה יכול להינתן הוא זהב. במישור של חמש מדרגות הנשמה, שתי הגבוהות ביותר, שאינן ניתנות לאדם, מוחזקות למעלה, "גבוה מעל גבוה".

סימן נד

הרעיון שהוזכר קודם מפותח כאן יותר. ה"מלך" הוא ספירת חכמה, וה"בת" היא ספירת מלכות, ארכיטיפ הנקביות. היא נישאת ל"בן המלך", המסומל באות וי"ו, כפי שהסברנו לעיל. הנישואין האלה מורידים שפע לכל הבריאה.

עִמָּהּ כָּל הַיּוֹם תָּמִיד, אָמְרַתְּ לֹא, הָא כֵּיצַד, שָׂם חַלּוֹן בֵּינוֹ לְבֵינָהּ וְכָל שָׁעָה שֶׁצְּרִיכָה הַבַּת לְאָבִיהָ אוֹ הָאָב לְבִתּוֹ מִתְחַבְּרִים יַחַד דֶּרֶךְ הַחַלּוֹן, הֲדָא הוּא דִכְתִיב (תהלים מה, יח) **"כָּל כְּבוּדָּה בַת מֶלֶךְ פְּנִימָה מִמִּשְׁבְּצוֹת זָהָב לְבוּשָׁהּ".**

פירוש

על מנת שהבריאה תהיה בלתי תלויה במלך, הוא חייב להסתיר את עצמו ממנה. אך עדיין, באותו הזמן ממש, הוא חייב להיות קרוב אליה. זהו הפרדוקס היסודי של הבריאה (ראו סימן א). משום כך, המלך צריך להסתיר את עצמו, אך הוא משאיר חלון שדרכו הוא יכול להמשיך ולתקשר עם בתו. החלון אמנם מסתיר, אך הוא יכול גם להיות פתוח.

החלום הוא האות ה"א, המסמלת את חמש מדרגות הנשמה. אף שהבורא מסתיר עצמו מהאדם, הנשמה היא החלון אל הקב"ה.

לפיכך הפסוק אומר שבת המלך נסתרת לא רק מן המלך, אלא גם מאתנו. הלבוש שלה הוא "משבצות זהב"; זהב הוא כאמור עניין ההגבלה והריסון.

סימן נה

וּמַאי הִיא בֵּי"ת? דִּכְתִיב (משלי כד, ג) "בְּחָכְמָה יִבָּנֶה בָּיִת". נִבְנָה לֹא נֶאֱמַר אֶלָּא יִבָּנֶה, עָתִיד הַקָּדוֹשׁ בָּרוּךְ הוּא לִבְנוֹתָהּ וּלְקַשְּׁטָהּ אַלְפַּיִם בְּאֶחָד עַל אֲשֶׁר הָיְתָה. כִּדְאָמְרִינַן מָה הָוֵי דִּתְחִלַּת הַתּוֹרָה בְּבֵי"ת דִּכְתִיב (משלי ח, ל) "וָאֶהְיֶה אֶצְלוֹ אָמוֹן וָאֶהְיֶה שַׁעֲשׁוּעִים יוֹם יוֹם" - תְּרֵי אַלְפִּין שְׁנִין, שֶׁהוּא רֵאשִׁית.

פירוש

סימן נה

כפי שראינו לעיל (סימנים נא, נג), הרמה הגבוהה ביותר של הנשמה שאנו יכולים לחוות היא "נשמה", המקבילה לספירת בינה. רק לעתיד לבוא נוכל להגיע עד מדרגת ה"חיה", המקבילה לספירת חכמה.

תְּרֵי? וְהַכָּתוּב אוֹמֵר שֶׁבַע דִּכְתִיב (ישעיהו ל, כו) **"וְהָיָה אוֹר הַלְּבָנָה כְּאוֹר הַחַמָּה וְאוֹר הַחַמָּה יִהְיֶה שִׁבְעָתַיִם כְּאוֹר שִׁבְעַת יְמֵי בְּרֵאשִׁית, דְּאָמְרִינַן מַה חַמָּה לְשִׁבְעָה אַף לְבָנָה לְשִׁבְעָה**

[וְהוּא הֵשִׁיב:] **אֲנָא אַלְפַּיִם אָמְרִינַן.**

פירוש

האות בי"ת מרמזת לספירת חכמה, שהיא שני שלבים מעל לשבעת ימי הבריאה. שני שלבים אלו הם "אלפיים שנה" - "יום יום תרי אלפין שנין".

המקשן כעת שואל על הבנת מילות הפסוק "יום יום", כאלפיים שנים דווקא. והוא משיב ש"אלפין" יכול להיות שבעת אלפים.

סימן נו

אָמַר לוֹ: עַד כָּאן חֲמִשָּׁה מִכָּאן וָאֵילָךְ מַאי?

אָמַר [הֵשִׁיב] לוֹ: אֲנִי אֲפָרֵשׁ תְּחִלָּה זָהָב, מַאי זָהָב, שֶׁמִּמֶּנּוּ יוֹצֵא הַדִּין, וְאִם תַּטֶּה דְּבָרֶיךָ יָמִין וּשְׂמֹאל נִזְהָב [נִפְרַע] מִמְּךָ.

פירוש

סימן נו
כעת נידונות חמש הספירות הראשונות – כתר, חכמה, בינה, חסד (כסף) וגבורה (זהב).

כפי שחלון יכול להיסגר ולהיפתח, כך גם לזהב יש תכונה של משפט.

סימן נז

מַאי (ישעיהו שם) "וְהָיָה אוֹר הַלְּבָנָה כְּאוֹר הַחַמָּה וְאוֹר הַחַמָּה יִהְיֶה שִׁבְעָתַיִם כְּאוֹר שִׁבְעַת הַיָּמִים", 'יָמִים' [וְלֹא 'הַיָּמִים'] מִיבָּעֵי לֵיהּ?

אֶלָּא אוֹתָן יָמִים שֶׁכָּתוּב בָּהֶן (שמות לא, יז) "כִּי שֵׁשֶׁת יָמִים עָשָׂה ה'" וגו', אָמַר לוֹ חֲבֵרָיו וְכֵן קִבַּלְתִּי מִדִּכְתִיב "כִּי שֵׁשֶׁת יָמִים עָשָׂה ה' [אֶת הַשָּׁמַיִם וְאֶת הָאָרֶץ]"

פירוש

סימן נז

שבע הספירות התחתונות רמוזות במילים "את השמים ואת הארץ". "השמים" הם שש הספירות, "והארץ" היא ספירת מלכות (ראו סימן ל).

השבת מסמלת את ספירת מלכות, המקבילה כאמור למדרגת "נפש". כמוזכר לעיל, המילה נפש הוראתה מנוחה, "וינפש".

כפי שנראה, הציר המוגדר על ידי כתר ומלכות הוא ציר הנשמה.

כְּמָה דְּאַתְּ אָמַר שִׁשָּׁה כֵּלִים נָאִים עָשָׂה
הַקָּדוֹשׁ בָּרוּךְ הוּא
וְהָא שִׁבְעָה? הֵן, וְכֵן כָּתוּב (שם) "וּבַיּוֹם
הַשְּׁבִיעִי שָׁבַת וַיִּנָּפַשׁ",
מַאי וַיִּנָּפַשׁ? מְלַמֵּד שֶׁיּוֹם הַשַּׁבָּת מְקַיֵּם
כָּל הַנְּשָׁמוֹת, שֶׁנֶּאֱמַר "וַיִּנָּפַשׁ".

פירוש

המדרגה של הגוף היא לעבוד על מנת להרוויח את מחייתו, ואילו המדרגה של הנשמה היא קבלת מהותה הרוחנית כמתנה מלמעלה. במשך ששת ימי המעשה אנו חייבים לזכות בכל דבר מכוח מעשה ידינו, בחינת "אתערותא דלתתא", אך בשבת אנו מקבלים את מדרגת הנשמה כמתנת חינם. זהו "מקיים כל הנשמות".

סימן נח

דָּבָר אַחֵר: שֶׁמִּשָּׁם פּוֹרְחִין הַנְּשָׁמוֹת שֶׁנֶּאֱמַר "וַיִּנָּפַשׁ"

[הַדָּבָר נִמְשָׁךְ] עַד אֶלֶף דּוֹר שֶׁנֶּאֱמַר (תהלים קה, ח) **"דָּבָר צִוָּה לְאֶלֶף דּוֹר", וּסְמִיךְ לֵיהּ** (שם ט) **"אֲשֶׁר כָּרַת אֶת אַבְרָהָם". וּמַאי כָּרַת לֵיהּ? בְּרִית בֵּין עֶשֶׂר אֶצְבְּעוֹת יָדָיו וְעֶשֶׂר אֶצְבְּעוֹת רַגְלָיו.**

נִתְבַּיֵּשׁ אַבְרָהָם. אָמַר לוֹ הַקָּדוֹשׁ בָּרוּךְ הוּא (בראשית יז, ד) **"אֲנִי הִנֵּה בְרִיתִי אִתָּךְ" וּבוֹ תִּהְיֶה "לְאַב הֲמוֹן גּוֹיִם".**

פירוש

סימן נח

השבת מסמלת את ספירת המלכות, היסוד הנשי באלוהות, הרחם שממנו פורחות כל הנשמות. על פי הקבלה, המילה "מילה" מרמזת למלכות.

ה"ברית" היא ספירת היסוד, המקבילה לאיבר המין הזכרי. מתוך זיווג הזכר והנקבה הנשמות נוצרות. הברית של אברהם, הלא היא ברית המילה, נעשית באיבר המין הזכרי, ומאותה כריתת ברית יוכלו אברהם וצאצאיו למשוך נשמות שנוצרו מן הזיווג העליון, של ספירות יסוד ומלכות (ראו סימנים פב, קסח).

הברית היא בין "עשר אצבעות ידיו ועשר אצבעות רגליו". עשר אצבעות הידיים מרמזות לעשר הספירות, המשפיעות שפע עליון (ראו סימן קלח); זהו הרעיון של "אתערותא דלעילא". עשר אצבעות הרגליים, לעומתן, מסמלות את עשר הספירות המקבלות מלמעלה, ממש כשם שהרגליים נתמכות בקרקע שתחתיהן.

סימן נט

וּמַאי "שָׁמַיִם"? מְלַמֵּד שֶׁגִּבֵּל הַקָּדוֹשׁ בָּרוּךְ הוּא אֵשׁ וּמַיִם וְטִפְּחָן זֶה בָּזֶה וְעָשָׂה מֵהֶן רֹאשׁ לִדְבָרָיו דִּכְתִיב (תהלים קיט, קס) **"רֹאשׁ דְּבָרְךָ אֱמֶת".**

וְהַיְנוּ דִּכְתִיב שָׁמַיִם - שָׁם מַיִם, אֵשׁ וּמַיִם,

וְאָמַר לָהֶם: עַד כָּאן [זֶה פֵּרוּשׁ] (איוב כה, ב) **"עֹשֶׂה שָׁלוֹם בִּמְרוֹמָיו",** [וְהוּא] **יִתֵּן בֵּינֵינוּ שָׁלוֹם וְאַהֲבָה.**

פירוש

מה שמאחד את שתי העשיריות האלה הוא איבר המין, המוליד נשמות. כנזכר לעיל (סימן נג), הנשמה היא "חלון" אל האלוהות, ועל כן היא ערוץ שדרכו ה"ידיים" נותנות וה"רגליים" מקבלות.

מאז שניתנה לאברהם היכולת המופלאה להוריד נשמות באמצעות ברית המילה, הוא התבייש, שכן היה ערל כשהוליד את ישמעאל. הקב"ה הועיד אותו להיות "אב המון גויים", ואף שישמעאל כבר נולד, מילוי הייעוד הזה יהיה דרך יצחק.

סימן נט

בהקשר הנידון כאן, מים מרמזים לספירת חכמה, ואילו האש מרמזת לספירת בינה (ראו פירוש הגר"א לספר יצירה פ"א, משניות יא-יב). דבר זה נרמז במילה "אמת" (ראו סימן נ). אף על פי שבדרך כלל נאמר שמים הם חסד ואש היא גבורה, כאן הם מרמזים כאמור לחכמה ובינה. אין זה ניגוד, מאחר שחכמה היא שורש החסד והבינה היא שורש הגבורה (ראו סימן כט).

ה"שמים" מרמזים לשש הספירות של

סימן ס

וְעוֹד אָמְרִינַן (תהלים קיט, קסד) "שֶׁבַע בַּיּוֹם הִלַּלְתִּיךָ עַל מִשְׁפְּטֵי צִדְקֶךָ"

אָמְרוּ לוֹ: מַאי הֵם?

אָמַר לָהֶם: לֹא דִקְדַּקְתֶּם בִּדְבָרַי, צְאוּ וְדַקְדְּקוּ בָּהֶם וְתִמְצָאוּם.

פירוש

פרצוף זעיר אנפין, והן מקבילות לששת ימי הבריאה. אלו נוצרו מתוך הייחוד של ספירות חכמה ובינה, האב העליון והאם העליונה, אש ומים.

"שמים", פירושם "שם יש מים", מאחר שהספירה הגבוהה ביותר היא חסד, המסומלת על ידי מים. שש הספירות כוללות גם את הגבורה, ועל כן שמים הם גם "אש ומים".

הרעיון של "שלום ואהבה" חוזר לעניין התיקון, הנידון בסימן ב. משהחלו הספירות להיות בקשר זו עם זו החלה פעולת התיקון והן התלכדו למבנה של פרצופים. הפרצוף המרכזי הוא זעיר אנפין, המורכב משש ספירות, והוא הרמוז במילה "שמים" (ראו סימנים יא, קנג).

סימן ס

שבע הספירות כאן מתייחסות שוב לשבע הספירות התחתונות - שש ספירות המרכיבות את פרצוף זעיר אנפין, יחד עם האחרונה, מלכות, הנקבה. המורה מבקש מן התלמידים להתבונן היטב בפסוק. המילה "צדקך" מרמזת בקבלה תמיד אל הצדיק העליון, ספירת יסוד, שנאמר: "וְצַדִּיק יְסוֹד עוֹלָם" (תהלים י, כה; ראו סימן סא). במונחים הקבליים, "משפט" מתייחס לזעיר אנפין. הביטוי "משפטי צדקך" משמעו אפוא ששבע הספירות הללו הן מקשה אחת, וספירת מלכות למעשה כלולה בספירת יסוד עצמה (ראו סימנים סז, פב).

סימן סא

שָׁאֲלוּ אוֹתוֹ: מַאי צַדִ"י?
אָמַר לָהֶם: זֶה נוּ"ן יוּ"ד. צַדִי"ק אַף זוּגוֹ נוּ"ן יוּ"ד.
הָדָא הוּא דִכְתִיב (משלי י, כה): **"וְצַדִיק יְסוֹד עוֹלָם".**

איור 6: האות צד"י – מורכבת מנו"ן ויו"ד.

פירוש

סימן סא

האות צד"י מסמלת את ספירת היסוד, המכונה גם צדיק. האות צד"י מורכבת מיו"ד ומנו"ן. היו"ד מסמלת את ספירת החכמה, הנרמזת באות הראשונה של שם הויה. ערכה המספרי של האות נו"ן הוא חמישים, ומרמז ל"חמישים שערי בינה" ולספירת בינה. כל אלה נרמזים באות ה"א הראשונה של שם הויה. ה"א בגימטריה היא חמש, וכאשר מכפילים אותה ביו"ד, מקבלים חמישים.

כאשר חכמה ובינה מתייחדות, כאבא עליון ואמא עילאה, יכול להתרחש גם הזיווג

סימן סב

שָׁאֲלוּ לוֹ: מַאי דִּכְתִיב (במדבר כג, יד) **"וַיִּקָּחֵהוּ שְׂדֵה צֹפִים"?**
דִּכְתִיב (שיר השירים ז, יב) **"לְכָה דוֹדִי נֵצֵא הַשָּׂדֶה", אַל תִּקְרֵי הַשָּׂדֶה אֶלָּא הַשִּׁדָּה** [=עֲגָלָה]
וּמַאי שִׁדָּה? אָמַר לוֹ: לִבּוֹ שֶׁל הַקָּדוֹשׁ בָּרוּךְ הוּא[32]

32 הערת המתרגם: נוסח זה שונה מן הדפוס: "ומאי שדה, א"ל לכה דודי נצא השדה לטייל...". ובמהדורת אברמס: אמ' לו לבו לקב"ה לכה דודי נצא לטייל..." (עמ' 141).

פירוש

הנמוך יותר, בין זעיר אנפין ובין מלכות. הייחוד בין חכמה ובינה, אבא ואמא, נקרא "דעת", שהיא לשון זיווג, כפי שנאמר: "וְהָאָדָם יָדַע אֶת חַוָּה אִשְׁתּוֹ" (בראשית ד, א). זהו גם סוד הפתגם התלמודי: "אין קישוי אלא לדעת" (יבמות נג ע"ב).

לאות צד"י יש גם מופע כאות סופית, והדבר מלמד שהיא גם זכרית וגם נקבית (ראו סימן פג). הצד"י מסמלת אפוא את ספירת היסוד, איברי המין הזכריים והנקביים. אלו מגיעים לכדי גירוי בשעה שהספירות השכליות – חכמה ובינה – מתייחדות.

סימן סב

סיבה נוספת שבגינה ספירת בינה מסומלת על ידי "חמישים שערים" היא שהיא משתרעת מטה על פני חמש ספירות, עד לספירת הוד. ספירות נצח והוד הן מקור הנבואה, מדרגת ה"צופים".

ב"שדה צופים" זה בנה בלעם שבעה מזבחות, המקבילים לשבע הספירות הנידונות כאן.

המחבר מלמד שהשדה הזה הוא כמו שידה, כרכרה, המזוהה עם "לבו" של הקב"ה. בקבלה מקובל לומר שהמילה "לב" מסמלת את ספירת בינה, "לב מבין" (ברכות סא ע"א).

לִבּוֹ אָמַר לַקָּדוֹשׁ בָּרוּךְ הוּא: "לְכָה דוֹדִי נֵצֵא הַשָּׂדֶה לְטַיֵּל, וְאַל אֵשֵׁב תָּמִיד בְּמָקוֹם אֶחָד".

פירוש

כאשר מוזכר הביטוי "הקב"ה", בדרך כלל הכוונה לפרצוף זעיר אנפין. ישנם חמישה פרצופים, המורכבים מספירות עולם התיקון, כפי שניתן לראות בטבלה:

ספירה	פרצוף
כתר	עתיקה קדישא אריך אנפין
חכמה	אבא
בינה	אמא
שש הספירות הבאות	זעיר אנפין
מלכות	נוקבא

שאלה יסודית העלה האר"י: אם "בינה" היא תהליך שכלי, מדוע היא מזוהה עם הלב ולא עם הראש? התשובה היא שזיהוי הלב עם פרצוף אמא, בינה, הוא כאשר התהליך השכלי בא לידי ביטוי בגוף, בזעיר אנפין עצמו. יש להבין שכל אחד מחמשת הפרצופים מכיל גם עשר ספירות. יסוד־דאמא מתפשט עד לחזהו של "זעיר אנפין", שזהו בעצם "הלב". יסוד־דאמא הוא האות צד"י, המוזכרת בסימן הקודם (סא).

אף שה"צופים" מנבאים בעזרת ספירת בינה, הנבואה זורמת בערוצים של ספירות נצח והוד, שהן שתי "רגליו" של פרצוף זעיר אנפין. כשם שהרגליים במגע עם הקרקע שתחתיהן, כך נצח והוד במגע עם ה"תודעה" שתחתיהן, תודעת הנביאים. הלב, המזוהה כאמור עם ספירת בינה, מתפשט החוצה לכל אורך נצח והוד, שתי הרגליים, ובכך מאפשר לזעיר אנפין "ללכת".

ההבנה שבינה מתפשטת לכל אורכה של הרגל השמאלית, ספירת הוד, נראית לכאורה מנוגדת למה שאמרנו קודם לכן שיסוד־דאמא מתפשט רק עד לחזהו של זעיר אנפין. מכל מקום, יסוד־דאמא, פרצוף בינה, מתפשט עד לחזה, בעוד שספירת הוד של אמא מתפשטת עד להוד של זעיר אנפין.

סימן סג

וּמַאי לֵב?
אָמַר לוֹ: אִם כֵּן, בֶּן זוֹמָא מִבַּחוּץ וְאַתָּה עִמּוֹ!
ל"ב הוּא שְׁלֹשִׁים וּשְׁתַּיִם. וְהָיוּ סְתוּמִים וּבָהֶם נִבְרָא הָעוֹלָם.
מַאי ל"ב נְתִיבוֹת?[33]
מָשָׁל לְמֶלֶךְ שֶׁהָיָה יוֹשֵׁב בְּחַדְרֵי חֲדָרִים וּמִנְיַן הַחֲדָרִים ל"ב, וּלְכָל חֶדֶר יֵשׁ לוֹ נָתִיב. נָאֶה לְמֶלֶךְ זֶה לְהִכָּנֵס הַכֹּל בְּחַדְרוֹ עַל דֶּרֶךְ נְתִיבָתוֹ? אָמַרְתָּ לֹא. נָאֶה לוֹ

33 הערת המתרגם: בדפוסים: "מאי, אמר ליה לב נתיבות...".

פירוש

סימן סג

בגרסה אחרת, התשובה היא: "אמא, בן זומא מבחוץ", כלומר התשובה לשאלה מהו "לב", היא – "אמא" (ראו סימן קד).

שלושים ושתיים הנתיבות שייכות אל הלב ולכן שייכות גם לספירת בינה. לעומת זאת, בספר יצירה הן נקראות "שלושים ושתים נתיבות פליאות חכמה" והן שייכות אפוא לספירת חכמה. האר"י יישב את הקושי בעזרת דברי הזוהר: "אבא ואמא – תרי רעין דלא מתפרשין" (זוהר ח"ג, רצ ע"ב), ולכן ספירת יסוד של פרצוף אבא מחובר תמיד עם ספירת יסוד של פרצוף אמא. יתר על כן, בעוד שיסוד־דאמא מתפשט אל לבו של פרצוף זעיר אנפין (כנזכר לעיל), יסוד־דאבא מתפשט עד היסוד של זעיר אנפין. יסוד־דאבא מתלבש ביסוד־דאמא ונעלם בתוכו, ולמעשה מתגלה רק היכן שיסוד־

לְגַלּוֹת פְּנִינָיו וּמִשְׁבְּצוֹתָיו וּמַצְפּוּנָיו וּגְנָזָיו
וַחֲמוּדוֹתָיו? אָמַרְתָּ לֹא. מֶה עָשָׂה? נָגַע
בְּבַת וְכָלַל בָּהּ כָּל הַנְּתִיבוֹת וּבְמַלְבּוּשָׁהּ
וְהָרוֹצֶה לְהַכְנִיס בִּפְנִים יִסְתַּכֵּל הֵנָּה
וְהִשִּׂיא [אוֹתָהּ] לְמֶלֶךְ גַּם נְתָנָהּ לוֹ
בְּמַתָּנָה, לִפְעָמִים קוֹרֵא אוֹתָהּ בְּאַהֲבָתוֹ
אֲחוֹתִי כִּי מִמָּקוֹם אֶחָד בָּאוּ, וְלִפְעָמִים
קוֹרֵא אוֹתָהּ בִּתִּי כִּי בִּתּוֹ הִיא, וְלִפְעָמִים
קוֹרֵא אוֹתָהּ אִמִּי.

פירוש

דאמא מסתיים, דהיינו, בלבו של זעיר אנפין, כאמור. זהו המקום שבו ל"ב נתיבות החכמה מתגלות.

בספרות הקבלה ל"ב הנתיבות מסמלות את שלושים ושתיים הפעמים ששם אלוהים מופיע בפרק א של ספר בראשית. שם זה מרמז לספירת בינה. כאן המחבר מצהיר: "[ו]בהם נברא העולם".

הרעיון של "לב", המורכב מהאותיות למ"ד ובי"ת, מסמל גם את התורה כמכלול שלם אחד. האות הראשונה של התורה היא כידוע בי"ת, והאות האחרונה היא למ"ד.

כפי שראינו לעיל (סימן ל), עשר הספירות מסמלות את עשרת הכיוונים הנוצרים מחמשת הממדים של החלל. הספירות כתר ומלכות מגדירות את ציר הטוב-רע; הספירות חכמה ובינה מגדירות את ציר הזמן, ושש הספירות הנותרות את שלושת צירי החלל. מחמשת צירים אלו ניתן ליצור קובייה מחומשת, שלה, כידוע, שלושים ושתיים פינות (ראו הסבר בסימן צה).

אף שמקור הנבואה הוא בספירות נצח והוד, בסופו של דבר היא עוברת דרך ספירת מלכות, שהיא נקבה והיא השכינה. לכן, שלושים ושתיים הנתיבות מתגלות דרך ספירה זו. הרעיון של הנקביות של מלכות,

סימן סד

וְעוֹד כִּי אֵין דִּין אִם אֵין חָכְמָה שֶׁהֲרֵי נֶאֱמַר (מלכים א׳ ה, כו) ״וַה׳ נָתַן חָכְמָה לִשְׁלֹמֹה״, וְאַחֲרֵי כָּךְ דָּן אֶת הַדִּין[34] עַל מַתְכֻּנְתּוֹ שֶׁנֶּאֱמַר (שם ג, כח) ״וַיִּשְׁמְעוּ כָל יִשְׂרָאֵל אֶת הַמִּשְׁפָּט אֲשֶׁר שָׁפַט הַמֶּלֶךְ שְׁלֹמֹה וַיִּרְאוּ מִפְּנֵי הַמֶּלֶךְ כִּי רָאוּ כִּי חָכְמַת אֱלֹהִים בְּקִרְבּוֹ לַעֲשׂוֹת מִשְׁפָּט״.

34 משפט שלמה.

פירוש

יש לו שני פנים, שהמקובלים קישרו אותם לשתי נשותיו של יעקב - לאה ורחל. רחל מסמלת נקבה שיסודה בספירת מלכות בלבד, ואילו לאה מסמלת נקבה שיסודה בספירת בינה, ולכן היא בעצם פרצוף אמא המתגלה במלכות. באופן כללי, אם כן, לאה נמצאת מעל רחל.

מאחר שגם זעיר אנפין וגם רחל נולדו מאמא, הם מכונים אח ואחות. הם גם בעל ואשה, כפי שכתוב - ״אֲחֹתִי רַעְיָתִי״ (שיר השירים ד, ט). הנקבה היא גם ה״בת״ של זעיר אנפין, היות שכמו חוה, היא נוצרה מן הצלע של זעיר אנפין. יתר על כן, הואיל וההיבט השני של הנקבה הוא לאה, כאמור, הרי שהמלכות היא גם אמו של זעיר אנפין. זהו סוד הפסוק: ״אֱמֹר לַחָכְמָה אֲחֹתִי אָתְּ וּמֹדָע לַבִּינָה תִקְרָא״ (משלי ז, ד). בסימן סה, חכמה גם כן נקראת ״בת״ לאלוהים.

סימן סד

״משפט״ מזוהה עם זעיר אנפין (ראו סימן ס ובהסבר המפורט יותר בסימן סח).

סימן סה

וּמַה חָכְמָה נָתַן הַקָּדוֹשׁ בָּרוּךְ הוּא לִשְׁלֹמֹה?
שְׁלֹמֹה נוֹשֵׂא שְׁמוֹ שֶׁל הַקָּדוֹשׁ בָּרוּךְ הוּא. דְּאָמַר ר׳ יוֹחָנָן: כָּל שְׁלֹמֹה הָאָמוּר בְּשִׁיר הַשִּׁירִים קֹדֶשׁ לְבַד מֵאֶחָד
אָמַר הַקָּדוֹשׁ בָּרוּךְ הוּא: ״הוֹאִיל וְשִׁמְךָ כְּשֵׁם כְּבוֹדִי אַשִּׂיא לְךָ בִּתִּי״.
וְהָא נְשׂוּאָה הִיא?
אֵימָא בְּמַתָּנָה נְתוּנָה לְךָ, דִּכְתִיב (מלכים א׳ ה, כו) ״וַה׳ נָתַן חָכְמָה לִשְׁלֹמֹה״

פירוש

סימן סה
השם ״שלמה״ נגזר מהמילה ״שלום״ (ראו דברי הימים א׳ כב, ט). כפי שראינו, שלום מזוהה עם ספירת דעת, שהיא עניין הייחוד וההתכללות, במיוחד בין הזכר לנקבה. המילה שלום באה מן השורש של״ם, והיא כוללת גם את עניין השלמות, ובאופן ספציפי – לא הזכר ולא הנקבה שלמים כשלעצמם, רק החיבור ביניהם יוצר שלמות.

המילה ״שלום״ נכתבת בוא״ו, ואילו המילה ״שלמה״ נכתבת בה״א. כפי שנאמר לעיל, האות וא״ו מסמלת את הזכר ואילו האות ה״א – את הנקבה. שלמה הוא עניין השלום במלכות, בנקבה האלוהית. שלמה אפוא הוא ״המלך שהשלום שלו״ (שבועות לה ע״ב, רש״י לשיר השירים א, א). הקב״ה אמר לשלמה, שהשם שלו (של שלמה) דומה לשמו־שלו, או נכון יותר – לשם

וְלֹא פֵּרֵשׁ, וְהֵיכָן פֵּרֵשׁ? לְהַלָּן, שֶׁנֶּאֱמַר (שם ג, כח) "כִּי רָאוּ כִּי חָכְמַת אֱלֹהִים בְּקִרְבּוֹ לַעֲשׂוֹת מִשְׁפָּט". מַאי לַעֲשׂוֹת מִשְׁפָּט? אֶלָּא כָּל זְמַן שֶׁאָדָם עוֹשֶׂה מִשְׁפָּט חָכְמַת אֱלֹהִים בְּקִרְבּוֹ וְעוֹזַרְתּוֹ וּמְקָרַבְתּוֹ. וְאִם לָאו מְרַחַקְתּוֹ, וְלֹא עוֹד אֶלָּא מְיַסַּרְתּוֹ, דִּכְתִיב (ויקרא כו, כח) "וְיִסַּרְתִּי אֶתְכֶם אַף אֲנִי שֶׁבַע עַל חַטֹּאתֵיכֶם".

פירוש

תהילתו, כיוון שתהילה מסמלת את ספירת המלכות.

החכמה ניתנה לשלמה, אם כן, דרך "הבת", ספירת המלכות. זה חוזר לעקרון יסוד בקבלה, שספירה זו היא האספקלריא שדרכה מתגלות כל הספירות. מאחר ששלמה היה ידיד השכינה, הוא יכול היה לחזות בספירות העליונות.

באופן מילולי, שלמה הוא שלם־ה"א, שלום של הנקבה ה"א, שהיא גם ספירת בינה וגם ספירת מלכות. שלמה הוא מי שהביא את יסוד ה"דעת", שהוא גם השלום, כאמור, אל הנקבה, שהיא המלכות. ספירת דעת היא המקשרת בין חכמה לבינה, ובאופן ספציפי האמצעי שדרכו חכמה משפיעה על בינה. לכן, שלמה מביא את ספירת החכמה מטה אל ספירת המלכות, והיא בתורה מורידה את החכמה למטה.

סימן סו

וְאָמַר ר׳ רְחוּמַאי: מַאי דִּכְתִיב (ויקרא כו, כח) **"[וְיִסַּרְתִּי אֶתְכֶם] אַף אָנִי"? אֶלָּא הַקָּדוֹשׁ בָּרוּךְ הוּא אָמַר: "וְיִסַּרְתִּי אֶתְכֶם"**

כְּנֶסֶת יִשְׂרָאֵל [אָמְרָה]: אַל תְּדַמּוּ שֶׁאֲנִי מְבַקֶּשֶׁת רַחֲמִים עֲלֵיכֶם אֶלָּא אַף אֲנִי אֲיַסֵּר אֶתְכֶם, לֹא דַי שֶׁאֲנִי אָדוֹן הַדִּין אֶלָּא אַף אֲנִי אֲיַסֶּרְכֶם.

פירוש

סימן סו

כנסת ישראל היא נשמות ישראל, אלו שחיו בעבר, ואלו שעוד יחיו בעתיד. אף שנשמות אלו פעמים רבות מתערבות לטובת האנושות החיה כעת, הן לא יעשו זאת במקרה שהאדם חוטא. עניין זה מתייחס למדרש שלפיו הקב"ה התייעץ עם נשמות הצדיקים לפני בריאת העולם (בראשית רבה ח, ז).

סימן סז

מַאי (ויקרא כו, כח) "[וְיִסַּרְתִּי אֶתְכֶם אַף אָנִי] שֶׁבַע [עַל חַטֹּאתֵיכֶם]"? אָמְרָה כְּנֶסֶת יִשְׂרָאֵל: "וְיִסַּרְתִּי אֶתְכֶם אַף אָנִי" שֶׁנֶּאֱמַר (תהלים קיט, קסד) "שֶׁבַע בַּיּוֹם הִלַּלְתִּיךָ".

פירוש

סימן סז

שבע הספירות הרמוזות בפסוק הזה הן גם אלה המענישות את החוטא על חטאיו (ראו סימן ס).

כאן ישנה ראיה שהמטרה הראשונית של שבע הספירות של זעיר אנפין ונוקבא הוא ההשגחה העליונה. הן פועלות כמכניזם עליון הגומל לאיש כפי מעשיו.

בתחילת ספר "עץ חיים" נאמר בשם האר"י כך: "כשעלה ברצונו יתברך שמו לברוא את העולם כדי להיטיב לברואיו ויכירו גדולתו ויזכו להיות מרכבה למעלה להדבק בו יתברך..." (שער הכללים, פרק ראשון). חמשת המושגים המוזכרים כאן מקבילים לחמשת הפרצופים:

כשעלה ברצונו	אריך אנפין	כתר
להיטיב לברואיו	אבא	חכמה
ויכירו גדולתו	אמא	בינה
להיות מרכבה	זעיר אנפין	שש הספירות הבאות
להדבק בו	נוקבא	מלכות

אריך אנפין הוא הרצון הקדום של הקב"ה, רצון שאינו בר־חקר, והוא מעבר לכל יכולת הבנה אנושית.

המדרגה הגבוהה ביותר שאדם יכול להגיע אליה בשכלו ובהשגתו היא הרצון "להיטיב לברואיו", שזה פרצוף אבא, כמתואר בטבלה, המקביל לספירת חכמה.

המטרה שהברואים "יכירו גדולתו" היא מדרגת בינה, כיוון שבמטרה זו, במידה מסוימת, אנו יכולים "להבין" את אלוהים.

נִתְלוּ עֲלֵיהֶם וְאָמְרוּ: אַף אָנוּ שֶׁבַע. אַף עַל פִּי שֶׁבָּנוּ מִי שֶׁשּׁוֹמֵר עַל עַצְמוֹ,[35] מִי שֶׁמְּמֻנֶּה עַל הַזְּכוּת וְעַל הַטּוֹבָה, אַף אָנוּ נִתְהַפֵּךְ וְנִיסֵּר, לָמָּה, מִפְּנֵי חַטֹּאתֵיכֶם. וְאִם תָּשׁוּבוּ אֵלַי אָשׁוּבָה אֲלֵיכֶם דִּכְתִיב "שׁוּבוּ אֵלַי וְאָשׁוּבָה אֲלֵיכֶם". (מלאכי ג, ז) וְאָשׁוּב לֹא נֶאֱמַר אֶלָּא "וְאָשׁוּבָה אֲלֵיכֶם", פֵּרוּשׁ עִמָּכֶם וּנְבַקֵּשׁ כֻּלָּנוּ רַחֲמִים מִן הַמֶּלֶךְ.

35 הערת המתרגם: "מי ששומר על עצמו" – תוספת שאינה בדפוסים ולא במהדורת אברמס.

פירוש

זעיר אנפין הוא המקבילה לאדם העליון, שעליו נאמר שהאדם נברא "בצלמו כדמותו" (בראשית א, כז). במציאות הרוחנית, כאשר יש דמיון בין שני עניינים, יש ביניהם גם חפיפה, והאחד נעשה מרכבה לזולתו. לכן, היות שהאדם התחתון נברא בדמות האדם העליון, יכול התחתון להיות מרכבה לעליון.

משעה שעשה זאת, הוא דבק בנוקבא, כשם שהאדם דבק באשתו ונעשים "לבשר אחד". הנוקבא היא השכינה. הדבקות הזאת היא התענוג השמור לעולם הבא, ועליו נאמר: "עולם הבא... צדיקים יושבים ועטרותיהם בראשיהם ונהנים מזיו השכינה" (ברכות יז ע"א).

עמדנו לעיל (סימן ל) על כך שספירת כתר היא ה"סובב" וספירת מלכות היא "המסובב", ספירת "חכמה" היא הדומות וספירת בינה היא המבחינה, ושש הספירות של זעיר אנפין מסמלות קשר.

כתר הוא הרצון העליון, "הסיבה" העליונה לכל הדברים. חכמה היא דומות, מאחר שהיא מסמלת את רצונו של אלוהים

לָמָּה אוֹמֵר הַמֶּלֶךְ (ירמיהו ג, כב) **"שׁוּבוּ בָּנִים שׁוֹבָבִים אֶרְפָּה מְשׁוּבֹתֵיכֶם"** (יחזקאל יח, ל) **"שׁוּבוּ וְהָשִׁיבוּ".**

מַאי "שׁוּבוּ וְהָשִׁיבוּ"? אֶלָּא שׁוּבוּ וּבַקְּשׁוּ רַחֲמִים מֵאוֹתָן שֶׁבַע שֶׁיָּשׁוּבוּ עִמָּכֶם, הָדָא הוּא דִכְתִיב (יחזקאל יח, ל) **"וְהָשִׁיבוּ", אוֹתָם שֶׁאָמְרוּ "שֶׁבַע עַל חַטֹּאתֵיכֶם".**

פירוש

להעניק מטובו ולעשות את ברואיו דומים לו ככל האפשר. ספירת בינה היא ההבחנה, וכאן אנו מתחילים להבין את אלוהים – להבין עד כמה שונה הוא מכל הברואים. זעיר אנפין כבר מסמל מערכת יחסים, זהו הרעיון להיות מרכבה לאדם העליון. ולבסוף מלכות היא "המסובב", התכלית האולטימטיבית של כל התהליך – הדבקות באלוהים.

אדם מרוויח את המגיע לו באמצעות זעיר אנפין, וקבלת השכר היא דרך נוקבא. זעיר אנפין מורכב משש הספירות ומקביל לששת ימי המעשה, ואילו נוקבא מקבילה לשבת.

על פי תפיסת העולם הקבלית, השכר והעונש הם תוצאה של מעשיו של האדם. לכן, מאחר שהאדם הוא בצלמו של זעיר אנפין, לכל אדם יש חלק ב"גופו" של זעיר אנפין ויש למעשיו השפעה עליו. ולעומת זאת, זעיר אנפין מחובר ישירות אל האדם, צופה עליו ומנחה את ההשגחה העליונה המשפיעה עליו. דרך זעיר אנפין יש לצורכי האדם משקל כבד בשיקולי ההשגחה. זו הסיבה שזעיר אנפין נקרא "משפט" (סימן ס).

המחבר מסיים בקביעה שכאשר אדם שב בתשובה, הוא גם מעלה את שבע הספירות. כל המתרחש בפרצוף זעיר אנפין הוא תוצאה ישירה של מעשי האדם. יתר על כן, המחבר קובע שלא ייתכן משפט ללא חכמה (ראו סימן סד). ספירת חכמה היא מדרגה שבה אלוהים משפיע טוב וכל המשפט האלוהי מונע על ידי מטרה זו, להשפיע טוב.

סימן סח

שָׁאֲלוּ תַּלְמִידִים שֶׁל ר׳ רְחוּמַאי: מַאי דִּכְתִיב (חבקוק ג, א) ״תְּפִלָּה לַחֲבַקּוּק הַנָּבִיא עַל שִׁגְיֹנוֹת״ - תְּהִלָּה מִיבָּעֵי לֵיהּ?

אֶלָּא כָּל הַמְפַנֶּה לִבּוֹ מֵעִסְקֵי עוֹלָם וּמִסְתַּכֵּל בְּמַעֲשֵׂה מֶרְכָּבָה מְקֻבָּל לִפְנֵי הַקָּדוֹשׁ בָּרוּךְ הוּא כְּאִלּוּ מִתְפַּלֵּל כָּל הַיּוֹם, שֶׁנֶּאֱמַר ״תְּפִלָּה״.

וּמַאי ״עַל שִׁגְיֹנוֹת״? כִּדְכְתִיב (משלי ה, יט) ״בְּאַהֲבָתָהּ תִּשְׁגֶּה תָמִיד״,

וּמַאי נִיהוּ? מַעֲשֵׂה מֶרְכָּבָה, שֶׁנֶּאֱמַר (חבקוק ג, ב): ״ה׳ שָׁמַעְתִּי שִׁמְעֲךָ יָרֵאתִי״.

פירוש

סימן סח

מעשה מרכבה הוא מונח המתייחס לחוויה המסתורית של המקובלים (ראו סימן פח). חוויית המרכבה היא ״חזון״ שבו ״צופים״ הנביאים, אנשי הסוד (ראו סימן סב). אדם הזוכה לחזון מעין זה הופך להיות מרכבה אל הקדושה, אל זעיר אנפין, כפי שראינו לעיל.

רעיון התפילה הוא בבסיסו התקשרות עם אלוהים. הירידה למרכבה היא התקשרות ברמה גבוהה יותר. היא ראייה חזונית, ועל כך אומר הפסוק: ״שָׁמַעְתִּי שִׁמְעֲךָ״ (חבקוק ג, ב).

ראינו בסימן ה ש״תהילה״ מרמזת למלכות. תפילה נקראת ״עבודה שבלב״ (תענית ב ע״א). מאחר שבסימנים קודמים

סימן סט

דָּבָר אַחֵר מַאי דִּכְתִיב (שם) "שָׁמַעְתִּי שִׁמְעֲךָ יָרֵאתִי [ה' פָּעָלְךָ בְּקֶרֶב שָׁנִים]"? מַאי טַעֲמָא שֶׁאָמַר "יָרֵאתִי" אַחַר "שָׁמַעְתִּי שִׁמְעֲךָ" וְלֹא אָמַר אַחַר "בְּקֶרֶב שָׁנִים"?

אֶלָּא מִ"שִּׁמְעֲךָ" - "יָרֵאתִי".

וּמַאי מִ"שִּׁמְעֲךָ"? מִמָּקוֹם שֶׁשּׁוֹמְעִים בּוֹ וּמַאי טַעֲמָא אָמַר "שָׁמַעְתִּי", "הֲבַנְתִּי" מִבָּעֵי לֵיהּ?

כְּמָה דְּאַתְּ אָמַר (דברים כח, מט) "גּוֹי אֲשֶׁר לֹא תִשְׁמַע לְשֹׁנוֹ".

פירוש

עסקנו ב"לב", אנו דנים כאן בעניינה של התפילה.

סימן סט

יש כאן הוכחה ברורה לכך ש"שמיעה" מקבילה לספירת בינה, עניין שנידון כבר לעיל (סימן ה). השמיעה העליונה היא התכונה האלוהית שדרכה כביכול שומע ה' את התפילה.

על פי הקבלה, חזון המרכבה של הנביא יחזקאל התרחש בעולם היצירה, שהיא מדרגתו של זעיר אנפין (ראו סימנים נ, נג). החזון הנזכר כאן הוא מן הדרגה של ספירת הבינה כפי שהיא מתגלה בפרצוף זעיר אנפין, שהוא הלב, כפי שראינו (סימן סב).

ה"יראה" איננה מ"בקרב שנים", דהיינו זעיר אנפין, אלא מבינה.

סימן ע

וּמַאי טַעֲמָא "יָרֵאתִי"? מִשּׁוּם דְּאֹזֶן דְּמוּת אָלֶ"ף וְאָלֶ"ף רֹאשׁ לְכָל הָאוֹתִיּוֹת וְלֹא עוֹד אֶלָּא אָלֶ"ף גּוֹרֶמֶת לְכָל הָאוֹתִיּוֹת קִיּוּמָם.

וְאָלֶ"ף דְּמוּת הַמֹּחַ. מָה אָלֶ"ף כְּשֶׁאַתָּה זוֹכְרָהּ אַתָּה פּוֹתֵחַ פִּיךָ, כָּךְ הַמַּחֲשָׁבָה כְּשֶׁאַתָּה חוֹשֵׁב תַּחְשֹׁב לְאֵין סוֹף וְתַכְלִית

וּמֵהָאָלֶ"ף יָצְאוּ כָּל הָאוֹתִיּוֹת, הֲלֹא תִּרְאֶה שֶׁהִיא בִּתְחִלָּתָן?

פירוש

סימן ע

התלמוד כבר לימד שאל"ף פירושו "אַלֵּף [=לַמֵּד] בינה" (שבת קד ע"א, תיקוני זוהר, תיקון ע, קל ע"א).

כנידון לעיל, אל"ף מסמלת את ספירת כתר (ראו סימנים טו, יז, כו, קיז, קמ). המילה אל"ף היא גם אותיות פל"א, שהוא דבר מופלא ונסתר, ממש כמו ספירת כתר שהיא עלומה ונסתרת.

אף שהעיניים, האוזניים, האף והפה מסמלים כל אחד מהם ספירה אחרת (ראו סימן ה), הם כולם מהווים חלק מן הכתר. הכתר מונח מעל הראש ואינו חלק ממנו, ואיברי הפנים הם כולם "חלונות" אל הראש. למעשה, האוזניים הן ספירת בינה של אריך אנפין, הפרצוף של ספירת כתר (ראו סימן עט).

למדנו שכל אות מזינה את זו שאחריה. מאחר שהאות אל"ף היא הראשונה, היא המזינה את כולן. האות אל"ף יש לה גם צורה של מוח, והיא רומזת לספירת כתר.

האל"ף מורכבת מן האות יו"ד בצדה

וְאָמַר (מיכה ב, יג) "וַה' בְּרֹאשָׁם", וְקַיְמָא לָן דְּכָל שֵׁם הַכָּתוּב בְּיוּ"ד הֵ"א וָא"ו הֵ"א מְיַחֵד הַקָּדוֹשׁ בָּרוּךְ הוּא וּמְקֻדָּשׁ בַּקֹּדֶשׁ, וּמַאי בַּקֹּדֶשׁ? בְּהֵיכַל הַקֹּדֶשׁ,

פירוש

הימני העליון, ויו"ד נוספת בצדה השמאלי התחתון, וקו אלכסוני מפריד ביניהן (ראו איור 10 בעמ' 151). היו"ד העליונה מסמלת את הצד הימני של המוח, שהוא מזוהה עם ספירת חכמה, והיו"ד התחתונה מסמלת את הרגל השמאלית, המקבילה לספירת הוד, שהיא מקור ההשראה והנבואה. לקו האלכסוני ישנה צורה של האות וא"ו, המסמלת את שש הספירות.

שתי היוד"ין יחד – ערכן המספרי הוא עשרים, והאות וא"ו – ערכה המספרי הוא שש; יחד הן עשרים ושש, שהוא ערכו המספרי של שם הויה. הפסוק "וַה' בְּרֹאשָׁם" (מיכה ב, יג) מובן אפוא – האל"ף שהיא גימטריית שם ה', היא בראש.

שם הויה מיוחד בדרך כלל לפרצוף זעיר אנפין. אך ארבע האותיות מרמזות לארבע המדרגות: יו"ד היא ספירת חכמה, ה"א – ספירת בינה, וא"ו – זעיר אנפין, וה"א האחרונה – ספירת מלכות.

איור 7: האות אל"ף מורכבת משתי יוד"ין ואות וא"ו אלכסונית מפרידה ביניהן.

בהתבסס על כך, יש לשם הויה משמעויות נוספות, שאותן ניתן לראות בשעה שכותבים את האותיות עם "המילוי" שלהן. על פי הקבלה, לשם הויה יש ארבעה אופנים שונים של "מילוי", כפי שניתן לראות בטבלה להלן. ארבעת אופני המילוי האלה נותנים לנו ערכים מספריים של 72, 63, 45 ו־52. הם מסמלים את ארבע המדרגות הקיימות ב"אדם קדמון", שהוא העולם המקביל לספירת כתר (ראו על כך בשער ההקדמות).

וְאָנָה הֵיכַל הַקֹּדֶשׁ? הֱוֵי אוֹמֵר בְּמַחֲשָׁבָה וְהַיְנוּ אָלֶ"ף
הָדָא הוּא דִכְתִיב (חבקוק שָׁם) "ה' שָׁמַעְתִּי שִׁמְעֲךָ יָרֵאתִי".

פירוש

ארבעת אופני המילוי של שם הויה

המילוי	הערך המספרי	הדרגה
יוד הי ויו הי	72	חכמה
יוד הי ואו הי	63	בינה
יוד הא ואו הא	45	שש הספירות הבאות
יוד הה וו הה	52	מלכות

השם הנזכר בסימן שלנו הוא יוד הא ואו הא, העולה למספר 45, ומסמל את זעיר אנפין ושש ספירותיו, כפי שהן מופיעות ב"אדם קדמון". אף שהספירות והפרצופים הם רק בעולם האצילות (שהוא מתחת לאדם קדמון), יש להם מקבילות כבר באדם קדמון.

השם העולה לכדי 45 הוא כאמור זעיר אנפין, האדם העליון. לכן 45 הוא גם הגימטריה של המילה אדם. זהו הקב"ה, כפי שראינו לעיל (ראו סימן סב).

"היכל הקודש" הוא בדרך כלל ספירת מלכות (ראו ספר יצירה, פרק ד, משנה ג). למעשה, היכל הקודש הוא נקודת המפגש של הספירות כתר, חכמה, בינה ומלכות, אך הדבר בא לידי ביטוי בראש ובראשונה בספירת מלכות.

סימן עא

וְכֵן אָמַר חֲבַקּוּק: תְּפִלָּתִי יָדַעְתִּי
שֶׁנִּתְקַבְּלָה בְּתַעֲנוּג, וַאֲנִי גַּם הִתְעַנַּגְתִּי
וּכְשֶׁהִגַּעְתִּי לְמָקוֹם פְּלוֹנִי וְהֵבַנְתִּי
"שִׁמְעֲךָ יָרֵאתִי". עַל כֵּן (חבקוק שם)
"ה' פָּעָלְךָ בְּקֶרֶב שָׁנִים חַיֵּיהוּ", בְּיִחוּדְךָ.
מָשָׁל לְמָה הַדָּבָר דּוֹמֶה? לְמֶלֶךְ אָמוּן
מֻפְלָא וּמְכֻסֶּה שֶׁנִּכְנַס לְבֵיתוֹ וְצִוָּה הַכֹּל
שֶׁלֹּא יְבַקְּשׁוּ עָלָיו. עַל כֵּן הַמְבַקֵּשׁ יְפַחֵד,
פֶּן יֵדַע הַמֶּלֶךְ שֶׁהוּא עוֹבֵר עַל מִצְוֹתָיו.
וּלְכָךְ אָמַר "יָרֵאתִי, ה' פָּעָלְךָ בְּקֶרֶב
שָׁנִים חַיֵּיהוּ".
כָּךְ אָמַר חֲבַקּוּק, הוֹאִיל וְשִׁמְךָ בְּךָ וּבְךָ
שִׁמְךָ "פָּעָלְךָ בְּקֶרֶב שָׁנִים חַיֵּיהוּ", פֶּן
יִהְיֶה לָעַד.

פירוש

סימן עא

המלך מתואר כאן כ"אמון, מופלא ומכוסה". המילה "מופלא" רומזת לספירת כתר. כאמור לעיל, מסיבה זו מורכבות פלא ואל"ף מאותן אותיות.

ה"בית" המוזכר כאן הוא האות בי"ת,

סימן עב

דָּבָר אַחֵר: מָשָׁל לְמָה הַדָּבָר דּוֹמֶה? לְמֶלֶךְ שֶׁהָיָה לוֹ מַרְגָּלִית טוֹבָה וְהִיא חֶמְדַּת מַלְכוּת וּבְעֵת שִׂמְחָתוֹ חִבְּקָהּ וּמְנַשְּׁקָהּ וְשָׂמָהּ עַל רֹאשׁוֹ וְאוֹהֵב אוֹתָהּ. אָמַר חֲבַקּוּק: אַף עַל פִּי שֶׁהַמְּלָכִים עִמְּךָ, אוֹתָהּ הַמַּרְגָּלִית חֶמְדָּה הִיא בְּעוֹלָמְךָ.[36] עַל כֵּן "בְּקֶרֶב שָׁנִים חַיֵּיהוּ".

מַאי מַשְׁמַע לִישָּׁנָא דְ"שָׁנִים"? שֶׁנֶּאֱמַר

פירוש

המסמלת את הגבול שמעליו אסור לאדם להתבונן בו.

המילה "שנים" רומזת כאן למספר שניים, כלומר לספירה השנייה, ספירת חכמה, היא האות בי"ת.

סימן עב

בנוגע למרגלית ראו סימנים עב, קצ. "מרגלית" מתייחסת בדרך כלל לספירת מלכות, אולם המלך גם "חובקה ומנשקה ושמה על ראשו", שהוא ספירת כתר.

(בראשית א, ג) "וַיֹּאמֶר אֱלֹהִים יְהִי אוֹר", וְאֵין אוֹר אֶלָּא יוֹם דִּכְתִיב (שם, טו) "אֶת הַמָּאוֹר הַגָּדֹל לְמֶמְשֶׁלֶת הַיּוֹם וְאֶת הַמָּאוֹר הַקָּטֹן לְמֶמְשֶׁלֶת הַלַּיְלָה", וְהַשָּׁנִים הֵן הַיָּמִים. הָדָא הוּא דִּכְתִיב (חבקוק שם) "בְּקֶרֶב שָׁנִים", קֶרֶב אוֹתָהּ הַמַּרְגָּלִית הַמּוֹלִידָה אֶת הַשָּׁנִים.

36 ראו סימן מט ש"מלכים" מתייחס לספירות. עם זאת, ציוני, חיי שרה (טור יז), קורא את זה מלאכים.

פירוש

ה"יום" מייצג בדרך כלל את זעיר אנפין, ואילו הלילה – את הנקבה. היום הוא אפוא ה"מאור הגדול", השמש, שהיא זעיר אנפין, בעוד הלבנה היא הנקבה. הואיל ו"יום" הוא זעיר אנפין, ומאחר ש"השנים הן הימים", גם השנים מזוהות עם זעיר אנפין. למעשה, הזמן עצור בספירת בינה והוא מתחיל לתפקד רק במרחב של זעיר אנפין (ראו פרדס רימונים, שער יח, פרק ג).

ה"חיים" שבפסוק ("חייהו") מצביעים על ספירת יסוד ועל איבר המין כאשר הוא "חי", כלומר בעת הזיווג. השנים נוצרות מתוך מניין השמש והלבנה, היום והלילה, המפגש בין הזכרי לנקבי.

סימן עג

וְהָכְתִיב (ישעיהו מג, ה) **"[אַל תִּירָא כִּי אִתְּךָ אָנִי] מִמִּזְרָח אָבִיא זַרְעֶךָ", וְהַשֶּׁמֶשׁ זוֹרַחַת מִמִּזְרָח, וְאָמַר שֶׁהַמַּרְגָּלִית הִיא יוֹם?**

אֲנִי לֹא אָמַרְתִּי אֶלָּא (בראשית א, ה) **"וַיְהִי עֶרֶב וַיְהִי בֹקֶר יוֹם", וּכְתִיב** (שם ב, ד) **"בְּיוֹם עֲשׂוֹת ה' אֱלֹהִים אֶרֶץ וְשָׁמָיִם".**

פירוש

סימן עג

פסוק זה נידון בהרחבה בסימן קנה.

המילה "יום" והמילה "ים", שמשמעה גם מערב, חולקות את אותו שורש. מערב הוא הכיוון של ספירת יסוד, שהוא גם "חי" וכן ה"מרגלית".

לפיכך עולה בעיה, שכן המרגלית זוהתה עם היום, ה"מאור הגדול", השמש, וזהו המזרח, שהוא כיוונה של ספירת תפארת. יתרה מכך, גם "זרע" בא מן המזרח.

המחבר עונה כי "יום" מתייחס למעשה לימּמה של עשרים וארבע שעות, המכילה גם את היום וגם את הלילה. זהו המפגש בין זעיר אנפין לבין הנקבה, שנזכר לעיל. זעיר אנפין הוא ממזרח לנקבה, ופניו למערב, ולפיכך ה"זרע" בא מן המזרח. "ארץ ושמים" מתייחסים אף הם לספירת מלכות ולזעיר אנפין, כדלעיל.

סימן עד

וְהָכְתִיב (תהלים יח, יב) **"יָשֶׁת חֹשֶׁךְ סִתְרוֹ סְבִיבוֹתָיו סֻכָּתוֹ חֶשְׁכַת מַיִם עָבֵי שְׁחָקִים"?**[37]

אֲמַר לֵיהּ: כְּתִיב בֵּיהּ (ישעיהו מה, ח) **"וּשְׁחָקִים יִזְּלוּ צֶדֶק", וְצֶדֶק זֶה מִדַּת הַדִּין שֶׁל עוֹלָם, שֶׁנֶּאֱמַר** (דברים טז, כ) **"צֶדֶק צֶדֶק תִּרְדֹּף".**

37 ראו סימן קפה.

פירוש

סימן עד

פסוק זה כבר נידון לעיל בסימן א.

"שחקים" מתייחס בדרך כלל לספירות נצח והוד. כפי שנידון לעיל, שתי ספירות אלו הן מקור הנבואה, החיזיון וההשראה. החיזיון מגלה ומכסה גם יחד, והוא חושף רק את מה שראוי לראות. החיזיון מכיל אפוא "עבי שחקים", עננים כבדים, שכן אנו יכולים לראות את הא־ל רק דרך "עבי שחקים". מכאן גם חשיבותם של עבי השחקים במעמד הר סיני.

מתחת לספירות נצח והוד, השחקים, נמצאת ספירת יסוד, המכונה "צדק". זהו "צדיק יסוד עולם".

הא־ל שופט את העולם בשתי דרכים – מידת הדין ומידת הרחמים. מידת הדין תובעת גמול אחד, קצוב וצודק לכל חטא, ללא הקלות, בעוד מידת הרחמים מאפשרת סוגי גמול שונים וקלים יותר. הדין מגיע מן הנקבה, המזוהה עם ספירה אחת – ספירת מלכות – ולפיכך יש באמתחתו גמול אחד. לעומת זאת, זעיר אנפין בנוי משש ספירות שונות, ולפיכך יש בידו מיזוגים שונים ומספר אינסופי של סוגי גמול. זהו מקור מידת הרחמים.

למעשה, ההשגחה והגמול נובעים שניהם מספירת המלכות, באופן ההולם את שמה. אבל כדי שספירת מלכות תוכל לפעול

וּכְתִיב (שם) "לְמַעַן תִּחְיֶה וְיָרַשְׁתָּ אֶת הָאָרֶץ", וְאִם תָּדִין עַצְמָךְ תִּחְיֶה, וְאִם לָאו הוּא יָדִין עָלֶיךָ וְתִתְקַיֵּם בְּעַל כָּרְחָךְ.

פירוש

במצב של רחמים עליה להיות קשורה לזעיר אנפין. זהו הרעיון של האיחוד העליון. איחוד זה מתרחש באמצעות ספירת יסוד, איבר המין, המכונה גם "צדיק".

אולם לספירת יסוד יש שני מצבים שונים – מצב של נפרדות ומצב של זיווג. הצדיק הוא זה הפרוש ממין ולפיכך כאשר הוא במצב זה, הוא מכונה "צדיק יסוד עולם" – המילה "עולם" קשורה גם ל"העלם" (ראו סימן י). ספירת יסוד מכונה "צדיק" כאשר איבר המין חבוי ואינו מוחצן. גם יוסף מכונה "צדיק" משום שסירב לשכב עם אשת פוטיפר.

כאשר ספירת יסוד נמצאת במצב זה, לא מתקיים איחוד בין זעיר אנפין לבין הנקבה, ואז הנקבה נמצאת במצב של דין.

במצב השני מכונה ספירת יסוד "חי". היא מתוארת כ"חיה" כאשר היא ממלאת את תפקידה במהלך יחסי אישות.

כאשר אדם רודף צדק, הוא מעורר את המקבילה השמימית ומחולל את הזיווג העליון. במצב זה נאמר עליו: "תִּחְיֶה וְיָרַשְׁתָּ אֶת הָאָרֶץ" (דברים טז, כ). משמעות המילה "תחיה" היא שהאדם יביא את ספירת יסוד למצבה ה"חי", כלומר למצב האיחוד. אז הוא יירש את "הארץ", המסמלת תמיד את ספירת מלכות, היא הנקבה.

סימן עה

וּמַאי "צֶדֶק צֶדֶק" (דברים שם) **תְּרֵי זִימְנֵי? אֲמַר לֵיהּ: דִּכְתִיב** (תהלים יח, יג) **"מִנֹּגַהּ נֶגְדּוֹ".**[38]
צֶדֶק רִאשׁוֹן צֶדֶק מַמָּשׁ וְהוּא שְׁכִינָה כְּדִכְתִיב (ישעיהו א, כא) **"צֶדֶק יָלִין בָּהּ". וּמַאי צֶדֶק שֵׁנִי? זֶה צֶדֶק שֶׁמְּפַחֵד הַצַּדִּיקִים, וְהַאי צֶדֶק הָוֵי צְדָקָה אוֹ לֹא? אֲמַר לֵיהּ: לֹא, וּמַאי טַעַם? כְּדִכְתִיב** (שם נט, יז) **"וַיִּלְבַּשׁ צְדָקָה כַּשִּׁרְיָן", וְצֶדֶק הָוֵי**

38 מתייחס לספירת היסוד שהיא כנגד הגוף. ראו סימן קנו.

פירוש

סימן עה

המילה "נגה" מתייחסת בדרך כלל לזמן הדמדומים, כאשר אור היום מאיר אל תוך הלילה. כפי שהוזכר לעיל, היום הוא הזכר ואילו הלילה הוא הנקבה. "נגה" הדמדומים הוא אם כן המצב שבו הזכר נכנס אל הנקבה, לפיכך הוא מייצג את איבר המין הנקבי, ומתואר כ"נגדו".

לאחר מכן מוסבר כי ה"צדק" הראשון בפסוק מתייחס לשכינה, שהיא ספירת מלכות, הנקבה. הכוונה כאן היא לאיבר המין הנקבי.

ה"צדק" השני הוא איבר הזכר, שהוא ספירת יסוד. הוא מטיל פחד על הצדיקים כיוון ש"אֵין צַדִּיק בָּאָרֶץ אֲשֶׁר יַעֲשֶׂה טּוֹב וְלֹא יֶחֱטָא" (קהלת ז, כ). הדבר מפחיד אף יותר כיוון ש"צדיקות" מינית, שאפשרית עבור נשים, היא יעד בלתי אפשרי כמעט עבור גברים.

אזי שואל המחבר אם אותו "צדק" זהה

"כּוֹבַע יְשׁוּעָה בְּרֹאשׁוֹ" (שם) וְאֵין רֹאשׁוֹ אֶלָּא אֱמֶת שֶׁנֶּאֱמַר (תהלים קיט, קס) "רֹאשׁ דְּבָרְךָ אֱמֶת", וְאֵין אֱמֶת אֶלָּא שָׁלוֹם שֶׁנֶּאֱמַר (ישעיהו לט, ח) "כִּי יִהְיֶה שָׁלוֹם וֶאֱמֶת בְּיָמָי". אֶפְשָׁר לְאָדָם לוֹמַר כֵּן? אֶלָּא חִזְקִיָּה אָמַר כָּךְ: אוֹתָהּ הַמִּדָּה שֶׁנָּתַתָּ לְדָוִד אָבִי

פירוש

לצדקה, כלומר – לרעיון של נתינה של דבר מה חינם, מבלי שהמקבל הרוויח אותו.

הוא עונה כי צדק וצדקה אינם זהים. הרעיון של נתינה חינם הוא כמו "שריון" שעוטים על הגוף. הגוף הוא ספירת תפארת, שהיא העיקרון של נתינה באופן קצוב ומדוד (ראו סימן ל).

אם טובו של הא־ל היה מוענק חינם, מבלי שהאדם היה צריך להרוויח אותו, הוא היה הופך ל"נהמא דכיסופא", לחם בושה (מגיד מישרים, פרשת בראשית). יתרה מזאת, אדם המקבל מבלי לתת דבר מה אינו דומה לא־ל כאשר הוא מקבל, וזה כשלעצמו מבייש. לפיכך, כדי שטוב זה יהיה מושלם, יש להרוויח אותו. זהו עקרון ה"צדק" – כאשר גמול הוגן ניתן תמורת מעשה הוגן.

עיקרון זה של "צדק" מתואר כאן כ"ראש", המכונה "אמת". "אמת" כבר הוצגה באופן דומה כמורכבת מספירות חכמה, בינה ודעת (סימן נ). עם זאת, כפי שכבר הגדרנו, ספירת חכמה וספירת בינה הן בהתאמה העקרונות של דומות ושונות (סימן ל). הדרך היחידה שבה יכול האדם לקבל מטובו של הא־ל היא על ידי הידמות אליו, עיקרון המיוצג בספירת חכמה. עם זאת, אם הא־ל מעניק והאדם מקבל, משמע שהא־ל והאדם הם שני עמודים שונים, ובסופו של דבר – נבדלים.

הפתרון לדיכוטומיה זו הוא העיקרון של "צדק" והוגנות, לפיו האדם צריך להרוויח את אותו טוב. האמצעי לכך הוא התורה, שבפסוק זה מיוצגת במילה "דברך". הדבר

הוּא יָמִי, וְשָׁלוֹם וֶאֱמֶת חֲצִי יָמַי, וְזֶהוּ שֶׁאָמַר חִזְקִיָּה "שָׁלוֹם וֶאֱמֶת יִהְיֶה בְּיָמַי", שֶׁהַכֹּל אֶחָד הַיְנוּ הוּא דִּכְתִיב (בראשית א, ה) **"וַיְהִי עֶרֶב וַיְהִי בֹקֶר יוֹם", מַה הַיּוֹם שָׁלוֹם אַף הוּא בִּקֵּשׁ שָׁלוֹם שֶׁנֶּאֱמַר** (מלכים ב' כ, יט) **"שָׁלוֹם וֶאֱמֶת יִהְיֶה בְּיָמַי", בְּאוֹתָהּ מִדָּה שֶׁנָּתַתָּ לְדָוִד אָבִי דִּכְתִיב** (תהלים פט, לז) **"וְכִסְאוֹ כַשֶּׁמֶשׁ נֶגְדִּי".**

פירוש

נרמז גם בכך ששלוש האותיות האחרונות של שלוש המילים הראשונות בתורה מרכיבות את המילה "אמת": "בראשית ברא אלהים" (בעל הטורים על אתר). האותיות מופיעות בסדר זה - ת' א' מ' - שכן הן מייצגות את הספירות בינה, חכמה ודעת, בהתאמה. זה הסדר של תזה, אנטיתזה וסינתזה.

על היחסים בין אמת לבין שלום ראו סימנים ב, קמז, קצ.

הזכרנו לעיל כי "אש" ו"מים" הם ספירות בינה וחכמה והן משתקפות בספירות גבורה וחסד. באופן דומה, "אמת", שהיא מיזוג של ספירות חכמה ובינה, משתקפת ב"שלום", שהוא מיזוג של ספירות חסד וגבורה.

כאמור לעיל, אף על פי שספירת כתר היא הספירה הגבוהה ביותר, היא נסתרת ולפיכך היא באה לידי ביטוי רק באופן פנימי. כלפי חוץ היא מיוצגת על ידי "דעת", שהיא מיזוג של ספירות חכמה ובינה. "אמת" מסמלת בראש ובראשונה את ספירת כתר, ואילו "דעת" מזוהה עם "שלום". אמת של ממש היא תמיד חבויה ופנימית; כל אדם יודע את האמת שלו, ושום אדם אינו יכול להכיר את האמת של רעהו. כל מה שיכול אדם להשיג לגבי אדם אחר הוא ידיעה, ודבר זה - במובנו הגבוה ביותר - מתרחש מתוך אינטימיות.

"דעת" היא מיזוג של הזכר והנקבה, אבא ואמא. זהו עקרון ה"שלום" (ראו סימן קפו) המיישב בין הפכים ובשל כך מאפשר

סימן עו

וּמַאי (חבקוק ג, ב) "בְּקֶרֶב שָׁנִים תּוֹדִיעַ"? כָּךְ אָמַר: יָדַעְתִּי שֶׁאַתָּה הָאֵל הַקָּדוֹשׁ דִּכְתִיב (שמות טו, יא) "מִי כָּמֹכָה נֶאְדָּר בַּקֹּדֶשׁ", וְקֹדֶשׁ בְּךָ וְאַתָּה בַּקֹּדֶשׁ,[39] וְאַף עַל פִּי כֵן "בְּקֶרֶב שָׁנִים תּוֹדִיעַ", וּמַאי תּוֹדִיעַ? תְּרַחֵם, כְּמָה דְּאַתְּ אָמַר (שם ב, כה) "וַיַּרְא אֱלֹהִים אֶת בְּנֵי יִשְׂרָאֵל וַיֵּדַע אֱלֹהִים".

מַאי וַיֵּדַע אֱלֹהִים? מָשָׁל לְמָה הַדָּבָר דּוֹמֶה, לְמֶלֶךְ שֶׁיֵּשׁ לוֹ אִשָּׁה נָאָה

פירוש

את האיחוד בין גבר לאישה, המכונה אפוא "שלום בית".

מחצית מימיו של המלך חזקיהו נקשרה למידתו של דוד, שהיא ספירת מלכות, הנקבה. המחצית האחרת נקשרה ל"שלום" ו"אמת", המידות המאחדות בתוכן את שש הספירות של זעיר אנפין, הזכר, לאחדות אחת הנוצרת ממיזוג בין אבא לאמא.

הרעיון של מעגל היממה קשור ל"שלום", שכן הוא ממזג בין יום ולילה, שהם שני הפכים.

סימן עו

רעיון הקדושה קשור להפרדה, להבדלה. הא־ל נקרא "קדוש" שכן הוא מנותק ומופרד מכל מה שקשור למעשה ידיו.

המילה "קדוש" רומזת אפוא לשלוש הספירות הגבוהות, שאותן לא ניתן לדעת; הן ה"קודש" שב"היכל הקודש" (ראו סימן ע). דרגה זו מכונה "קודש" שכן היא מנותקת לחלוטין מהשגתנו.

העיקרון הקושר את שלוש הספירות הגבוהות ביותר לשבע הספירות התחתונות

וְהֶעֱמִיד מִמֶּנָּה בָּנִים, וְחִבְּקָן וְגִדְּלָן. וְיָצְאוּ לְתַרְבּוּת רָעָה, שְׂנָאָם וּשְׂנָאָה אִמָּן. חָזְרָה אִמָּם אֲלֵיהֶם וְאָמְרָה: בָּנַי לָמָּה אַתֶּם עוֹשִׂים כָּךְ שֶׁאֲבִיכֶם שׂוֹנֵא אוֹתִי וְאֶתְכֶם, עַד שֶׁנִּכְמְרוּ רַחֲמֵיהֶם וְנִתְחַמְּמוּ וְחָזְרוּ לַעֲשׂוֹת רְצוֹן אֲבִיהֶם, רָאָה אֲבִיהֶם כָּךְ, אֲהָבָם כְּבַתְּחִלָּה וְזָכַר אִמָּם, הָדָא הוּא דִּכְתִיב (שָׁם) "וַיַּרְא אֱלֹהִים וגו' וַיֵּדַע" וגו', וּכְתִיב (חבקוק שָׁם) "בְּקֶרֶב שָׁנִים תּוֹדִיעַ".

39 קדושה משמעה נפרדות, פרישות. ראו סוף סימן עא.

פירוש

יותר נקרא "דעת". הוא קשור לקשר ולתהליך ההתקשרות, כמו בפסוק: "וְהָאָדָם יָדַע אֶת חַוָּה אִשְׁתּוֹ" (בראשית ד, א). ה"שנים" המוזכרות כאן הן שבע הספירות התחתונות, הנמצאות במרחב שבו הזמן קיים. הנביא אומר: "בְּקֶרֶב שָׁנִים תּוֹדִיעַ" (חבקוק ג, ב), כלומר – באמצעות "דעת" יוכלו הדרגות הגבוהות להתגלות בשבע הספירות התחתונות.

שבע הספירות התחתונות כוללות בתוכן את הזכר והנקבה. כאשר ה"דעת" מתקיימת ביניהן, הזכר והנקבה מאוחדים.

זו המשמעות של "וַיַּרְא אֱלֹהִים... וַיֵּדַע אֱלֹהִים" (שמות ב, כה). בזכות מעשיהם של בני האדם, "בניו" של הא־ל, זעיר אנפין והנוקבא, יכולים להתאחד, כלומר – הוא "יודע" אותה. אם כן, כאשר "בניו" של המלך עושים את רצונו, הוא זוכר את "אמם".

סימן עז

וּמַאי (שם) **"בְּרֹגֶז רַחֵם תִּזְכּוֹר"? אָמַר בְּעֵת שֶׁיֶּחֶטְאוּ לְךָ בָּנַי, וְתִכְעַס עֲלֵיהֶם, רַחֵם תִּזְכֹּר.**

וּמַאי "רַחֵם תִּזְכּוֹר"? אוֹתוֹ שֶׁאָמַר (תהלים יח, ב) **"אֶרְחָמְךָ ה' חִזְקִי", וְנָתַתָּ לוֹ הַמִּדָּה הַזֹּאת שֶׁהִיא שְׁכִינָתוֹ שֶׁל יִשְׂרָאֵל.**[40]

פירוש

במישור גבוה יותר, כאשר שבע הספירות התחתונות מיושרות באופן נכון, אזי ספירות חכמה ובינה, אבא ואמא, קשורות גם הן יחד באמצעות ה"דעת". כאשר הן מאוחדות, ה"דעת" קושרת אותן גם לשבע הספירות התחתונות.

סימן עז

זהו רעיון דומה לזה של סימן לד.

המילה "רַחֵם", שמשמעה גם אהבה, באה מאותו השורש של רֶחֶם. לפיכך פירוש מדויק יותר שלה יהיה "אהבת אם", האהבה שרוחשת האם לפרי בטנה.

אף שספירת מלכות היא שורשה של מידת הצדק, ספירה זו היא גם "רחם" שממנו יוצאות כל הנשמות. כפי שאמרנו לעיל, עולם האצילות הוא עולמן של הספירות, ואילו עולם הבריאה הוא עולמן של הנשמות. הספירה התחתונה בעולם האצילות היא ספירת מלכות, ולפיכך היא הספירה הקרובה ביותר לעולם הנשמות, ולתוכו היא יולדת. במובן זה היא מכונה "רחם".

זְכוּת בְּנוֹ שֶׁיָּרְשָׁה וְנָתַתָּ לוֹ דִּכְתִיב (מלכים א׳ ה, כו) ״וַה׳ נָתַן חָכְמָה לִשְׁלֹמֹה״, וּזְכֹר אֲבִיהֶם אַבְרָהָם, דִּכְתִיב (ישעיהו מא, ח), ״זֶרַע אַבְרָהָם אֹהֲבִי״ ״בְּקֶרֶב שָׁנִים תּוֹדִיעַ״.

40 זוהי ספירת מלכות. ראו סימן לה.

פירוש

היה זה דוד המלך שאמר: ״אֶרְחָמְךָ ה׳ חִזְקִי״ (תהלים יח, ב). כפי שמוזכר פעמים רבות בטקסטים הקבליים, מידתו של דוד היא ספירת מלכות. כיוון שדוד נקשר אל הא־ל באמצעות עיקרון זה של ״אהבת האם״, היא ספירת המלכות, ניתנה לו מידה זו (ראו סימן עה).

בנו של דוד, שלמה, מייצג גם הוא את ספירת מלכות (ראו סימן סה). באמצעות מידה זו נתן הא־ל חכמה לשלמה.

שלמה מייצג את האיחוד בין הזכר לנקבה, מצב המביא ״שלום״ לנקבה. במצב זה יכולות הספירות של זעיר אנפין לעבור דרך הנקבה, שהיא השכינה, האחראית על ההשגחה על הברואים.

מתוך מרכיביו של זעיר אנפין, החלק שאנו מבקשים שיהיה בפעולה הוא ספירת חסד, שהיא מידתו של אברהם (ראו סימנים קלה, קצ, קצא). לפיכך נאמר שה״זרע״ צריך להיות של אברהם, כלומר שה״זרע״ שאותו זעיר אנפין מכניס אל תוך הנקבה ינבע מספירת חסד. דבר זה נעשה על ידי ה״דעת״, לכן מסתיים הפסוק במילים ״בְּקֶרֶב שָׁנִים תּוֹדִיעַ״ (חבקוק ג, ב).

סימן עח

וּמֵהֵיכָן הָיָה לְאַבְרָהָם בַּת? הֵן דִּכְתִיב (בראשית כד, א) ״וַה׳ בֵּרַךְ אֶת אַבְרָהָם בַּכֹּל״[41] וּכְתִיב (ישעיהו מג, ז) ״כֹּל הַנִּקְרָא בִשְׁמִי וְלִכְבוֹדִי בְּרָאתִיו יְצַרְתִּיו אַף עֲשִׂיתִיו״.

הַאי בְּרָכָה בִּתּוֹ הָיְתָה אוֹ לֹא הָיְתָה אֶלָּא אִמּוֹ?

פירוש

סימן עח

לפי הגמרא, שמה של הבת היה ״בכל״.

המילה ״כל״ מתייחסת תמיד לספירת יסוד, שהיא איבר המין (ראו סימן כב). המילה ״בכל״ משמעה ״ב־כל״, כלומר ה״כל״ השני (הערך המספרי של האות בי״ת הוא שתיים), איבר המין השני – זה של הנקבה.

הא־ל ציווה את אברהם על ברית המילה, המתקנת את איבר המין הזכרי ומבטיחה כי יהיה לו ״זרע״. במובן הגופני, המשמעות היא שהוא יוכל להוליד ילדים עם שרה, ושיהיו לו צאצאים עד סוף כל הימים. נוסף על כך, הדבר מלמד כי תהיה לו גישה לנשמות שנוצרות על ידי ספירת יסוד. במקביל, במובן הרוחני, משמעות הדבר היא שלמידתו של אברהם, ספירת החסד, יהיה ״זרע״ והיא תיכנס אל ספירת המלכות, הנקבה, וכך תשפיע את חסדה על כל המושגחים.

לכן כתוב כי אלוהים בירך את אברהם ״בכל״, כלומר בספירת יסוד, הנקראת ״כל״. אולם הברכה הייתה למעשה שמידתו תיכנס אל תוך המלכות, ה״בת״. לפיכך נאמר שאלוהים בירך את אברהם בבת.

הפסוק שמצוטט אחר כך הוא: ״כֹּל הַנִּקְרָא בִשְׁמִי וְלִכְבוֹדִי״ (ישעיהו מג, ז). כבדרך כלל, ״כבוד״ מתייחס כאן לספירת מלכות. ״שמי״ הוא ״שם י׳״, שמה של האות יו״ד, ספירת החכמה, האות הראשונה בשם בן ארבע אותיות. מידת ״כל״ מעבירה את האות יו״ד, ספירת החכמה, אל ה״כבוד״, שהוא ספירת מלכות, הנקבה. משמעות הדבר היא שספירת יסוד היא הספירה

הֵן בִּתּוֹ הָיְתָה, מָשָׁל לְמָה הַדָּבָר דּוֹמֶה, לְמֶלֶךְ שֶׁהָיָה לוֹ עֶבֶד תָּמִים וְשָׁלֵם לְפָנָיו, נִסָּהוּ נִסְיוֹנוֹת וְעָמַד בְּכֻלָּן, אָמַר הַמֶּלֶךְ: מָה אֶתֵּן לְעֶבֶד זֶה אוֹ מָה אֶעֱשֶׂה לוֹ, אָמַר אֵין לוֹ אֶלָּא אֲצַוֶּנּוּ לְאָחִי הַגָּדוֹל לְיַעֲצוֹ וּלְשָׁמְרוֹ וּלְכַבְּדוֹ.[42] חָזַר הָעֶבֶד אֵצֶל אָחִיו הַגָּדוֹל לָמַד מִדּוֹתָיו אֲהֵבוֹ

41 כך על פי התלמוד, בבא בתרא, טז ע"ב.

42 האח הינו ספירת יסוד, זו שמעל המלכות.

פירוש

המובילה את ספירת החכמה אל ספירת המלכות, באופן דומה לדיון בסימן הקודם בנוגע לשלמה.

לפיכך נאמר שאלוהים "בירך" את אברהם. כאמור לעיל (ראו סימן ג), "ברכה" מתייחסת תמיד לספירת חכמה.

במישור עמוק יותר, ספירת חסד נובעת במישרין מספירת חכמה (ראו סימן ל). ה"ברכה", שהיא ספירת חכמה, ניתנת אפוא לאברהם, שהוא גילומה של ספירת חסד.

גם כאן וגם בסימן סה מכונה ספירת חכמה "בת". הדבר עשוי להיראות מפתיע, שכן ספירת החכמה היא מידה זכרית, ואילו "בת" נחשבת בדרך כלל לספירת מלכות.

עם זאת, האותיות בי"ת ותי"ו, המרכיבות את המילה "בת", מסמלות את ספירות חכמה ומלכות בהתאמה, ולפיכך "בת" משמעה תיעול של ספירת חכמה אל ספירת מלכות.

הפסוק מסיים: "בְּרָאתִיו יְצַרְתִּיו אַף עֲשִׂיתִיו". "כבודי" הוא ספירת מלכות, הדרגה האחרונה בעולם האצילות, ואחריו מוזכרים בפירוש שלושת העולמות הנמוכים יותר: בריאה, יצירה ועשייה. למעשה, מפסוק זה לומדים הטקסטים הקבליים את סוד ארבעת העולמות (ראו מסכת אצילות, ה).

בבראשית כו, כד מכנה הא־ל את אברהם "אַבְרָהָם עַבְדִּי". המלך שבמשל,

וְשָׂמַח הָאָח מְאֹד וּקְרָאוֹ אוֹהֲבִי דִּכְתִיב "זֶרַע אַבְרָהָם אֹהֲבִי". (ישעיהו מא, ח) אָמַר: מָה אֶתֵּן לְךָ אוֹ מָה אֶעֱשֶׂה לְךָ? הִנֵּה כְּלִי נָאֶה עָשִׂיתִי וּבוֹ מַרְגָּלִית אַחַת, אֵין כָּמוֹהוּ, וְהֵן סְגֻלּוֹת מְלָכִים אֶתְנֶנָּה לוֹ וְיִזְכֶּה בִּמְקוֹמוֹ, הָדָא הוּא דִּכְתִיב "וַה' בֵּרַךְ אֶת אַבְרָהָם בַּכֹּל".

פירוש

אשר לו שייכים העבדים, הוא ספירת מלכות, השכינה. לדרגה זו קשר אברהם את עצמו תחילה כעבד. לפיכך הגמרא קובעת כי אברהם היה הראשון שפנה לא־ל בשמו, "אדוני", שהוא השם המיוחס לספירת מלכות (ראו בטבלה).

הספירות ושמות הא־ל

ספירה	שם
כתר	אהיה אשר אהיה
חכמה	יה
בינה	יהוה (אלוהים)
חסד	אל
גבורה	אלוהים
תפארת	יהוה (אדני)
נצח	אדני צבאות
הוד	אלוהים צבאות
יסוד	שדי (אל חי)
מלכות	אדני

סימן עט

דָּבָר אַחֵר "שָׁמַעְתִּי שִׁמְעֲךָ יָרֵאתִי" (חבקוק ג, ב), הֵבַנְתִּי שִׁמְעֲךָ יָרֵאתִי.[43] מַאי הֵבִין שֶׁנִּתְיָרֵא? הֵבִין מַחְשַׁבְתּוֹ שֶׁל הַקָּדוֹשׁ בָּרוּךְ הוּא, מַה מַּחֲשָׁבָה אֵין לָהּ קֵץ דְּהָא חַשֵּׁיב אֱנָשׁ וְשָׁפֵל לְסֵיפָהּ ◄

43 ראו סימן סט.

פירוש

לאחר מכן מסרה ספירה זו את אברהם ל"אחיה הגדול", כלומר לספירת יסוד, הדרגה הנמוכה ביותר בזעיר אנפין. אז התגלה הא־ל בשם "שדי", השם הקשור לספירת יסוד, וציווה את אברהם על ברית המילה, המתקנת את ספירת היסוד, איבר המין הזכרי.

אותו "אח גדול" מכנה את אברהם "אוהבי" תוך אזכור ה"זרע", שהוא היבט של ספירת יסוד. ה"כלי הנאה" המוענק אז לאברהם הוא ה"בת", כפי שנידון לעיל.

התהליך המתואר כאן הוא זה שבו "אתערותא דלתתא" (ההתעוררות התחתונה) מחוללת "אתערותא דלעילא" (התעוררות עליונה). אברהם קושר את עצמו לספירת מלכות, וקשירה זו עצמה היא ביטוי של ספירת יסוד. אז הוא נמסר בידיה של ספירת יסוד, דבר המתבטא בברית שבבשרו. או אז הוא ראוי לזכות בספירת מלכות "במקומו".

עוד על "סגולות מלכים" ראו להלן סימן פט.

סימן עט

מכיוון שמקובל לזהות בין "שמיעה" לבין הבנה, או "בינה", הנביא בדבריו "שָׁמַעְתִּי שִׁמְעֲךָ" (חבקוק ג, ב) מתכוון שהוא הבין את בינת הא־ל. כלומר, בבינתו שלו העמיק הנביא אל תוך ספירת בינה. ספירה זו היא אינסופית, כדברי הפסוק: "אֵין חֵקֶר לִתְבוּנָתוֹ" (ישעיהו מ, כח).

המילה "אוזן" מורכבת משלוש האותיות א', ז', נ'. טיבה של האות אל"ף כבר הוסבר לעיל (סימן ע).

מבין שלוש הספירות העליונות, היחידה שניתן לאחוז בה באופן כלשהו היא ספירת

דְּעָלְמָא אַף הָאֹזֶן אֵין לָהּ קֵץ וְלֹא תִשְׂבַּע דִּכְתִיב (קהלת א, ח) **"וְלֹא תִמָּלֵא אֹזֶן מִשְּׁמֹעַ".**

מַאי טַעֲמָא? מִפְּנֵי שֶׁהָאֹזֶן דְּמוּת אָלֶ"ף[44] **וְהָאָלֶ"ף עִקַּרְהוֹן** [=עִקָּר] **דַּעֲשֶׂרֶת הַדִּבְּרוֹת,**[45] **הִלְכָּךְ "לֹא תִמָּלֵא הָאֹזֶן מִשְּׁמֹעַ".**

44 ראו סימן ע.

45 עשרת הדיברות פותחות במילה "אנכי", המתחילה באל"ף. ראו בר"ר א, י.

פירוש

בינה. לפיכך נאמר שהתורה עושה שימוש במטאפורות והאנשה כדי "לסבר את האוזן", שכן זוהי הדרגה הגבוהה ביותר של הבנתנו (ראו עץ חיים, שער אח"פ, ב). מסיבה זו ממש אנו אומרים "שְׁמַע יִשְׂרָאֵל" (דברים ו, ד).

ראייה ושמיעה מקבילות לספירות חכמה ובינה. אנו יכולים לאחוז בא-ל רק באמצעות הבנה ולא באמצעות חכמה. הדרגה הגבוהה ביותר של הבנתנו היא אפוא ספירת בינה, דרגת ה"אוזן". אולם אפילו כאן קיים שיקוף כלשהו של ספירת כתר, המיוצג באות א' שב"אוזן".

המחבר קובע כי האות אל"ף מהווה את שורשן של עשרת הדיברות. היא האות הפותחת של הדיבר הראשון, והיא מסמלת גם את הראשונה בעשר הספירות, שהיא ספירת כתר.

סימן פ

וּמַאי זַיִ"ן דִּכְתִיב [הַכְּתוּבָה] בַּ[מִּלָּה] אֹזֶן? דְּהָא אָמְרִינַן כָּל מַה שֶּׁבָּרָא הַקָּדוֹשׁ בָּרוּךְ הוּא בְּעוֹלָמוֹ שָׁם שְׁמוֹ מֵעִנְיָנוֹ דִּכְתִיב (בראשית ב, יט) **"וְכֹל אֲשֶׁר יִקְרָא לוֹ הָאָדָם נֶפֶשׁ חַיָּה הוּא שְׁמוֹ", כְּלוֹמַר הוּא גוּפוֹ, וּמְנָלַן דִּשְׁמוֹ גוּפוֹ הַיְנוּ דִּכְתִיב** (משלי י, ז) **"זֵכֶר צַדִּיק לִבְרָכָה וְשֵׁם רְשָׁעִים יִרְקָב", אַטּוּ שְׁמוֹ מְרַקֵּב? אֶלָּא גוּפוֹ, הָכִי נָמֵי גוּפוֹ.**

פירוש

סימן פ

הדבר החשוב הנלמד מכאן הוא ששמו של כל דבר מהווה את מהותו הרוחנית, הקשורה באופן הדוק להוויתו הגשמית.

סימן פא

כְּגוֹן מַאי? כְּגוֹן שֹׁרֶשׁ דְּשִׁי״ן, [הָאוֹת שִׁי״ן]
דּוֹמְיָא [דּוֹמָה לְ] דְּשֹׁרֶשׁ הָאִילָן.[46]
וְ[הָאוֹת רֵישׁ] הוּא מְעֻקָּם כְּשֹׁרֶשׁ הָאִילָן.
וְשִׁי״ן בָּתְרָא [הַשְּׁנִיָּה] מַאי עֲבִידְתֵּיהּ?
לְלַמֶּדְךָ שֶׁאִם תִּקַּח עָנָף וְתִטָּעֵהוּ,
שֶׁנַּעֲשָׂה שֹׁרֶשׁ.
זַיִ״ן [בְּמִלָּה אֹזֶן] מַאי עֲבִידְתֵּיהּ? כְּמִנְיַן
יְמֵי הַשָּׁבוּעַ, לְלַמֶּדְךָ שֶׁכָּל יוֹם יֵשׁ לוֹ כֹּחַ,
וּמַאי עֲבִידְתֵּיהּ הָכָא, לְלַמֶּדְךָ שֶׁ[כְּמוֹ שֶׁ]
יֵשׁ חָכְמָה גְּדוֹלָה בָּאֹזֶן, לְאֵין תַּכְלִית, כָּךְ
יֵשׁ הַכֹּחַ בְּכָל הָאֵיבָרִים.

46 ראו סימנים ו, קיח.

פירוש

סימן פא

הדוגמה כאן היא של שורש האילן. סמל האילן מפותח מאוד בספר הבהיר, ו"שורש האילן" הוא שורש הקיום כולו. הוא מקושר לאותיות שי"ן ורי"ש. בנוגע לאות שי"ן ראו סימנים כו, קיח.

סוף הסעיף מלמד שכל ענף של האילן עשוי להוות שורש ל"אילן" חדש – ניתן

סימן פב

וּמַאי ז׳ כְּנֶגֶד אֵיבָרִים שֶׁבַע שֶׁיֵּשׁ בְּאָדָם, כִּדְכְתִיב (בראשית ט, ו) ״כִּי בְּצֶלֶם אֱלֹהִים עָשָׂה אֶת הָאָדָם״, וּכְתִיב (שם א, כז) ״בְּצֶלֶם אֱלֹהִים בָּרָא אֹתוֹ״, וְכָל אֵיבָרָיו וְכָל חֲלָקָיו.

וְהָאָמַר ו׳ לְמָה הוּא דּוֹמֶה, לְ״עֹטֶה אוֹר כַּשַּׂלְמָה״ (תהלים קד, ה), וְהָא ו׳ אֵינוֹ אֶלָּא בְּו׳ קְצָווֹת.[47]

47 ראו סימן קל.

פירוש

להשיבו שוב ל״ארץ״ ולהשריש אותו שם מחדש.

לאחר האות אל״ף, המייצגת את ספירת כתר ואת גילויה לספירת בינה, מגיעה האות זי״ן, המייצגת את שבע הספירות הבאות. אלו נידונות בסימן הבא.

סימן פב

כאן מופיע ההסבר הבסיסי לכל הביטויים האנתרופומורפיים המופיעים בתנ״ך ובחיבורים נוספים. הגם שאנו יודעים שהא־ל הוא בלתי גשמי לחלוטין, שכן אין לו גוף, דמות או צורה, ״אנו מכנין אותו מבריותיו, לשכך האוזן״ (מכילתא, שמות יט, יח) – כלומר, משתמשים במונחים אנושיים כדי לתארו לאוזניים אנושיות. השימוש במונחים אלו הוא אלגורי, אולם בו בזמן לכל אחד מהם יש משמעות מובחנת בעולם הספירות (ראו בטבלה).

אֲמַר לֵיהּ: בְּרִית מִילָה וְזוּגוֹ שֶׁל אָדָם חֶשְׁבּוֹנוֹ א׳ וּב׳,[48] יָדָיו ג׳, רֹאשׁוֹ וְגוּפוֹ ה׳, שְׁתֵּי שׁוֹקָיו ז׳.[49]

וּכְנֶגְדָּן כַּחוֹתָם בַּשָּׁמַיִם דִּכְתִיב (קהלת ז, יד) **"גַּם אֶת זֶה לְעֻמַּת זֶה עָשָׂה הָאֱלֹהִים",**

פירוש

הספירות וייצוגיהן האנתרופומורפיים

1	כתר	גולגולת, שכל
2	חכמה	המוח הימני
3	בינה	המוח השמאלי, לב
4	חסד	יד ימין
5	גבורה	יד שמאל
6	תפארת	גוף, טורסו
7	נצח	רגל ימין, כליה ימנית, אשך ימין
8	הוד	רגל שמאל, כליה שמאלית, אשך שמאל
9	יסוד	איבר המין
10	מלכות	פה, נקבה

אם כן, משמעו של הפסוק לפיו האדם נברא "בצלם אלהים" היא שהאדם מקביל לספירות במבנה גופו ובמבנה נפשו. הדבר נכון במיוחד לגבי פרצוף זעיר אנפין, שהוא האדם העליון.

עם זאת, לעיל ראינו כי הספירות של זעיר אנפין מיוצגות באות וא"ו, משום שהוא מורכב משש ספירות (וראו גם סימן קל). עולה אפוא השאלה: כיצד ניתן לומר שיש לו שבעה איברים? התשובה היא שספירת

וְהַיְנוּ (שמות לא, יז) **"כִּי שֵׁשֶׁת יָמִים עָשָׂה ה' אֶת הַשָּׁמַיִם וְאֶת הָאָרֶץ", בְּשֵׁשֶׁת לֹא נֶאֱמַר מְלַמֵּד כִּי כָּל יוֹם וָיוֹם יֵשׁ לוֹ כֹּחַ לְבַדּוֹ.**

48 ברית מילה היא ספירת היסוד, בעוד ש"זוגו" היא מלכות. כשסופרים אותן בנפרד יש שבע ספירות תחתונות, אך כשהן נחשבות לאחת יש רק שש.

49 שתי הזרועות הן חסד וגבורה, הגוף הוא תפארת, ושתי הרגליים הן נצח והוד. ראו תיקוני זוהר יז ע"א.

פירוש

מלכות כלולה אף היא במניין, שכן ספירת יסוד וספירת מלכות מחוברות ביניהן.

למילה "אוזן" יש הקשר של התייחדות. בזמן ההתייחדות, כאשר הזכר והנקבה קשורים יחד, הופכת האות וא"ו לאות זי"ן.

הדרשה עדיין קשה להבנה. בספירת שבעת האיברים, במקום לספור את הנקבה כאיבר השביעי נמנה כאן ה"ראש".

אולם למעשה, יש כאן קשר לבת, שכן ספירת חכמה נמשכת למטה באמצעות ספירת מלכות. רק כאשר זעיר אנפין קשור לכלתו אנו זוכים לספירת חכמה, ורק אז נאמר שיש לו ראש. דבר זה קשור לדרשה התלמודית שלפיה האדם אינו שלם כל עוד אין לו אישה.

כאשר זעיר אנפין מיוצג באות וא"ו, יש לו מוח שמאלי בלבד, כלומר – ספירת בינה, בהתאמה לקו הבולט שמאלה בציור ראשה של אות זו. כאשר זעיר אנפין מיוצג באות זי"ן, נוכחים בו הן המוח השמאלי הן המוח הימני – הן ספירת חכמה הן ספירת בינה – בהתאם לצורה הגרפית של אות זו.

כאשר מתקיימות ספירות חכמה ובינה יחד, המיזוג ביניהן יוצר את "דעת", הקושרת אותן לגוף, ולפיכך ניתן למנות גם את ה"ראש". אולם כאשר נוכחת רק ספירת בינה, גם "דעת" לא נמצאת, ומשום שהראש אינו יכול להשפיע על הגוף, הוא אינו נמנה במצב זה של האות וא"ו.

סימן פג

וּמַאי נוּ"ן [בְּמִלָּה אֹזֶן]?
לְלַמֶּדְךָ שֶׁהַמֹּחַ עִקַּר חוּט הַשִּׁדְרָה הוּא, וּמִשָּׁם שׁוֹאֵב הַגּוּף תָּדִיר, וְאִלְמָלֵא חוּט הַשִּׁדְרָה לֹא יִתְקַיֵּם הַמֹּחַ וּבְלִי מֹחַ לֹא יִתְקַיֵּם הַגּוּף.
כִּי כָּל הַגּוּף הוּא לְצֹרֶךְ, וְאִם לֹא יִתְקַיֵּם כָּל הַגּוּף לֹא יִתְקַיֵּם הַמֹּחַ, עַל כֵּן חוּט הַשִּׁדְרָה מֵרִיק לְכָל הַגּוּף מִן הַמֹּחַ, וְהָיָה נוּ"ן בְּתוֹכוֹ.[50]

50 ראו שבת קד ע"א. האות נו"ן כידוע היא כפופה באמצע מילה, וישרה בסופה.

פירוש

סימן פג

לאות נו"ן יש צורה של זי"ן מוארכת, וערכה בגימטריה הוא חמישים.

אם נתבונן בשרטוט (בעמוד הבא) נבחין כי ארבע ספירות ניצבות על קו האמצע: כתר, תפארת, יסוד ומלכות. כאשר "דעת", שהיא מעין ספירה, כלולה אף היא בקו האמצע, הוא כולל חמישה יסודות. מכאן חשיבותה של האות נו"ן: כל אחד מחמשת היסודות הללו מוכפל בעשר, ומגיעים לחמישים, ערכה המספרי של האות נו"ן.

זהו העיקרון של עמוד השדרה, המאחד בין הגוף למוח.

לעיל נאמר שהאות נו"ן היא ספירת בינה (סימן סא). זאת משום שספירת כתר נתפסת רק באמצעות ספירת בינה, המסומלת באוזן. מסיבה זו ראשה של האות נו"ן נוטה מעט שמאלה; הוא מסמן את השפעתה של ספירת בינה. האות נו"ן היא גם האות האחרונה במילה "אוזן".

זהו עקרון ה"בן", כאשר ספירת חכמה, בזמן שהיא מאוחדת עם האות בי"ת, זורמת

פירוש

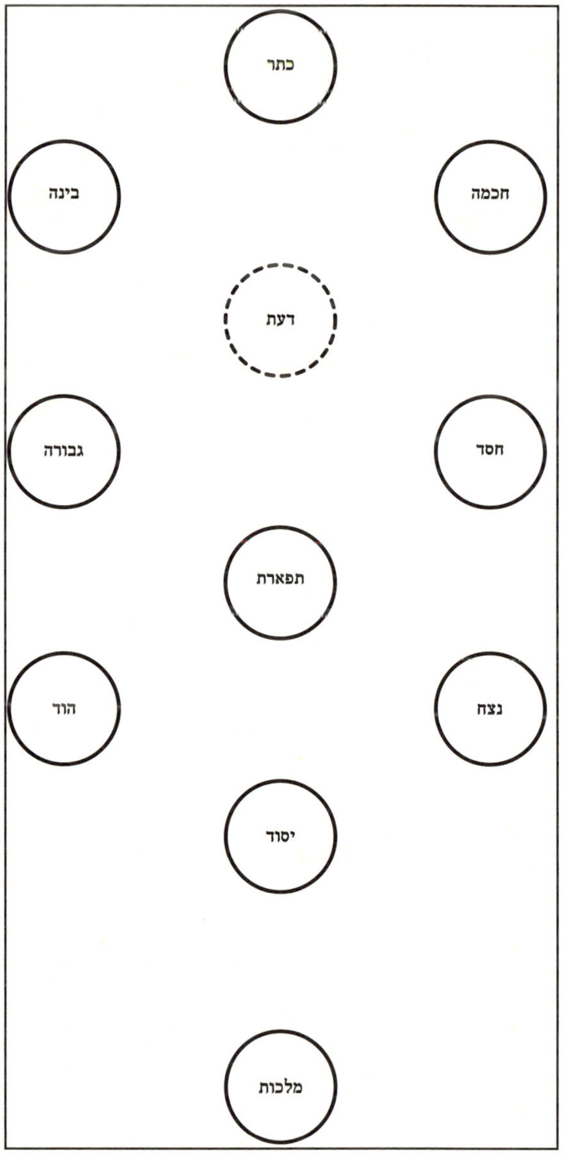

איור 8: הספירות

וְהָא נו״ן זֹאת [בַּמִּלָּה אֹזֶן] אֲרֻכָּה? לְעוֹלָם [הָאוֹת נו״ן] בְּתַשְׁלוּמֵי [בְּסוֹף] הַמִּלָּה, לְלַמֶּדְךָ שֶׁנּו״ן אֲרֻכָּה כּוֹלֶלֶת הַכְּפוּפָה וַאֲרֻכָּה.

אֲבָל כְּפוּפָה יְסוֹד, לְלַמֶּדְךָ שֶׁנּו״ן אֲרֻכָּה כְּלוּלָה מִזָּכָר וּנְקֵבָה.

פירוש

באמצעות האות נו״ן על מנת להיות מבוטאת. ה״בן״ מתייחס בדרך כלל לזעיר אנפין.

בנו״ן הכפופה, המופיעה באמצע מילה, הקו נוטה מעט ימינה ואז מתקפל בחדות אל המרכז. כלומר, הוא נוטה לעבר ספירת נצח ומסתיים בספירת יסוד. ספירת יסוד

איור 9:

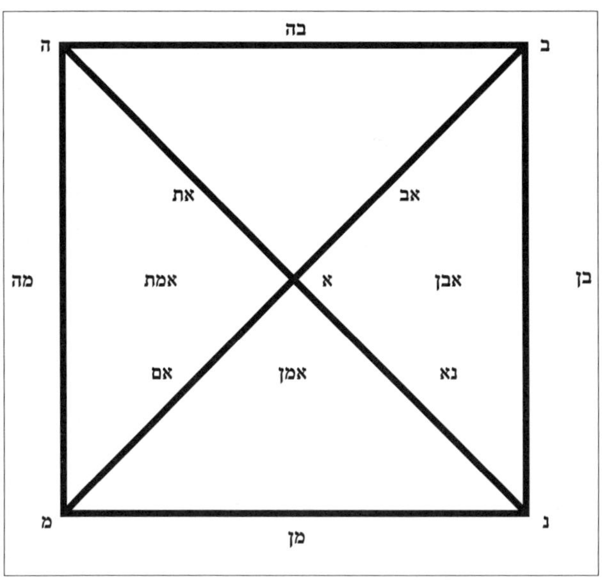

סימן פד

מֵ"ם פְּתוּחָה. מַאי פְּתוּחָה? כְּלוּלָה מִזָּכָר וּנְקֵבָה. מֵ"ם סְתוּמָה לְמַאי? הִיא עֲשׂוּיָה כְּמִין בֶּטֶן מִלְמַעְלָה. וְהָא אָמַר רַבִּי חִיָּיא, הַבֶּטֶן כְּמִין טֵי"ת? הַהִיא דְּאָמַר כְּמִין ט' פָּנִים כָּזֶה ט, אֲנָא דְּאָמְרֵי כְּמִין מֵם בַּחוּץ.

פירוש

היא זו הקשורה להענקה ולהשפעה, ולפיכך נו"ן כזאת מופיעה באמצע מילה, כשהיא יכולה להעניק לאות שבאה אחריה. לעומת זאת, האות נו"ן הישרה "כלולה מזכר ונקבה"; מאחר שהיא מתארכת עד למטה בקו האמצע, היא כוללת בתוכה גם את ספירת מלכות. כשם שספירת מלכות מסמנת את נקודת הסוף, כך גם נו"ן זו היא נו"ן סופית.

סימן פד

האות מ"ם מייצגת את ההווה, שהוא רחם העתיד (ראו סימנים לז, נ). בהיבט החיצוני שלה, האות מ"ם מסמלת את "דעת" ואילו בהיבט הפנימי – את ספירת כתר. הערך של מ"ם בגימטריה הוא ארבעים, המורכב מארבעה צעדים, שכל אחד מהם כולל עשרה היבטים. ארבעת הצעדים הם ספירות כתר, חכמה, בינה ודעת.

בסעיף הבא נראה כי האות מ"ם הפתוחה, המופיעה באמצע מילה, היא הנקבה, ואילו המ"ם הסופית, הסתומה, היא הזכר. עם זאת, שמה של האות מ"ם מורכב משתי המ"מים יחד – "מם" – ולפיכך הוא כולל בתוכו זכר ונקבה יחד. זאת מכיוון שהיא כוללת בתוכה הן את ספירת חכמה הן את ספירת בינה, גם אבא וגם אמא.

האות מ"ם היא רחם פתוח כלפי מטה, על מנת להוליד. לעומת זאת האות טי"ת היא רחם הפתוח כלפי מעלה, כדי לקבל מן הזכר.

במובן אחר, ישנן שתי ספירות נקביות: בינה, האם השמימית, ומלכות, הכלה השמימית. האות מ"ם היא הרחם של ספירת בינה, ואילו האות טי"ת היא הרחם של ספירת מלכות. היות שספירת בינה היא אחת משלוש הספירות העליונות, הנסתרות

סימן פה

וּמַאי מֵ"ם, אַל תִּקְרֵי מֵ"ם אֶלָּא מַיִם מָה הַמַּיִם לַחִים אַף הַבֶּטֶן לַח לְעוֹלָם, וְלָמָּה מֵ"ם פְּתוּחָה כְּלוּלַת זָכָר וּנְקֵבָה וּסְתוּמָה זָכָר, לְלַמֶּדְךָ שֶׁעִקָּר הוּא הַזָּכָר, וְהוּא הוֹסִיף פְּתוּחָה לְשֵׁם נְקֵבָה, וּמָה הַזָּכָר הַזֶּה אֵינוֹ מוֹלִיד אֶלָּא בִּפְתִיחָה אַף מֵ"ם סְתוּמָה אֵינָהּ מוֹלֶדֶת אֶלָּא בִּפְתוּחָה, וּמָה נְקֵבָה יוֹלֶדֶת פְּתוּחָה וּסְתוּמָה אַף מֵ"ם סְתוּמָה וּפְתוּחָה.

פירוש

והטמירות, ניתן לצפות בה רק מבחוץ. ספירת מלכות, לעומתה, היא רחם היקום, ולפיכך ניתן לצפות בה רק מבפנים – אנחנו בתוך האות טי"ת, מתבוננים למעלה, דרך הפתח הקטן שבראשה.

סימן פה

כפי שאמרנו לעיל, המים מייצגים את עקרון השינוי, וזהו גם אחד ממאפייניה המרכזיים של הלידה.

סעיף זה כולל בתוכו את כל סוד המקווה, המשמש לטהרה. המקווה מכיל ארבעים סאה של מים (כערכה הגימטרי של מ"ם), ומייצג אפוא את הרחם. כאשר אדם טובל במקווה הוא כמו נכנס מחדש אל הרחם, וכאשר הוא יוצא ממנו – הוא כמו נולד מחדש.

האות מ"ם מייצגת את ההווה, ואילו המים מייצגים שינוי. ההווה הוא הזירה שבה מתרחשים כל השינויים.

המים מכילים בתוכם ממדים זכריים ונקביים גם יחד. הדבר נרמז בכפילות של המים שמעל הרקיע ובמים שמתחת לרקיע (בראשית א, ז; ירושלמי, ברכות ט, ב). המים הזכריים קשורים לשינוי אקטיבי, לפעולה, בעוד המים הנקביים קשורים לשינוי פסיבי, לתגובה.

סימן פו

ומה ראית לרבות מ"ם בפתיחה וסתימה, משום דאמרינן אל תקרי מ"ם אלא מים, והא אשה קרה על כן צריכה להתחמם בזכר, ומה ראית לרבות נו"ן נקבה דכתיב (תהלים עב, יז) "לפני שמש ינון שמו", בשני נוני"ן, נו"ן כפופה וארכה, וצריך להיות על ידי הזכר והנקבה.

סימן פז

כְּתִיב (קהלת א, ח) "וְלֹא תִמָּלֵא אֹזֶן מִשְּׁמֹעַ", וּכְתִיב (שם) וְ"לֹא תִשְׂבַּע עַיִן לִרְאוֹת", מְלַמֵּד שֶׁשְּׁנֵיהֶם שׁוֹאֲבִים מִן הַמַּחֲשָׁבָה.

וּמַאי מַחֲשָׁבָה? מֶלֶךְ שֶׁצְּרִיכִים לוֹ כָּל מַה שֶּׁנִּבְרָא בָּעוֹלָם, בָּעֶלְיוֹנִים וּבַתַּחְתּוֹנִים.

פירוש

סימן פז
כפי שנידון לעיל, שמיעה היא ספירת בינה ואילו ראייה היא ספירת חכמה. שתיהן נובעות מתוך המחשבה, שהיא ספירת כתר.

סימן פח

וּמַאי הֲוָה הָא דְּאָמְרִינַן "עָלָה בְּמַחֲשָׁבָה",[51] וְלֹא אָמְרִינַן יָרַד? דְּהָא אָמְרִינַן הַמִּסְתַּכֵּל בִּצְפִיַּת הַמֶּרְכָּבָה יֵרֵד וְאַחַר כָּךְ יַעֲלֶה, הָתָם מִשּׁוּם דְּאָמְרִינַן (ישעיהו כא, ח) **"וַיִּקְרָא אַרְיֵה עַל מִצְפֶּה ה'".**

51 ראו למעלה סימן טז. מקור הביטוי בתלמוד הבבלי ברכות סא ע"א, מנחות כט ע"ב.

פירוש

סימן פח

עקרון ה"מחשבה" דומה לעלייה – לא משנה כמה גבוה הגעת, תמיד אפשר להמשיך ולעלות עוד יותר. לפיכך נעשה שימוש במילה "עלה" ביחס למחשבה.

בעוד אין הגבלה לגובה שאדם יכול להגיע אליו, במרחב סופי כמו כדור הארץ ישנו גבול לכמה יכול אדם לרדת מטה. קיימת הגבלה למידת העומק שבה ניתן לחקור את אותו מרחב.

ידע הוא ביטוי של המחשבה. לא משנה כמה הוא עמוק, תמיד ניתן להתעמק בו. אולם אל המחשבה עצמה לא ניתן לחדור לכל עומקה.

באופן דומה, המרכבה היא רק ביטוי של האלוהות ולא האלוהות עצמה, לפיכך היא נקראת "צפייה". היא מורכבת מאלמנטים במחשבתו של הצופה המתקשרים עם הדברים שלא ניתן לראותם. לכן נאמר כי הצופה נמצא מעל אותה "צפייה", מפני שהיא נובעת מתוך מחשבתו שלו.

רעיון ה"סוכה" במשמעות כיסוי כבר הוזכר לעיל (סימן עד), והוא נובע מן הפסוק "יָשֶׁת חֹשֶׁךְ סִתְרוֹ סְבִיבוֹתָיו סֻכָּתוֹ חֶשְׁכַת מַיִם עָבֵי שְׁחָקִים" (תהלים יח, יב). כפי שאמרנו, "שחקים" הם ספירות נצח והוד, שהן מקור החיזיון וההשראה. אולם אלו מתרחשים רק באמצעות אותו כיסוי, "סוכה". המילה

הָכָא בְּמַחֲשָׁבָה, [אֲבָל כַּאֲשֶׁר] לֵית [אֵין] בְּצִפִּיַּת כְּלָל, וְלֵית לֵיהּ תַּכְלִית כְּלָל, וְכָל דְּלֵית לֵיהּ תַּכְלִית וְסוֹף לֵית לֵיהּ יְרִידָה. כִּדְאָמְרִי אֱינָשֵׁי "יָרַד פְּלוֹנִי לְסוֹף דַּעְתּוֹ שֶׁל חֲבֵרוֹ", לֹא לְסוֹף מַחֲשַׁבְתּוֹ.

פירוש

"סוכה" קשורה הן לראייה הן לכיסוי, והיא אפוא מעין כיסוי שניתן לראות דרכו.

כאשר אנו עוסקים ב"מחשבה" של הא־ל הכוונה היא לדרגה שבה הוא "סובב כל עלמין" (סובב את כל העולמות), ואילו המרכבה היא דרגה שבה הוא "ממלא כל עלמין" (ממלא את כל העולמות). אנו יכולים אפוא להתבונן מטה לתוך נשמתנו שלנו כדי לראות אותו.

סימן פט

יָשַׁב רַבִּי אָמוֹרָאֵי וְדָרַשׁ: מַאי דִּכְתִיב סֶגּוֹ"ל?[52]

אָמַר לֵיהּ: סְגֻלָּה שְׁמָהּ כִּדְאִיתָא לְעֵיל, בָּתַר זַרְקָא.

זַרְקָא, מַאי טַעֲמָא? כִּשְׁמוֹ כֵּן הוּא דְּהוּא נִזְרָק כְּגוֹן דָּבָר הַנִּזְרָק וּבַתְרֵיהּ אָתְיָא סְגֻלַּת מְלָכִים וְהַמְּדִינוֹת.

52 הכוונה כאן לטעם המקרא סגו"ל (ולא לניקוד הנקרא בשם זה). זרק"א וסגו"ל הם שני טעמי המקרא הראשונים. ראו פרדס רימונים פרק כט.

פירוש

סימן פט

סימן הניקוד סֶגול נידון לעיל (סימן לו), אולם מלבד זאת סגול הוא גם אחד מסימני הטעמים.

ארבע דרגות הביטוי הן אותיות, תגים, נקודות וטעמים (ראו עץ חיים, שער טנת"א, א, וראו גם בטבלה להלן).

דרגות הביטוי

דרגה	**ביטוי**
עשייה	אותיות
יצירה	תגים
בריאה	נקודות
אצילות	טעמים

כאחד מן הטעמים, סגול נקשר לספירת מלכות, בדומה לזרקא. סגול הוא המצב

סימן צ

מַאי טַעֲמָא [שֶׁהַטַּעַם נִקְרָא זַרְקָא]? דִּכְתִיב (יחזקאל ג, מב) **"בָּרוּךְ כְּבוֹד ה' מִמְּקוֹמוֹ", מִכְּלָל דְּלֵיכָּא דְּיָדַע אֶת מְקוֹמוֹ. וְאָמְרִינַן שָׁם אַתְגָּא אָזְלָא וְאָתְיָה עַל רֹאשׁ קוֹנֶה, דִּכְתִיב** (בראשית יד, יט) **"קֹנֵה שָׁמַיִם וָאָרֶץ".**

פירוש

של "מעילא לתתא" (מלמעלה למטה) ואילו זרקא הוא "מתתא לעילא" (מלמטה למעלה). אלו מקבילים ל"אתערותא דלעילא" ו"אתערותא דלתתא", ההתעוררות העליונה וההתעוררות התחתונה.

המילה "סגול" באה מן המילה "סגולה". היא מכונה "סגולת מלכים" כי היא מקבלת לתוכה מכל ה"מלכים" שנמצאים מעליה. אותם "מלכים" הם הספירות, כפי שנידון לעיל בסימנים כז, מט.

המילה "זרקא" קשורה לפועל "זרק". היא מסמלת את רעיון ה"אתערותא דלתתא", כמו דבר ה"נזרק" מלמטה כלפי מעלה. אולם כאשר זורקים דבר מה למעלה הוא נופל בחזרה למטה, כלומר – ה"אתערותא דלתתא" מחוללת "אתערותא דלעילא", שהיא "סגולת מלכים".

זרקא הוא הראשון ברשימת הטעמים, ואחריו מגיע הסגול: תחילה צריכה לבוא "אתערותא דלתתא", ורק אז, אחריה, תגיע "אתערותא דלעילא".

סימן צ

ישנם שני פסוקי שבח של המלאכים לא־ל. הראשון הוא: "קָדוֹשׁ קָדוֹשׁ קָדוֹשׁ ה' צְבָאוֹת מְלֹא כָל הָאָרֶץ כְּבוֹדוֹ" (ישעיהו ו, ג), העוסק בהופעת הא־ל, כאשר כבודו, שהוא היבט של ספירת מלכות, ממלא את כל הבריאה. פסוק השבח השני הוא זה המצוטט כאן: "בָּרוּךְ כְּבוֹד ה' מִמְּקוֹמוֹ" (יחזקאל ג, יב). הוא מצביע על האופי הטרנסצנדנטי של הא־ל – אפילו את ה"כבוד", ספירת מלכות, הדרגה הנמוכה ביותר, אפשר לברך רק מרחוק. שתי דרגות אלו הן שנידונו לעיל בתיאור הא־ל כממלא את העולמות וכסובב ומקיף את העולמות (סימן ב).

וּכְדוֹ אָזְלָא [כְּשֶׁזֶּה הוֹלֵךְ], הָוֵי בִּזַרְקָא [הַדָּבָר נִזְרָק]. סֶגוֹל וּסְגֻלָּה בָּתְרָא [בְּעִקְּבוֹת זֹאת] הָוֵי בְּרֹאשׁ כָּל אוֹתִיּוֹת.[53]

53 זרקא היא ראש הטעמים כאמור.

פירוש

המילה "ברוך" מצביעה על ההיבט של הא־ל כממלא את העולמות (ראו סימן ג). אולם הדבר מגיע מ"מקומו" של הא־ל, כלומר מן הצד שלו כ"מקומו של עולם", כסובב את העולמות. משמעות הפסוק "ברוך כבוד ה' ממקומו" היא אפוא כי יש למשוך מטה את ההיבט של הא־ל כ"סובב כל עלמין" כדי שהוא יהפוך ל"ממלא כל עלמין".

בין שני ההיבטים הללו, "ממלא כל עלמין" ו"סובב כל עלמין", ניצבים העולמות עצמם, שבהם הא־ל מסתתר באמצעות רעיון הצמצום (ראו ליקוטי מוהר"ן, תורה סד, ב). תפקידה של ה"זרקא" הוא לחצות את התהום הזאת, ומכיוון שאדם אינו יכול לעשות זאת, עליו "להיזרק" מעליה. כך אנו מושכים אור מן המרחב של "סובב כל עלמין" אל זה של "ממלא כל עלמין", שאותו אנו יכולים לתפוס באמצעות צפייה במרכבה. זוהי הסגולה.

הן הממלא הן הסובב קשורים למילה "כבוד", המסמלת את ספירת המלכות. שני היבטים אלו מיוצגים בהתאמה על ידי הזרקא והסגול, שני הטעמים המסמלים את ספירת מלכות. הראשון "זורק" מחשבה כדי שתגיע לדרגת ה"סובב", ואילו האחר הוא "סגולה" של דרגת ה"ממלא".

המחבר מוסר זאת בשפה מסתורית למדי, המופיעה גם בתלמוד (בבלי חגיגה יג ע"ב). הכתר הוא מסובב, מקיף, כמו כתר המקיף את הראש. כינוי הא־ל "קונה שמים וארץ" משמעו שהא־ל שולט על הדברים כולם באמצעות השגחתו, וזוהי דרגת ה"ממלא". אנחנו מביאים אפוא את הכתר, שהוא "סובב", אל הראש – ספירת חכמה, ברכה – שהוא דרגת "ממלא". מילות הפסוק מלמדות שרעיון ה"קונה" קשור לברכה: "בָּרוּךְ אַבְרָם לְאֵל עֶלְיוֹן, קֹנֵה שָׁמַיִם וָאָרֶץ" (בראשית יד, יט).

סימן צא

וּמַאי טַעֲמָא הִיא בְּסוֹף תֵּבָה וְאֵינָהּ בְּרֹאשָׁהּ?
לְלַמֶּדְךָ שֶׁאוֹתָהּ תַּגָּא עוֹלָה עַד לְמַעְלָה לְמַעְלָה
וּמַאי מַשְׁמַע דְּהַאי תַּגָּא לִישָּׁנָא אֶבֶן יְקָרָה הִיא מְכֻלֶּלֶת מְעֻטֶּרֶת דִּכְתִיב (תהלים קיח, כב) **"אֶבֶן מָאֲסוּ הַבּוֹנִים הָיְתָה לְרֹאשׁ פִּנָּה", וְעוֹלָה עַד הַמָּקוֹם אֲשֶׁר נֶחְצְבָה מִמֶּנּוּ דִּכְתִיב** (בראשית מט, כד) **"מִשָּׁם רֹעֶה אֶבֶן יִשְׂרָאֵל".**

פירוש

סימן צא

ההטעמה מופיעה בסוף המילה, מה שמרמז שהיא למעשה נמצאת בדרגה הנמוכה ביותר. אולם ה"כתר", הסובב, עולה מעלה מעלה לאין קץ, בדומה לעקרון ה"עלייה", שנידון לעיל.

הסיבה לכך היא שספירת כתר קשורה באופן קרוב לספירת מלכות, שכן הכתר הוא "כתר מלכות". אף שהראשונה היא הספירה הגבוהה ביותר, והאחרונה היא הספירה הנמוכה ביותר, הן מחוברות לפי העיקרון "נעוץ תחילתן בסופן" (ספר יצירה א, ז). יתרה מכך, כל הבריאה, אפילו הדרגות הגבוהות ביותר, אינה אלא ספירת מלכות של האינסוף, וזהו סוד הפסוק: "מַלְכוּתְךָ מַלְכוּת כָּל עֹלָמִים" (תהלים קמה, יג).

האבן המוזכרת כאן נקראת "דר" והיא נידונה להלן בסימן קצ.

סימן צב

וְהָא דְּאָמַר מַאי טַעֲמָא אָנוּ מְטִילִין תְּכֵלֶת בַּצִּיצִית? וּמַאי טַעֲמָא שְׁלֹשִׁים וּשְׁתַּיִם[54]?

מָשָׁל לְמָה הַדָּבָר דּוֹמֶה? לְמֶלֶךְ שֶׁהָיָה לוֹ גַּן נָאֶה וְלוֹ ל"ב נְתִיבוֹת וְשָׂם שׁוֹמֵר עֲלֵיהֶם וְהוֹדִיעַ לוֹ לְבַדּוֹ אוֹתָן הַנְּתִיבוֹת. אָמַר לוֹ: "שָׁמְרֵם וְלֵךְ עֲלֵיהֶם בְּכָל יוֹם וּבְכָל זְמַן שֶׁתִּדְרְכֵם [=שֶׁתִּדְרֹךְ בָּהֶם] שָׁלוֹם לְךָ". וּמֶה עָשָׂה אוֹתוֹ הַשּׁוֹמֵר, שָׂם

54 בציצית ישנן ארבע כנפות, ובכל אחת מהן שמונה פתילים, בסך הכול 32.

פירוש

סימן צב

הדיון חוזר עתה לל"ב הנתיבות, שהופיעו לראשונה בסימן סג. כאן מוצעת הקבלה ביניהן ובין שלושים ושניים החוטים שבציצית.

את חוטי הציצית (במדבר טו, לח) מחברים לטלית או ל"טלית קטן" שלובשים על הגוף לאורך כל היום. המילה "ציצית" באה מן הפועל להציץ, שכן היא מושא להתבוננות מעמיקה. על חוטי הציצית מצווה התורה: "וְהָיָה לָכֶם לְצִיצִת וּרְאִיתֶם אֹתוֹ וּזְכַרְתֶּם אֶת כָּל מִצְוֹת ה'... וְלֹא תָתֻרוּ אַחֲרֵי לְבַבְכֶם וְאַחֲרֵי עֵינֵיכֶם" (שם לט).

הטלית מכסה את כל הגוף, ופתילי הציצית משתלשלים ממנה לצד הרגליים. כפי שהזכרנו לעיל, שתי הרגליים מקבילות לספירות נצח והוד, שהן מקור הנבואה והחיזיון. פתילי הציצית מייצגים אפוא את

שׁוֹמְרִים אֲחֵרִים עֲלֵיהֶם, אָמַר "אִם אֲנִי לְבַדִּי בְּאֵלֶּה הַנְּתִיבוֹת אִי אֶפְשָׁר לְשׁוֹמֵר אֶחָד לְקַיֵּם כָּל אֵלֶּה הַנְּתִיבוֹת, וְעוֹד כִּי יֹאמְרוּ הָעוֹלָם כִּי לִי הוּא מֶלֶךְ זֶה וְשׁוֹמֵר זֶה". לְכָךְ שָׂם שׁוֹמֵר זֶה שׁוֹמְרִים אֲחֵרִים לְכָל הַנְּתִיבוֹת. אֵלֶּה הֵם ל"ב נְתִיבוֹת.

פירוש

החיזיון המיסטי. הם מורכבים משלושים ושניים חוטים, המקבילים לל"ב נתיבות חכמה, שהן הדרכים העולות מעלה. חוטי הציצית נקראים "שומרי" הדרך כיוון שמטרתם, כפי שאומרת התורה במפורש, היא למנוע מחשבות המסיטות מן הדרך: "וְלֹא תָתֻרוּ אַחֲרֵי לְבַבְכֶם וְאַחֲרֵי עֵינֵיכֶם".

פתיל התכלת שבציצית היה נצבע בצבע מיוחד שהיה מופק מ"חילזון", שהוא כנראה ארגמון קהה קוצים. פתיל התכלת נתפס כמושא להתבוננות מיסטית: "תכלת דומה לים וים דומה לרקיע ורקיע דומה לכסא הכבוד" (ראו להלן סימן צו). באמצעותו יכול אדם לנסוק מן הממד הארצי אל הממד השמימי וממנו אל הטרנסצנדנטי.

גדילי הציצית נקשרים לכל אחת מארבע כנפות הטלית, כשבכל גדיל יש שמונה חוטים, ובסך הכול – שלושים ושניים חוטים.

ארבעת הגדילים מייצגים את ארבעת העקרונות היסודיים בכל אחד מארבעת העולמות: ארבעת היסודות החומריים בעולם העשייה; ארבעת המלאכים – מיכאל, גבריאל, אוריאל ורפאל – בעולם היצירה, עולם המלאכים; ארבע רגליו של כיסא הכבוד בעולם הבריאה; וארבע אותיות שם הויה בעולם האצילות, שהוא עולם הספירות.

ארבעת הגדילים מחוברים לטלית המכסה את הגוף, המייצגת את ה"חשמל" הנזכר ביחזקאל א, ד. בתורות הקבליות החשמל הוא הלבוש שמגן מקליפות הרוע, הנזכרות אף הן באותו פסוק: "רוּחַ סְעָרָה... עָנָן גָּדוֹל וְאֵשׁ מִתְלַקַּחַת". כפי שעולה מן הפסוקים, יחזקאל נדרש לעבור דרך הקליפות הללו כדי לזכות לחיזיון, המתחיל במראה החשמל. אם כן, באמצעות חוטי הציצית ניתן להגיע אל החשמל הפנימי.

סימן צג

וּמַאי טַעֲמָא דִתְכֵלֶת? אָמַר הַשּׁוֹמֵר:
"שֶׁמָּא יֹאמְרוּ הַשּׁוֹמְרִים הָאֵלֶּה הַגַּן
שֶׁלָּנוּ הוּא", נָתַן לָהֶם סִימָן, וְאָמַר לָהֶם
"רְאוּ זֶה סִימָן שֶׁל מֶלֶךְ שֶׁהוּא שֶׁלּוֹ הַגַּן
הַזֶּה וְאֵלֶּה הַנְּתִיבוֹת הוּא תִּקְּנָם וְאֵינָם
שֶׁלִּי, וְהִנֵּה חוֹתָמוֹ".
מָשָׁל לְמָה הַדָּבָר דּוֹמֶה? לְמֶלֶךְ
וּבִתּוֹ שֶׁהָיוּ לָהֶם עֲבָדִים וּבִקְּשׁוּ לֵילֵךְ

פירוש

סימן צג

פתיל התכלת הוא סמל של ספירת מלכות, המצביעה על כך שהא־ל מולך על כל הנתיבות והדרכים.

המשל הוא למלך שמבקש "לילך למרחוק" – זוהי הנוכחות האלוהית כאשר היא יורדת למטה, כדי שניתן יהיה לחזות בה. העבדים יראים מפני המלך וחוששים לטעות, ולפיכך הוא נותן להם סימן, שהוא הציצית.

שבעת הפתילים הלבנים שבציצית מקבילים לשבעת החלקים המרכיבים את זעיר אנפין, כמו שהזכרנו לעיל בסימן פב. פתיל התכלת קשור לספירת מלכות, הבת, ובו בזמן הוא גם מצביע על ספירת בינה (ראו להלן סימן צו).

לְמֵרָחוֹק. פָּחֲדוּ [הָעֲבָדִים] מֵאֵימַת
הַמֶּלֶךְ. נָתַן לָהֶם הַמֶּלֶךְ סִימָנוֹ. [הֵם גַּם]
פָּחֲדוּ מִן הַבַּת, נָתְנָה לָהֶם סִימָן, אָמְרוּ
מֵעַתָּה מִשְּׁנֵי סִימָנִים אֵלֶּה[55] (תהלים קכא, ז)
"יִשְׁמָרְךָ מִכָּל רָע" וְ"יִשְׁמֹר אֶת נַפְשֶׁךָ".

55 החוטים הלבנים הם הסימן של המלך, בעוד שהכחולים הם הסימן של בתו, שהיא ספירת המלכות. זאת בעקבות דעת הרמב"ם שרק אחד משמונת החוטים הוא כחול. ראו היד החזקה, ציצית א, ו. עם זאת, הראב"ד (שם), טוען ששישה חוטים הם לבנים ושניים כחולים. הדבר מפריך בבירור את הדעה של ההיסטוריונים המייחסת את הבהיר לראב"ד או לתלמידיו.

סימן צד

יָשַׁב ר' אָמוֹרָאֵי וְדָרַשׁ: מַאי דִּכְתִיב (מלכים א' ח, כו) "הִנֵּה הַשָּׁמַיִם וּשְׁמֵי הַשָּׁמַיִם לֹא יְכַלְכְּלוּךָ":

מְלַמֵּד שֶׁע"ב שֵׁמוֹת יֵשׁ לוֹ לְהַקָּדוֹשׁ בָּרוּךְ הוּא[56] וְכֻלָּם קְבוּעִם בַּשְּׁבָטִים דִּכְתִיב (שמות כח, י) "שִׁשָּׁה מִשְּׁמֹתָם עַל הָאֶבֶן הָאֶחָת וְאֶת שְׁמוֹת הַשִּׁשָּׁה הַנּוֹתָרִים עַל הָאֶבֶן הַשֵּׁנִית כְּתוֹלְדֹתָם",

56 ראו סימנים ק, קז. וכן - אותיות דרבי עקיבא, בתי מדרשות (ירושלים תשכ"ח), עמ' שס. שמים ושמי שמים (הנזכרים בפסוק הפותח את הסימן) מציינים שלוש רמות: הציר, הספירה והלב. ראו פרדס רימונים כא, ו. כל אחד מהם כולל כד שמות. ראו סימן צה. שיטת גזירת שבעים ושניים השמות נמצאת בסימן קי.

פירוש

סימן צד

ל"ב הנתיבות מורכבות מעשרים ושתיים אותיות הא"ב ומעשר הספרות. עשר הספרות מקבילות לעשר הספירות, ואילו עשרים ושתיים האותיות מתחלקות ל־3 "אמות", 7 "כפולות", ו־12 "פשוטות". שלוש האמות הן שלושת קווי היסוד האופקיים שבעץ הספירות, ואילו שבע הכפולות הן שבעת הקווים האנכיים. שתים עשרה הפשוטות הן האלכסונים (ראו איור 10 בעמ' 151).

שלוש האמות ושבע הכפולות מקבילות גם לעשר הספירות. שלוש האמות הן שלוש הספירות הגבוהות, ואילו שבע הכפולות הן שבע הספירות הנמוכות יותר. נותרו שתים עשרה הפשוטות, המקבילות לשנים עשר האלכסונים.

הקביעה הראשונה היא שכל אחת

וּכְתִיב (יהושע ד, ט) "וּשְׁתֵּים עֶשְׂרֵה אֲבָנִים הֵקִים" וגו', [הִקִּישׁ] מָה אֵלֶּה אַבְנֵי זִכָּרוֹן אַף אֵלֶּה אַבְנֵי זִכָּרוֹן, לְי"ב שְׁבָטִים וּשְׁתֵּים עֶשְׂרֵה אֲבָנִים [כְּשֶׁבְּכָל אַחַת מֵהֶן שֵׁשׁ שֵׁמוֹת], הֵם ע"ב כְּנֶגֶד ע"ב שֵׁמוֹת שֶׁל הַקָּדוֹשׁ בָּרוּךְ הוּא.

וּמַאי טַעֲמָא הִתְחִיל בִּשְׁתֵּים עֶשְׂרֵה? לְלַמֶּדְךָ שֶׁי"ב מַנְהִיגִים יֵשׁ לוֹ לְהַקָּדוֹשׁ בָּרוּךְ הוּא וּבְכָל אֶחָד וְאֶחָד שִׁשָּׁה כֹּחוֹת. וּמַאי הֵם? ע"ב שֵׁמוֹת כְּנֶגֶד ע"ב לְשׁוֹנוֹת.[57]

57 אלו שבעים האומות המוזכרות בבראשית י', ולכל אחת מהן משגיח משלו. ראו תרגום יונתן לבראשית יא, ז-ח; דברים לב, ח. למשמעות השניים הנוספים, ראו סימן קסז.

פירוש

משתים עשרה הפשוטות הללו מורכבת משישה "שמות". ששת השמות מקבילים לששת הכיוונים במרחב תלת־ממדי. כל אחד מן השתים עשרה הוא אפוא מכלול מרחבי שלם העומד בפני עצמו.

שנים עשר שבילי האלכסון עצמם נמצאים בעולם הספירות, שהוא עולם האצילות. בעולם כיסא הכבוד, שהוא עולם הבריאה, הם משתקפים בשנים עשר הכיוונים, שהם המלאכים. על המלאכים־שרפים הללו אמר ישעיהו: "וָאֶרְאֶה אֶת אֲדֹנָי יֹשֵׁב עַל כִּסֵּא רָם וְנִשָּׂא... שְׂרָפִים עֹמְדִים

פירוש

מִמַּעַל לוֹ שֵׁשׁ כְּנָפַיִם שֵׁשׁ כְּנָפַיִם לְאֶחָד" (ישעיהו ו, א-ב). הוא מתאר את המלאכים הניצריח בעולם כיסא הכבוד.

לכל אחד מן המלאכים ה"מנהיגים" הללו יש שש כנפיים, המקבילות לששת הכוונות שיש לו בעולם היצירה, עולם המלאכים שמתחת לכיסא הכבוד. כל אלו יחד יוצרים שבעים ושניים (ע"ב) כוחות.

כל אחד מן הכוחות המלאכיים הללו הוא שומר של אחת משבעים ושתיים האומות, המקבילות לשבעים ושתיים הלשונות. הם מהווים השתקפות של הכוחות העליונים בעולם הגשמי.

כפי שהוזכר לעיל, אף על פי שעולם העשייה מכיל גם את העולם הגשמי, מדובר בראש ובראשונה בהיבט הרעיוני של העולם הגשמי. לכן בעולם העשייה מוזכרות שבעים ושתיים הלשונות ולא האומות עצמן. הלשון, השפה, אינה ישות גשמית אלא אלמנט רעיוני מופשט, והיא מייצגת את שבעים ושתיים הדרכים לבטא רעיונות ארציים.

במובן עמוק יותר, לכל אחת משבעים ושתיים הלשונות יש שורש בשם הא־ל המורכב משבעים ושניים חלקים. לפיכך, ניתן לעשות שימוש בכל אחת מן הלשונות הללו כדי להיכנס אל תוך מרחב הסוד. הדבר משקף את דברי אליהו במדרש: "מעיד אני עלי את השמים ואת הארץ: בין ישראל בין עכו"ם, בין איש בין אשה, בין עבד ובין שפחה – הכל לפי המעשה שהוא עושה כך רוח הקודש שורה עליו" (ותנא דבי אליהו רבה, פרק ט).

שבעים ושניים אלמנטים אלו נמצאים בכל ארבעת העולמות, מה שמביא למספר 288, מכאן חשיבותם של 288 (רפ"ח) ניצוצות של קדושה הנמצאים בבריאה (ראו עץ חיים, שער ו פ"ח ניצוצין).

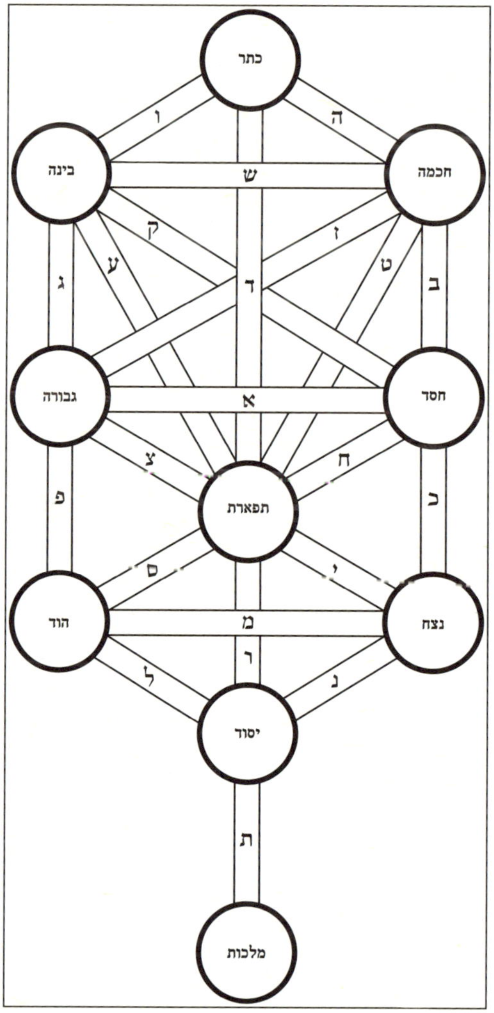

איור 10: ל"ב הנתיבות

סימן צה

וְאִילָן אֶחָד יֵשׁ לוֹ לְהַקָּדוֹשׁ בָּרוּךְ הוּא,
וּבוֹ י״ב [גְּבוּלֵי] אֲלַכְסוֹן:
גְּבוּל מִזְרָחִית דְּרוֹמִית, גְּבוּל מִזְרָחִית
צְפוֹנִית
גְּבוּל מִזְרָחִית רוּמִית, גְּבוּל מִזְרָחִית
תַּחְתִּית
גְּבוּל מַעֲרָב צְפוֹנִית, גְּבוּל מַעֲרָב
דְּרוֹמִית,

פירוש

סימן צה

האילן הוא המרחב של הספירות, המחוברות על ידי ל״ב נתיבות, שבילים, כפי שמופיע בשרטוט בעמ׳ 175. השרטוט מכיל שנים עשר שבילים אלכסוניים, המקבילים לשנים עשר כיווני האלכסון.

כפי שמודגש בספר יצירה (פרק ה), שנים עשר שבילים אלו מקבילים גם לשנים עשר המזלות, שנים עשר החודשים בשנה ושנים עשר תפקודיו המרכזיים של הגוף. הם מקבילים גם לשנים עשר השבטים ולשנים עשר הצירופים שבהם ניתן לכתוב את ארבע אותיות השם המפורש.

נאמר כאן כי הכיוונים הללו הולכים ומתרחבים לאינסוף, ״עדי עד״. כדי לנסות ולחדור לאותו אינסוף, יכול האדם להתחבר אל האילן וכך להגיע לשביליו. לכן נאמר בציטוט מספר יצירה: ״ובהם בפנים הוא אילן״.

הם מכונים ״זרועות עולם״, מונח השאול מן הפסוק: ״וּבְגַאֲוָתוֹ שְׁחָקִים. מְעֹנָה אֱלֹהֵי קֶדֶם וּמִתַּחַת זְרֹעֹת עוֹלָם״ (דברים לג, כו-כז). כפי שנזכר בכמה מקומות (ראו סימן א), המונח ״שחקים״ מתייחס תמיד לספירות נצח והוד, שתי הספירות הקשורות לנבואה ולהשראה.

הפסוק מתאר את הא־ל כ״אלוהי קדם״, כנצחי וכניצב מעל החלל והזמן. ״קדם״

גְּבוּל מַעֲרָב רוֹמִית גְּבוּל מַעֲרָב תַּחְתִּית,
גְּבוּל צְפוֹנִית רוֹמִית, גְּבוּל צְפוֹנִית תַּחְתִּית,
גְּבוּל דְּרוֹמִית רוֹמִית, גְּבוּל דְּרוֹמִית תַּחְתִּית
וּמַרְחִיבִין וְהוֹלְכִין עַד עֲדֵי עַד, וְהֵם זְרוֹעוֹת עוֹלָם.58

58 כמו שתים עשרה הפאות של קובייה. לגבי העץ ראו סימן קיט.

פירוש

מתייחס בדרך כלל לספירת כתר. הא־ל מכונה כאן "מעונה", כלומר – מעון, שכן הוא כולל גם את החלל והזמן. לפיכך מתחת למדרגה זו נמצאות "זרועות עולם", אינסופיותם של הגבולות האלכסוניים המגדירים את החלל.

כפי שנידון לעיל (בסימן ל), הבריאה מורכבת מחמישה ממדים: חלל (על שלושת הממדים שבו), זמן, שהוא הממד הרביעי, וממד חמישי רוחני (ספר יצירה א, ה). בספר יצירה הם מחולקים לשלושה עקרונות מרכזיים: "עולם", הכולל בתוכו את שלושת ממדי החלל; "שנה", שהיא ממד הזמן; ו"נפש", שהיא הממד הרוחני. כל עשרים ושניים העקרונות הללו, המקבילים לעשרים ושתיים אותיות הא"ב, משתקפים בכל אחת משלוש הקטגוריות האלו.

ספר יצירה קובע כי התלי מולך על ה"עולם", הגלגל – על ה"שנה", והלב – על ה"נפש".

ספר יצירה אף קובע כי לכל אחד משנים עשר הללו יש מקבילה ב"נפש", כלומר באדם – שנים עשר התפקודים המרכזיים של הגוף, הנשלטים על ידי הלב. יש גם שנים עשר מזלות ב"עולם" הנשלטים על ידי התלי, ושנים עשר חודשים ב"שנה" הנשלטים על ידי הגלגל.

כל שלושת המרחבים יחד עולים לכדי

וּבָהֶם בִּפְנִים הוּא אִילָן, וּבְכָל אֵלּוּ
הָאֲלַכְסוֹנִין יֵשׁ כְּנֶגְדָּם פְּקִידִים וְהֵם י״ב,
וְגַם בִּפְנִים בַּגַּלְגַּל יֵשׁ י״ב פְּקִידִים, וְכֵן
בְּלֵב י״ב פְּקִידִים אֵלֶּה שְׁלוֹשִׁים וְשִׁשָּׁה
פְּקִידִים עִם הָאֲלַכְסוֹנִים,
וּלְכָל אֶחָד יֵשׁ שַׂר אֶחָד כְּדִכְתִיב (קהלת ה, ז) ״כִּי גָבֹהַּ מֵעַל גָּבֹהַּ שֹׁמֵר״
נִמְצָא לְרוּחַ מִזְרָחִית ט׳, לְרוּחַ מַעֲרָבִית
ט׳, לְרוּחַ דְּרוֹמִית ט׳, לְרוּחַ צְפוֹנִית ט׳

פירוש

שלושים ושש, וכיוון שלכל אחד מהם יש מקבילה במקום "גבוה", הסכום הסופי הוא שבעים ושניים.

עם זאת, שורשה של כל התעלות רוחנית הוא הלב, שהוא המולך על ה"נפש". מבין חמשת הממדים, הממד שבו נערך המסע למרחבים המיסטיים הוא ה"נפש". לפיכך מצהיר המחבר שכולם נכללים ב"נפש". ל"ב הנתיבות מתקיימות בתוך הלב (סימן סג).

ס"ד הצורות המוזכרות כאן הן אלו שבהן צפה יחזקאל. בכל אחת מרגלי הכיסא ישנם ארבעה מלאכים, ולכל אחד מהם יש ארבעה "פנים", מה שעולה לכדי שישים וארבעה "פנים" או "צורות" (ראו פרקי דרבי אליעזר, פרק ד).

הלב מכיל את כל השישים וארבע: ל"ב נתיבות של "אתערותא דלתתא" יחד עם ל"ב הנתיבות של "אתערותא דלעילא".

את שישים וארבע הצורות הללו ניתן

וְהַיְנוּ י"ב וְי"ב וְי"ב שֶׁהֵם פְּקִידִים בַּתְּלִי [=צִיר], וּגַלְגַּל [הַשָּׁמַיִם] וְלֵב[59] וְהֵם ל"ו. וְכֻלָּם ל"ו [בִּלְבַד]. וְל"ו שֶׁכֹּחַ אֶחָד יֵשׁ לָהֶם, וְכֹחַ כָּל אֶחָד וְאֶחָד בַּחֲבֵרוֹ. וְאַף עַל פִּי שֶׁי"ב בְּכָל אֶחָד וְאֶחָד מִן הַשְּׁלֹשָׁה כֻּלָּם אֲדוּקִין זֶה בָּזֶה. וְ[לָכֵן] כָּל הַשְּׁלֹשִׁים וְשִׁשָּׁה כֹּחוֹת הַנִּמְצָאוֹת בָּרִאשׁוֹנָה שֶׁהוּא תְּלִי. וְאִם

59 הפקידים הללו מוזכרים בספר יצירה (פ"ו, א-ב), והם מקבילים ל"עולם" (מרחב), "שנה" (זמן), "נפש", בהתאמה.

פירוש

להבין רק באמצעות הלב, שהוא בממד ה"נפש". השבעה הבאים נשלמים באמצעות מעגל השבוע, שהוא בממד ה"זמן", שעליו שולט הגלגל. אלו מקבילים לשבע הספירות התחתונות.

האחרון קשור לחלל – הנקודה היחידה בחלל שדרכה יכול הא־ל לזרוח. זוהי ה"שכינה", ספירת מלכות כשהיא מתגלמת בעולם הגשמי שיש בו חלל. זהו "יתרון" העולם, הממד הנוסף שנתפס רק על ידי הנצחי.

המהר"ל מפראג, המקובל הגדול, שעליו סופר כי יצר גולם, פירש זאת כך. העולם מורכב משישה כיוונים – שניים בכל אחד משלושת ממדיו. מסיבה זו נברא העולם בשישה ימים. שבת, היום השביעי, היא נקודת המרכז, המאחדת את ששת הכיוונים ואת ששת הימים. המספר שבע

תִּדְרְשֵׁם בַּלֵּב תִּמְצָא אוֹתָם עַצְמָם לְכָל אֶחָד י״ב.[60]

וְכֻלָּם אֵינָם יוֹתֵר מִל״ו צוּרוֹת וְכֻלָּם נִשְׁלְמוּ בְּל״ב נְתִיבוֹת,[61] מָסוּר לַלֵּב וְנִשְׁאֲרוּ ד׳.

וְהֵם [32 וְעוֹד 32] ס״ד צוּרוֹת. וּמְנָלַן דְּמָסוּר לֵב לַלֵּב [=שֶׁמְּחַבְּרִים אֶת שְׁנֵי הַלְ״בָבוֹת]? דִּכְתִיב (שם) ״כִּי גָבֹהַּ מֵעַל גָּבֹהַּ שֹׁמֵר״, אִם כֵּן הַיְנוּ ס״ד.

פירוש

מייצג אפוא את שלמות הבריאה, ולכן הוא מופיע בהקשרים כה רבים בתורה. זוהי הנקודה של ספירת מלכות.

הדרגה המתעלה מעל העולם הגשמי היא שמונה. מסיבה זו, למשל, ברית המילה נערכת ביום השמיני, כיוון שהיא מאפשרת לנימול למשוך נשמה מהמרחב השמימי, שמעל לעולם. כך גם שמונת חוטי

חָסֵר ח׳ לְע״ב שְׁמוֹתָיו שֶׁל הַקָּדוֹשׁ בָּרוּךְ הוּא, וְהַיְנוּ דִּכְתִיב (שם) ״וּגְבֹהִים עֲלֵיהֶם״, וְהֵם ז׳ יְמֵי הַשָּׁבוּעַ וְחָסֵר א׳ וְהַיְנוּ דִּכְתִיב (שם ח) ״וְיִתְרוֹן אֶרֶץ בַּכֹּל הִיא״. וּמַאי יִתְרוֹן? מְקוֹם יִתְרוֹן שֶׁמִּשָּׁם נֶחְצַב הָאָרֶץ, וְהוּא יִתְרוֹן מִמַּה שֶּׁהָיָה, וּמַאי נִיהוּ יִתְרוֹן כָּל דָּבָר שֶׁבָּעוֹלָם כְּשֶׁאַנְשֵׁי הָעוֹלָם רְאוּיִים לָקַחַת מִמֶּנּוּ מְזוֹנָם אָז הוּא יִתְרוֹן.

60 הערת המתרגם: כאן נשמט משפט המופיע בדפוסים – ״נמצא לג׳ ל״ו וחוזרת חלילה, נמצא כוח כל אחד בחברו הלכך כל אחד ל״ו״.

61 ראו סימנים סג, קו.

פירוש

הציצית ושמונת נרות חנוכה. זהו ״יתרון הארץ״.

שבעת הימים מייצגים את שבע הספירות התחתונות, ואילו השמינית היא ספירת בינה, השער אל שלוש הספירות העליונות. מסיבה זו היא נקראת ״יתרון״.

סימן צו

וּמַאי נִיהוּ אֶרֶץ שֶׁנֶּחְצַב מִמֶּנָּה הַכֹּל וְנֶחְצַב מִמֶּנּוּ שָׁמַיִם?

הוּא כִּסְאוֹ שֶׁל הַקָּדוֹשׁ בָּרוּךְ הוּא, וְהוּא אֶבֶן יְקָרָה, וְהִיא יַם הַחָכְמָה וּכְנֶגְדָּהּ תְּכֵלֶת בַּצִּיצִית.

דְּאָמַר ר' מֵאִיר:[62] מַה נִּשְׁתַּנָּה תְּכֵלֶת מִכָּל מִינֵי צְבָעִים? מִפְּנֵי שֶׁהַתְּכֵלֶת דּוֹמָה

פירוש

סימן צו

הגם ש"ארץ" מזוהה בדרך כלל עם ספירת מלכות, ישנה "ארץ" גבוהה יותר, המזוהה עם ספירת בינה. הארץ התחתונה נקראת "שכינה תחתונה", והארץ העליונה נקראת "שכינה עליונה". שתי דרגות אלו מקבילות לשתי האותיות ה"א המופיעות בשם המפורש – ספירת בינה היא הה"א הראשונה, וספירת מלכות היא הה"א האחרונה. הארץ התחתונה נחצבה מתוך הארץ העליונה.

ארץ עליונה זו מזוהה עם כיסא הכבוד, הנמצא בעולם הבריאה. בהתאם להקבלה בין הספירות לבין העולמות, עולם הבריאה מקביל לספירת הבינה.

זהו גם "ים החכמה". ה"ים" הוא תמיד סמל נקבי, בדרך כלל – ספירת מלכות. אולם "ים החכמה" הוא הנקביות הקשורה לספירת חכמה, כלומר – ספירת בינה. הוא מזוהה כאן עם פתיל התכלת שבציצית.

הכיסא הוא ספירת בינה. זהו אותו "כיסא רם ונשא" שראה ישעיהו. אולם "כיסא הכבוד" נקשר לספירת מלכות, שכן

לַיָּם וְיָם דּוֹמֶה לָרָקִיעַ וְרָקִיעַ דּוֹמֶה לְכִסֵּא הַכָּבוֹד שֶׁנֶּאֱמַר (שמות כד, י) "וַיִּרְאוּ אֵת אֱלֹהֵי יִשְׂרָאֵל וְתַחַת רַגְלָיו כְּמַעֲשֵׂה לִבְנַת הַסַּפִּיר וּכְעֶצֶם הַשָּׁמַיִם לָטֹהַר", וְאוֹמֵר (יחזקאל א, כו) "כְּמַרְאֵה אֶבֶן (הַ)סַּפִּיר דְּמוּת כִּסֵּא".

62 מנחות מג ע"ב.

פירוש

"כבוד" קשור תמיד לספירה זו. העולם של הכיסא, שהוא עולם הבריאה, נובע מספירת בינה. אולם בה בעת, זוהי הדרגה הנמצאת תחת הספירה האחרונה בעולם האצילות, כלומר ספירת מלכות. מכאן שמו "כיסא כבוד" – הוא כיסא ל"כבוד", שהוא ספירת מלכות.

אם כן, פתיל התכלת שבציצית מכיל סמלים הן של ספירת בינה הן של ספירת מלכות. הספירה המרכזית הקשורה לצבע הכחול היא ספירת מלכות, שכן כחול הוא צבע המלוכה (סימן צג). אולם הוא גם מביע את הדרגה השמינית, זו שמעל הארציות, שהיא ספירת בינה. כאשר שני אלמנטים אלו מתחברים יחד, הדרגה השמינית מכונה "כסא הכבוד", שכן ספירת המלכות, השכינה, מתגלה בעולם באמצעות אותה דרגה שמעל לעולם הארצי.

ספירת מלכות מכונה "אבן יקרה", שכן היא מקבלת את שאר הספירות ומשקפת אותן כמו יהלום המשקף אור לבן ואת הצבעים כולם (ראו סימן קמו).

סימן צז

יָשַׁב ר׳ בֶּרֶכְיָה וְדָרַשׁ: מַאי דִּכְתִיב (שמות כה, ב) ״וְיִקְחוּ לִי תְּרוּמָה״, כָּךְ אָמַר הַקָּדוֹשׁ בָּרוּךְ הוּא: ״הָרִימוּ אוֹתִי בִּתְפִלּוֹתֵיכֶם״. וּמִי הוּא אוֹתוֹ שֶׁנְּדָבוֹ לִבּוֹ לְהִמָּשֵׁךְ מִן הָעוֹלָם הַזֶּה, כִּי בּוֹ אֲנִי שָׂמֵחַ שֶׁיָּדוּעַ לוֹ שְׁמִי, וּמִמֶּנּוּ רָאוּי לָקַחַת אֶת תְּרוּמָתִי שֶׁנֶּאֱמַר (שם ב) ״וְזֹאת הַתְּרוּמָה״, וּכְתִיב ״מֵאֵת כָּל אִישׁ אֲשֶׁר יִדְּבֶנּוּ לִבּוֹ תִּקְחוּ אֶת תְּרוּמָתִי״, מֵאוֹתוֹ הַמִּתְנַדֵּב.

דְּאָמַר ר׳ רְחוּמַאי: אִלְמָלֵא הַצַּדִּיקִים וְהַחֲסִידִים שֶׁבְּיִשְׂרָאֵל שֶׁמְּרִימִין אוֹתִי עַל כָּל הָעוֹלָם בִּזְכוּתֵיהֶן וּמֵהֶן מִתְפַּרְנֵס הַלֵּב וְהַלֵּב מְפַרְנְסָן.

פירוש

סימן צז
התרומה הנידונה כאן היא זו שנתנו בני ישראל לבניית המשכן במדבר, לאחר יציאת מצרים.

התפילה היא ״נדבת הלב״, ולכן היא אחת הדרכים המרכזיות לקרב את הלב כלפי מעלה ולפתוח את ל״ב הנתיבות (ראו סימן קג).

סימן צח

וְכָל הַצּוּרוֹת הַקְּדוֹשׁוֹת מְמֻנּוֹת עַל כָּל הָאֻמּוֹת וְיִשְׂרָאֵל קְדוֹשִׁים נוֹטְלִין גּוּף הָאִילָן וְלִבּוֹ.

מַה לֵּב שֶׁהוּא הֲדַר פְּרִי הַגּוּף, אַף יִשְׂרָאֵל פְּרִי עֵץ הָדָר.

מָה אִילַן תָּמָר עֲנָפָיו סְבִיבָיו וְלוּלָבוֹ בָּאֶמְצַע אַף יִשְׂרָאֵל נָטְלוּ גּוּף הָאִילָן זֶה שֶׁהוּא לִבָּן, וּכְנֶגֶד הַגּוּף חוּט הַשִּׁדְרָה בָּאָדָם שֶׁהוּא עִקַּר הַגּוּף. וּמַה לּוּלָב לוֹ

פירוש

סימן צח

מתוך שבעים ושניים, שבעים מתייחסים לשבעים אומות העולם, ואילו השניים האחרונים לישראל ולשטן (ראו סימן קסז).

הפרי המוזכר כאן הוא האתרוג, אחד מארבעת המינים הניטלים בחג הסוכות, לצד לולב, הדס וערבה, כפי שיידון להלן (סימן קעו).

אם סופרים את כל הפרים המוקרבים במהלך חג הסוכות (הנזכרים בבמדבר כט, יב-לד), מגיעים למספר שבעים. בגמרא נאמר כי פרים אלו מכפרים על שבעים האומות (בבלי סוכות נו ע"ב).

לעומת זאת, המצווה שעם ישראל מקיים בחג הסוכות כרוכה בדברים הנלקחים מן העץ: האתרוג, הלולב, ההדס והערבה. עם ישראל נוטל אפוא את האילן עצמו.

ביד ימין נוטל האדם את הלולב יחד עם

לֵב כְּתִיב מָסֹרֶת כִּי לוּלָב הֵם ל״ו ל״ב,
וּמַה לֵּב, זֶה שְׁלֹשִׁים וּשְׁתַּיִם נְתִיבוֹת
פְּלָאִים חָכְמָה בּוֹ אַף בְּכָל נָתִיב מֵהֶן
צוּרָה שׁוֹמֶרֶת דִּכְתִיב (בראשית ג, כד)
״לִשְׁמֹר אֶת דֶּרֶךְ עֵץ הַחַיִּים״.

פירוש

ההדס והערבה, ואלו מייצגים את גוף האילן. ״לב״ האילן הוא האתרוג, ואותו נוטלים ביד שמאל, כנגד הלב.

חג הסוכות מאפשר באופן מיוחד ליטול את האילן ולאחוז בו. לכן נקבעה ״שמחת בית השואבה״, שבמסגרתה נשאבו מים לשם ״ניסוך המים״, מעין הקרבה של מים על המזבח במהלך חג הסוכות. הגמרא אומרת שהחגיגה כונתה ״שמחת בית השואבה״ מפני ששאבו בה ״רוח הקודש״ (ירושלמי סוכה ה, א).

כפי שנאמר לעיל (סימן צב), על כל אחת מן הדרכים הללו ניצב שומר. עץ החיים הוא אילן הספירות, המרחב שבו נפרסות ל״ב הנתיבות.

סימן צט

וּמַאי נִיהוּ צוּרוֹת? דִּכְתִיב (שם) "וַיַּשְׁכֵּן מִקֶּדֶם לְגַן עֵדֶן אֶת הַכְּרֻבִים וְאֵת לַהַט הַחֶרֶב הַמִּתְהַפֶּכֶת לִשְׁמֹר אֶת דֶּרֶךְ עֵץ הַחַיִּים", וּמַאי וַיַּשְׁכֵּן מִקֶּדֶם לְגַן עֵדֶן? וַיַּשְׁכֵּן בְּאוֹתָן הַנְּתִיבוֹת שֶׁקָּדְמוּ לְאוֹתוֹ מָקוֹם הַנִּקְרָא גַּן עֵדֶן וְשֶׁקָּדַם לַכְּרוּבִים דִּכְתִיב (שם) "אֶת הַכְּרֻבִים", וְשֶׁקָּדַם לְלַהַט דִּכְתִיב (שם) "וְאֵת לַהַט הַחֶרֶב הַמִּתְהַפֶּכֶת", שֶׁקָּדַם.

פירוש

סימן צט

הצורות הן הכרובים, שהם ה"חיות", כפי שכינה אותם הנביא יחזקאל (י', טו). אותן "חיות" היו הדבר הראשון שראה יחזקאל בחזיונותיו (יחזקאל א', ה).

וְהָכְתִיב שָׁמַיִם וְאֵשׁ קָדְמוּ[63] דִכְתִיב (שם מו) **"יְהִי רָקִיעַ בְּתוֹךְ הַמָּיִם וִיהִי מַבְדִיל בֵּין מַיִם לָמָיִם", וּכְתִיב** (שם ח) **"וַיִּקְרָא אֱלֹהִים לָרָקִיעַ שָׁמָיִם", וּמְנָלַן דְשָׁמַיִם הָוֵי אֵשׁ דִכְתִיב** (דברים ד, כד) **"כִּי ה' אֱלֹהֶיךָ אֵשׁ אֹכְלָה הוּא אֵל קַנָּא".**

63 שמים היא מילה המורכבת מאש ומים, ראו סימן נט.

סימן ק

וּמְנָלַן דְּשָׁמַיִם הַקָּדוֹשׁ בָּרוּךְ הוּא? דִּכְתִיב (מלכים א׳ ח, לב) ״וְאַתָּה תִּשְׁמַע הַשָּׁמַיִם״, אַטּוּ שְׁלֹמֹה הִתְפַּלֵּל אֶל הַשָּׁמַיִם שֶׁיִּשְׁמַע תְּפִלָּתָם, אֶלָּא אוֹתוֹ שֶׁנִּקְרָא שְׁמוֹ עַל הַשָּׁמַיִם דִּכְתִיב (שם כז) ״הַשָּׁמַיִם וּשְׁמֵי הַשָּׁמַיִם לֹא יְכַלְכְּלוּךָ״, הֲוֵי שְׁמוֹ שֶׁל הַקָּדוֹשׁ בָּרוּךְ הוּא.

וְהָוֵי אֵשׁ, וְאָמַרְתָּ קָדֵם? אֶלָּא אֵימָא כֹּחָם קָדֵם שֶׁל אוֹתָם צוּרוֹת שֶׁל הַמָּקוֹם הַהוּא וְאַחַר כָּךְ הַצּוּרוֹת הַקְּדוֹשׁוֹת הָהֵם. וּמַאי נִיהוּ כֹּחָם? כְּמָה דְּאַתְּ אָמַר (שמואל א׳ ב, ב) ״אֵין קָדוֹשׁ כַּה׳ כִּי אֵין בִּלְתֶּךָ וְאֵין צוּר כֵּאלֹהֵינוּ״.

פירוש

סימן ק

״הקדוש ברוך הוא״ הוא השם המתייחס לזעיר אנפין, המורכב משש ספירות המכונות ״שמים״ (ראו סימן ל).

סימן קא

יָשַׁב ר' בֶּרֶכְיָה וְדָרַשׁ: מַאי לוּלָב דְּאָמְרִינַן אֶלָּא ל"ו מָסוּר לַלֵּב. וְהֵיאַךְ? אָמַר לָהֶם: שְׁלֹשָׁה שָׂרִים הֵם: תֶּלִי וְגַלְגַּל וְלֵב, וְכָל אֶחָד וְאֶחָד י"ב, חָזְרוּ בִּשְׁלֹשָׁה כְּמִנְיַן ל"ו וּבָהֶם שֶׁמְּקַיֵּם הָעוֹלָם דִּכְתִיב (משלי ג, כה) "וְצַדִּיק יְסוֹד עוֹלָם".[64]

64 ישנם ל"ו צדיקים, שעליהם עומד העולם (סוכה מה ע"ב). הספירה "יסוד" הנזכרת בפסוק המצוטט נקראת גם "צדיק", ונרמזת על ידי הלולב. הלולב מקביל לעמוד השדרה, המזוהה גם עם איבר המין הזכרי. ראו סימן קנה.

פירוש

סימן קא

ניתן לפרש כאן: ל"ו הממונים על הלב (ברמז לנאמר בסימן צז), אלו הם ל"ו הצדיקים המקיימים את העולם, ל"ו אנשים ההולכים בל"ב נתיבות החכמה.

סימן קב

תָּנָא עַמּוּד אֶחָד יֵשׁ מִן הָאָרֶץ עַד לָרָקִיעַ וְצַדִּיק שְׁמוֹ, עַל שֵׁם הַצַּדִּיקִים וּכְשֶׁיֵּשׁ צַדִּיקִים בָּעוֹלָם הָעַמּוּד מִתְגַּבֵּר וְאִם לָאו מִתְחַלֵּשׁ, וְהוּא סוֹבֵל הָעוֹלָם דִּכְתִיב (שם) "צַדִּיק יְסוֹד עוֹלָם", וְאִם חָלַשׁ לֹא יוּכַל לְהִתְקַיֵּם הָעוֹלָם, הִלְכָּךְ אֲפִילּוּ אֵין בָּעוֹלָם אֶלָּא צַדִּיק אֶחָד מַעֲמִיד הָעוֹלָם שֶׁנֶּאֱמַר "וְצַדִּיק יְסוֹד עוֹלָם".

פירוש

סימן קב

גם כאן "רקיע" מסמל את זעיר אנפין, ואילו "ארץ" את ספירת מלכות. אולם במובן כללי יותר, "ארץ" היא העולם הארצי ואילו "רקיע" הוא המרחב השמימי. האדם המבקש לעלות מעלה צריך לנוע תמיד בנתיב שמספירת מלכות לספירת יסוד. משרטוט הספירות ניכר כי בעוד שבין הספירות השונות ישנם שבילים מקשרים רבים, קיים רק נתיב אחד המוביל מעל לספירת מלכות, הספירה התחתונה – זהו הנתיב המוביל לספירת יסוד. נתיב זה מכונה "עמוד" ו"צדיק", והוא מיוצג באות תי"ו.

כשם שנתיב זה הוא הדרך היחידה מעלה, הוא גם הדרך היחידה למטה, המוליכה את כל הברכות וההזנה הרוחנית. דרך זו מתחזקת כאשר ישנם צדיקים בעולם, וכשהם נעדרים – היא חלשה. מאחר

לְפִיכָךְ קְחוּ תְּרוּמָתִי מִמֶּנּוּ תְּחִלָּה
וְאַחַר כָּךְ "וְזֹאת הַתְּרוּמָה אֲשֶׁר תִּקְחוּ
מֵאִתָּם", מֵאֵת הַשְּׁאָר.
וּמַהוּ? "זָהָב כֶּסֶף וּנְחֹשֶׁת".

פירוש

שהמציאות מתקיימת רק בזכות כוח היצירה של הא־ל השופע בדרך זו, העולם אינו יכול לשאת זאת כשהיא חלשה.

רק הצדיקים יכולים להציע את הלב, ולפיכך נאמר: "מֵאֵת כָּל אִישׁ אֲשֶׁר יִדְּבֶנּוּ לִבּוֹ" (שמות כה, ב). את התרומה הארצית מביאים אנשים אחרים.

סימן קג

דָּבָר אַחֵר: "וְיִקְחוּ לִי תְּרוּמָה", וְיִקְחוּ לַקֹּדֶשׁ תְּרוּמָה שֶׁהִיא י' [לִי = לְ-י']
וְהוּא עֲשִׂירִי.
וּמְנָלַן דַּעֲשִׂירִי קֹדֶשׁ? דִּכְתִיב (ויקרא כז, לב) **"הָעֲשִׂירִי יִהְיֶה קֹדֶשׁ", וּמַאי נִיהוּ קֹדֶשׁ? דִּכְתִיב** (יחזקאל מד, ל) **"וְרֵאשִׁית כָּל בִּכּוּרֵי כֹל וְכָל תְּרוּמַת כֹּל" וגו', וּכְתִיב** (תהלים קיא, י) **"רֵאשִׁית חָכְמָה יִרְאַת ה'", אַל תִּקְרֵי יִרְאַת ה' אֶלָּא וְיִרְאַת ה'.**

פירוש

סימן קג

האות יו"ד מייצגת את ספירת חכמה, והיא מקבילה גם לחכמה האנושית. ל"ב הנתיבות הן בראש ובראשונה דרכי חכמה.

כמו שהזכרנו קודם, ל"ב הנתיבות נמצאות בלב, שם מסתיימת התגלותה של ספירת בינה ומתחילה להתגלות ספירת חכמה (סימן סג). רעיון התרומה הוא שהאדם מרים את עצמו באמצעות ספירת החכמה, כדי להתהלך בל"ב הנתיבות.

כפי שכותב הזוהר (ח"ג, כח ע"א; רלה ע"ב), אותיות ה"חכמה" מרכיבות את המילים "כוח מה" – כוחו של "מה", או לחלופין "כח כלשהו". במובן הראשון הכוונה היא לכוחה של השאלה, המוליכה מעבר למה שמצליחה לאחוז ספירת הבינה. במובן השני הכוונה היא לכוח בלתי מוגדר, פוטנציאל שלא ניתן לתופסו בספירת בינה, שהיא הדרגה הנמוכה יותר, ולפיכך יש לחוות אותו בפני עצמו. זהו אפוא הכוח של האדם לחוות, שכן החכמה נבנית מתוך חוויה. כאשר אדם הולך בדרכי החכמה הוא מתחיל עם הלב, שהוא בינה, אולם לאחר מכן הוא הולך מעבר לכך, לחוויה של חכמה, שאותה לא ניתן להבין.

סימן קד

שָׁאֲלוּ תַּלְמִידָיו אֶת ר׳ אֱלִיעֶזֶר: רַבֵּנוּ, מַאי דִּכְתִיב (שמות יג, ב) ״קַדֶּשׁ לִי כָל בְּכוֹר״ וְכִי הַקָּדוֹשׁ בָּרוּךְ הוּא בְּכוֹר? אָמַר לָהֶם: אֵין ״קַדֶּשׁ לִי כָל בְּכוֹר״ אֶלָּא שֵׁנִי בַּקֹּדֶשׁ.[65]

וְנִקְרָא עַל שֵׁם יִשְׂרָאֵל דִּכְתִיב (שם ד, כב) ״בְּנִי בְכֹרִי יִשְׂרָאֵל״, כִּבְיָכוֹל עִמָּהֶם הָיָה בִּשְׁעַת הַשִּׁעְבּוּד.

פירוש

סימן קד
מצוות שילוח הקן, המופיעה בתורה, אומרת שאם אדם מוצא קן ובו ביצים או אפרוחים, עליו לשלח את הציפור האֵם בטרם ייקח משהו מן הקן. ההסבר המופיע כאן למצווה זו חוזר כמה פעמים בספר הזוהר.

ספירת בינה היא זו הקודמת לשבע הספירות התחתונות, המקבילות לשבעת ימי

וְהַיְנוּ דִּכְתִיב (דברים כב, ז) ״שַׁלֵּחַ תְּשַׁלַּח אֶת הָאֵם [וְאֶת הַבָּנִים תִּקַּח לָךְ]״[66] וגו׳, וְלֹא אָמַר שַׁלֵּחַ תְּשַׁלַּח אֶת הָאָב? אֶלָּא תְּשַׁלַּח אֶת הָאֵם, בִּכְבוֹד אוֹתָהּ שֶׁנִּקְרֵאת ״הָעוֹלָם״, שֶׁנֶּאֱמַר (משלי ב, ג) ״כִּי אִם לַבִּינָה תִקְרָא״.

65 זוהי ספירת חכמה; ראו סימן קמב. גם כאן, המילה ״לי״ יכולה להקרא גם ל־י׳.

66 מדובר כאשר אדם מוצא קן ובו גוזלים.

פירוש

הבריאה. ספירת בינה היא העתיד, הנקודה האחרונה של רצף הזמן, ולפיכך היא מייצגת את סיומו של עקרון הזמן. רק מנקודת המפגש שבין ספירות חכמה ובינה, העבר והעתיד, הקיום הנוכחי כפי שאנו מכירים אותו יכול להיווצר (ראו סימן ל). בריאה יכולה להתקיים רק בתוך הקשר של זמן, ולכן היא מתוארת במניין של ימים.

ספירת בינה היא אפוא האם, הרחם שממנו נולדה הבריאה כולה. היא גם האם שהאצילה מתוכה את שבע הספירות התחתונות.

סימן קה

וּמַאי "וְאֶת הַבָּנִים תִּקַּח לָךְ" (דברים שם)**?**

ר' רְחוּמַאי אוֹמֵר: אוֹתָם בָּנִים שֶׁגִּדְּלָה, וּמַאי נִיהוּ? שִׁבְעַת יְמֵי הַסֻּכּוֹת.[67]

וְהַיְנוּ יְמֵי הַשָּׁבוּעַ שֶׁהֵם שִׁבְעָה [כְּמוֹ שִׁבְעַת יְמֵי הַסֻּכּוֹת]**?**

אִיכָּא בֵּינַיְיהוּ, שֶׁהֵם [יְמֵי הַסֻּכּוֹת] **יוֹתֵר בַּקֹּדֶשׁ, דִּכְתִיב בָּהֶם** (ויקרא כג, לז) **"מִקְרָאֵי קֹדֶשׁ".**

פירוש

סימן קה

כאן נאמר כי ניתן לקחת את שבע הספירות התחתונות אולם יש לשלח את ספירת הבינה. משמעות הדבר היא שאל לו לאדם לחקור מעבר לשבע הספירות התחתונות, וכי אסור אפילו לנסות ולהיכנס אל תחומן של שלוש הספירות העליונות (רדב"ז, מצודת דוד, רו).

לכאורה ניתן לזהות כאן סתירה, שכן מדברים אלו נראה שאסור לחקור את ספירת הבינה, ואילו ממקומות אחרים עולה שספירת בינה היא הדרגה הגבוהה ביותר שניתן להגיע אליה, ושאפילו ספירת חכמה עשויה להיות נגישה.

זו אפוא משמעות הדברים: אף על פי שזעיר אנפין בנוי משש הספירות התחתונות, הוא מבנה שלם בפני עצמו ולפיכך גם בתוכו מתקיימות עשר ספירות. כאשר תיקוני זוהר מצהיר ש"בינה היא הלב", הוא עוסק בספירת בינה כפי שהיא מתבטאת בתוך זעיר אנפין (תיקוני זוהר יז ע"א; עץ חיים, שער פרצופי זכר ונוקבא, ד). אם כן, כאשר ספירת בינה נכנסת לשבע הספירות התחתונות של זעיר אנפין ומתגלה כלב, אזי

וְהַיְנוּ אִם כֵּן עֲצֶרֶת [שָׁבוּעוֹת, שֶׁיֵּשׁ לִפְנֵי שִׁבְעָה שָׁבוּעוֹת, גַּם כֵּן] **דְּהוּא "מִקְרָא קֹדֶשׁ"** (שם לו)**?**

אָמַר לָהֶם: אֵין [כֵּן]**, אֲבָל זֶה אֶחָד וְזֶה שְׁנַיִם דִּכְתִיב** (שמות יב, טז) **"בַּיּוֹם הָרִאשׁוֹן מִקְרָא קֹדֶשׁ וּבַיּוֹם הַשְּׁבִיעִי מִקְרָא קֹדֶשׁ".**[68]

67 ראו סימן עב, חג הסוכות רלוונטי כאן היות שבו מתקיימת מצוות נטילת לולב, עם האתרוג.

68 הפסוק הזה מדבר על פסח. בגירסאות אחרות של הבהיר, מצוטט "היום השמיני" הלקוח מויקרא כג, לה-לו.

פירוש

היא בת השגה. אולם כאשר היא במקומה שלה, כאמו של זעיר אנפין, היא בלתי נגישה ויש "לשלח" אותה (ראו בהקדמה לשער ההקדמות).

ה"בנים" הם שבע הספירות המקבילות לשבעת ימי השבוע. הן גם מקבילות לשבעת ימי סוכות, שכן בחג זה ישראל "שואבים" את רוח הקודש וחווים את אותן שבע הספירות (סימן צח).

לצד ארבעת המינים, שבהם דנו לעיל, המצווה המרכזית בחג הסוכות היא הסוכה עצמה, המורכבת מארבע דפנות ומסכך העשוי מן הצומח. למילים "סוכה" ו"סכה" יש משמעות של ראייה וכיסוי (ראו סימן פח). חג הסוכות הוא אפוא חג החזיונות.

הבית עצמו הוא ספירת חכמה, שכן "בְּחָכְמָה יִבָּנֶה בָּיִת" (משלי כד, ג). בעזרת החכמה שלנו אנו מגיעים למרחבים הגבוהים יותר (סימן קג).

בסכך הסוכה יש חרכים קטנים שדרכם אפשר לראות את השמים. כזה הוא החיזיון – הוא מכוסה וחתום בדרך כלל, וביכולתנו לראותו רק דרך החרכים הצרים. כניסה לתוך ספירת חכמה, המרחב

אֲמַר לֵיהּ: מַאי טַעֲמָא הָוֵי עֲצֶרֶת אֶחָד? מִפְּנֵי שֶׁבּוֹ נִתְּנָה תּוֹרָה לְיִשְׂרָאֵל וּכְשֶׁנִּבְרֵאת הַתּוֹרָה רֵאשִׁית הָיָה הַקָּדוֹשׁ בָּרוּךְ הוּא שַׁלִּיט בְּעוֹלָמוֹ עִמָּהּ יְחִידִי דִּכְתִיב (תהלים קיא, י) "רֵאשִׁית חָכְמָה".

אָמַר הוֹאִיל וְכֵן, קְדֻשָּׁתְךָ יִהְיֶה לְךָ לְבַדְּךָ.

וּמַאי נִיהוּ סֻכּוֹת? אָמַר לָהֶם בַּיִת, דִּכְתִיב (משלי כד, ג) "בְּחָכְמָה יִבָּנֶה בָּיִת", וּמְנָלַן דְּסֻכּוֹת הָוֵי בַּיִת דִּכְתִיב (בראשית לג, יז) "וְיַעֲקֹב נָסַע סֻכֹּתָה וַיִּבֶן לוֹ בָּיִת".

פירוש

שמאפשר לחוות מה שלא ניתן להבנה, היא כמו כניסה לסוכה. הסכך ממעל מכוסה, אולם יש בו חרכים קטנים שדרכם ניתן לראות את האור.

סימן קו

יָשַׁב ר' בֶּרֶכְיָה וְדָרַשׁ: מַאי תֶּלִי? דְּמוּת הוּא שֶׁיֵּשׁ לִפְנֵי הַקָּדוֹשׁ

פירוש

סימן קו

מבין חמשת הממדים שאליהם רומז ספר יצירה, שלושת הממדים המרחביים הם ה"עולם", ה"שנה" – ממד הזמן, וה"נפש" – הממד הרוחני. ה"תלי" הוא השולט בעולם, ה"גלגל" שולט בשנה, ואילו ה"לב" שולט בנפש.

ה"תלי" מייצג את זעיר אנפין, ולפי הקבלה זו משמעותו של הפסוק בשיר השירים (עץ חיים, שער אריך אנפין ה, ג). זעיר אנפין מורכב משש ספירות המקבילות לששת הכיוונים של העולם על שלושת ממדיו.

הפסוק המלא הוא: "רֹאשׁוֹ כֶּתֶם פָּז, קְוֻצּוֹתָיו תַּלְתַּלִּים שְׁחֹרוֹת כָּעוֹרֵב" (שיר השירים ה, יא).

שבע הספירות התחתונות מקבילות לשבעה כוכבים: כוכב חמה, נוגה, מאדים, צדק, שבתאי, השמש והירח (שאר הכוכבים אינם נחשבים לבעלי השפעה על כדור הארץ). ראשו של זעיר אנפין מקביל ל"גלגל הראשון", שכונה גם "הנחש הסובב" או "שביל החלב" על ידי רבים מהקדמונים. לפיכך אומר הפסוק כי "קווצותיו תלתלים".

זוהי גם התבוננות על החלל. בעזרת חתירה לחדור לאינסופיותן של הגלקסיות אדם עשוי לבצע קפיצה מנטאלית אל ראשו ומוחו של זעיר אנפין.

ה"גלגל" הוא המולך ב"שנה", שהיא ממד הזמן. הוא ההווה, הרחם שממנו נולד העתיד.

המילה "גלגל" קשורה גם למחזוריות ומעגליות. גלגל החיים מתחיל מן הרחם ומסתיים בקבר. בלשון התלמוד, המילה "קבר" משמשת גם לתיאור הרחם (ראו אוהלות ז, ד).

הלב הוא המולך ב"נפש", הממד הרוחני. ממד זה מקביל לקו היורד מספירת כתר לספירת מלכות (סימן ל). כפי שנידון לעיל, הלב הוא יסוד של חכמה ובינה המתארך לתוך ה"חזה" של זעיר אנפין. אולם יסוד של חכמה הוא גם לבוש, המכסה בתוכו את היסוד של הכתר. יתרה מזאת, ה"חזה" של זעיר אנפין נמצא באותה דרגה של ראשה של המלכות, הנקבה, ולפיכך לבו של זעיר אנפין מאיר לתוך ראשה של הנקבה. כשם שבאופן כללי ספירת כתר נמצאת מחוץ לראש, גם ה"לב" של זעיר אנפין הוא הכוח שמחוץ לראשה של המלכות, ולפיכך הוא בבחינת "כתר" עבור הנקבה.

בָּרוּךְ הוּא. דִּכְתִיב (שיר השירים ה, יא)
"קְוֻצּוֹתָיו תַּלְתַּלִּים".[69]
וּמַאי גַּלְגַּל? זֶה בֶּטֶן [=רֶחֶם].[70]

69 ה"תלי" מוזכר בספר יצירה ו, א, ב ומשמעות המילה הזו לא ברורה. המילה הדומה היחידה מופיעה בבראשית כז, ג ("וְעַתָּה שָׂא נָא כֵלֶיךָ, תֶּלְיְךָ וְקַשְׁתֶּךָ") ומשמעותה שם אשפת חיצים. מחבר הבהיר מקשר את זה עם המילה תלתלים שבעצמה היא קצת מעורפלת. לפי רש"י, היא נובעת מהשורש תלה (לתלות), בעוד שלדעת אחרים מקורה מהשורש תלל שפירושה "ערימות". ראו אבן עזרא על אתר; רד"ק ספר שרשים "תלל"; זוהר ח"א, דף קכה. לפי מספר חכמים, התלי הוא הקו הדמיוני, הציר שסביבו מסתובבים כל הגופים השמימיים. ראו פרדס רימונים כא, ח; רמח"ל, חוקר ומקובל יג; אברהם בן חייא, צורת הארץ יג (עמ' יז); שבילי אמונה ב (יט טור א). נראה כי דעה דומה מצביעה על כך שזהו כוח הכבידה. ראו רבי יוסף ג'יקטיליה, גינת אגוז עמ' לב. עם זאת, פרשנים אחרים מקשרים את התלי עם נחש בריח, המוזכר בישעיהו ואיוב. ראו אבן עזרא ורלב"ג על איוב כו, יג, רד"ק על ישעיהו כז; ספר שרשים, "נחש". ראו גם הגר"א על ספר יצירה ו, א וכן פירושים על עבודה זרה ג, ג, מרדכי, שם, דרך אמת על זוהר ח"א, דף קכה. בראשית רבה ב, ד. יש המקשרים זאת לקבוצת הכוכבים דרקון, ואחרים מצהירים בבירור שמדובר בשביל החלב. ראו רלב"ג על איוב כו, יג, ניצוצי אורות על זוהר א, טור כה. קול יהודה על הכוזרי ד, כה (עמ' נד) טוען שמשמעות המילה היא נחש. אפשרות אחרת המוצגת שם היא שמשמעותה היא "הפצה" ראו התרגום על ישעיהו מד, כה). ראו גם זוהר ח"א, דף מד. אור הגנוז על הבהיר צה. ספר היצירה קובע שה"תלי" מולך על העולם. לכן הוא המקור של ששת כיווני העולם שבעצמם הם המקבילים של האדם, המקרוקוסמוס. ראו סימן פב. בטקסטים קבליים מאוחרים יותר, הוא מכונה פרצוף של זעיר אנפין. כאן, המחבר מכנה זאת "הדמיון אשר לפני הקדוש ברוך הוא". ראו זוהר ג, טור קלב, קלו, קמ, עץ חיים שער אריך אנפין פרק ה.

70 ראו פירוש רבי משה בוטריל על ספר יצירה, הקובע שיש לתרגם זאת כ"גלגל" ולא כספירה. ספר יצירה ו, ב קובע שזהו המלך על השנה: ההווה הוא הרחם שבו נולד העתיד. חכמה היא העבר, בעוד שבינה, האמא, היא העתיד.

פירוש

מכאן שהלב הוא למעשה הנקודה היסודית של הממד הרוחני, המקשרת בין ספירת כתר לספירת מלכות.

המילה "שמים" מתייחסת תמיד לזעיר אנפין. "לב השמים" הוא אפוא לבו של זעיר אנפין.

וּמַאי לֵב? דִּכְתִיב (דברים ד, יא) "עַד לֵב הַשָּׁמַיִם", וּבוֹ כְּלוּלִים ל"ב נְתִיבוֹת פְּלִיאוֹת חָכְמָה.[71]

71 ראו סימן סג. הלב, הגלגל והתלי הם בהתאמה חכמה, בינה ושבע הספירות הנמוכות יותר. ראו ראב"ד על ספר יצירה ו, א, אור הגנוז על בהיר צה; פרדס רימונים כא, ח.

פירוש

הפסוק המצוטט כאן מתאר את מעמד הר סיני שבו ראה עם ישראל את הקולות, כפי שמוזכר בסימן מז. אכן, הפסוק כאן (דברים ד, יא) הוא הפסוק העוקב לזה שצוטט שם. עם ישראל ראה את "שבעת הקולות", שהם הספירות של זעיר אנפין והנקבה.

הקולות הללו "נראים" באמצעות "לב השמים", כלומר באמצעות עלייה דרך ראשה של המלכות ללבו של זעיר אנפין, המשמש עבורה ככתר.

כפי שהוזכר לעיל (סימן פב), השבעה נספרים יחד כאשר זעיר אנפין והנקבה מאוחדים. ל"ב הנתיבות מקשרות בין הספירות של זעיר אנפין.

במובן אחר, ה"תלי" מייצג את קו האורך, ה"גלגל" מייצג את קו הרוחב, ואילו ה"לב" את הרדיוס. שלושת המרכיבים הללו מייצגים אפוא את שלושת הצירים במרחב הכדורי.

סימן קז

מַאי דִּכְתִיב (במדבר ו, כח) ״יְבָרֶכְךָ ה׳ וְיִשְׁמְרֶךָ, יָאֵר ה׳ פָּנָיו אֵלֶיךָ וִיחֻנֶּךָּ, יִשָּׂא ה׳ פָּנָיו אֵלֶיךָ וְיָשֵׂם לְךָ שָׁלוֹם״?

זֶה שְׁמוֹ שֶׁל הַקָּדוֹשׁ בָּרוּךְ הוּא הַמְּפֹרָשׁ, וְהוּא שֵׁם שֶׁל י״ב דִּכְתִיב יהו״ה יהו״ה יהו״ה.

מְלַמֵּד שֶׁשְּׁמוֹתָיו שֶׁל הַקָּדוֹשׁ בָּרוּךְ הוּא שְׁלֹשָׁה חֲיָלִים, וְכָל חַיִל וְחַיִל אֵינוֹ דּוֹמֶה לַחֲבֵרוֹ, וְשָׁמָן כֻּלָּם בִּשְׁמוֹ, וְכֻלָּם חֲתוּמִים בִּיהו״ה.

פירוש

סימן קז

זוהי ברכת הכהנים, הנאמרת כשהכהנים נושאים את כפיהם ופורסים את עשר אצבעותיהם, המסמלות את עשר הספירות (סימן קכד).

שלושת חלקי הברכה מייצגים את העולם, השנה והנפש. אלו שלוש הדרגות של ההארה הרוחנית – מממד המרחב לממד הזמן ומשם לממד הרוחני.

נקודות הסיום של שלושת הממדים הללו הן זעיר אנפין, ספירת בינה וספירת מלכות. אלו הם שלוש הפעמים שמוזכר השם המפורש בברכת הכהנים. כפי שנידון לעיל, ניתן למלא את השם המפורש בארבע דרכים שונות, המקבילות לארבע דרגות הבריאה (סימן ע). שלוש הדרגות התחתונות מקבילות לשלוש נקודות הסיום, שהן שלושת שמות הא־ל בברכת הכהנים.

אם מתייחסים לשתי אותיות הה״א שבשם המפורש כאותיות שונות, ניתן לצרף

וְהָאֵיךְ?

תִּצְטָרֵף כ"ד עִם הַשֵּׁם יהו"ה, הַיְנוּ אֶחָד יְבָרֶכְךָ ה', וְגַם הַשֵּׁנִי יָאֵר ה' עִם כ"ד שְׁמוֹתָיו שֶׁל הַקָּדוֹשׁ בָּרוּךְ הוּא, וְגַם הַשְּׁלִישִׁי יִשָּׂא ה' עִם כ"ד שְׁמוֹתָיו שֶׁל הַקָּדוֹשׁ בָּרוּךְ הוּא, וְעַתָּה תִּצְטָרֵף עִם כ"ד שְׁמוֹתָיו שֶׁל הַקָּדוֹשׁ בָּרוּךְ הוּא ג' פְּעָמִים וְיִהְיוּ ע"ב שְׁמוֹתָיו שֶׁל הַקָּדוֹשׁ בָּרוּךְ הוּא, וְהַיְנוּ ע"ב הַיּוֹצְאִים מִן (שמות יד, יט-כא) "וַיִּסַּע... וַיָּבֹא... וַיֵּט".

פירוש

את ארבע האותיות של שם זה בעשרים וארבע דרכים. מסיבה זו מקפידים חלק מן המקובלים לכתוב את שתי האותיות ה"א בצורה שונה זו מזו. אם שתי האותיות ה"א אינן שונות, אזי לארבע אותיות השם המפורש יש רק שנים עשר צירופים. כלומר, יש שנים עשר צירופים בכל עולם (=36), אולם יש להכפיל אותם בשניים (כמו בסימן צה). שנים עשר הצירופים הרגילים של שם הא־ל מקבילים לשנים עשר האלכסונים.

כל אחד מן הפסוקים בשמות יד, יט-כא, מכיל שבעים ושתיים אותיות, ושלושת הפסוקים הללו מקבילים גם הם לשלוש הדרגות (ראו סימן קי).

ה"חיילים" המוזכרים כאן הם המלאכים הממונים בעולם הבריאה. בסימן הבא מוזכרים גם ה"שרים", שהם המלאכים של עולם היצירה, וה"גדודים" שהם מלאכי עולם העשייה.

סימן קח

וּמִי הֵם אֵלֶּה הַשָּׂרִים? מְלַמֵּד שֶׁשְּׁלֹשָׁה הֵם.
שֶׁהַגְּבוּרָה שַׂר כָּל הַצּוּרוֹת הַקְּדוֹשׁוֹת
וְכָךְ הוּא מִצַּד שְׂמֹאל שֶׁל הַקָּדוֹשׁ בָּרוּךְ הוּא עוֹמֵד גַּבְרִיאֵל.
וּמִימִינוֹ שַׂר כָּל הַצּוּרוֹת הַקְּדוֹשׁוֹת מִיכָאֵל.
וּבָאֶמְצַע הוּא הָאֱמֶת שַׂר לְכָל הַצּוּרוֹת הַקְּדוֹשׁוֹת.

פירוש

סימן קח

לצד שלוש הדרגות האופקיות קיימים גם שלושת ה"עמודים" האנכיים. עמודים אלו נקראים חסד, דין ומשפט. העמוד הימני, ספירת החסד, מיוצג בעולם המלאכים על ידי מיכאל. העמוד השמאלי, ספירת הגבורה, מיוצג על ידי גבריאל. העמוד האמצעי, ספירת התפארת, מיוצג על ידי אוריאל.

מכאן עולה לכאורה שישנן שבעים ושתיים צורות בעולם היצירה, המוזכרות

וְכָל שַׂר כ"ד צוּרוֹת וְאֵין חֵקֶר לִגְדוּדָיו דִּכְתִיב (איוב כה, ג) "הֲיֵשׁ מִסְפָּר לִגְדוּדָיו". אִם כֵּן הֵם ע"ב וְע"ב.[72]

אָמַר לָהֶם: לֹא תֵימָא. אֶלָּא בְּעֵת שֶׁיִּשְׂרָאֵל מַקְרִיבִין קָרְבָּן לִפְנֵי אֲבִיהֶם שֶׁבַּשָּׁמַיִם מִתְיַחֲדִים, וְהַיְנוּ יִחוּדוֹ שֶׁל אֱלֹהֵינוּ.

72 הכוונה לע"ב של המלאכים ולע"ב של ישראל המוזכרים בסימן קד.

פירוש

כאן, ועוד שבעים ושניים כוחות בעולם הבריאה. אלו שבעולם הבריאה מקבילים לנשמות ישראל, שכן עולם הבריאה הוא דרגתן של הנשמות. אולם התשובה היא שהצורות והכוחות מתייחדים באמצעות הקרבת הקרבנות.

סימן קט

וְאַמַּאי אִקְרֵי קָרְבָּן?
אֶלָּא מִפְּנֵי שֶׁמְּקָרֵב הַכֹּחוֹת הַקְּדוֹשׁוֹת. כִּדְכְתִיב (יחזקאל לז, יז) "וְקָרַב אֹתָם אֶחָד אֶל אֶחָד לְךָ לְעֵץ אֶחָד" וגו', וְאָמַר "לְרֵיחַ נִיחוֹחַ". וְאֵין רֵיחַ אֶלָּא בָּאַף, וְאֵין נְשִׁימָה שֶׁהִיא הָרֵיחַ אֶלָּא בָּאַף. וְאֵין נִיחוֹחַ אֶלָּא יְרִידָה שֶׁנֶּאֱמַר (ויקרא ט, כב) "וַיֵּרֶד" וּמְתַרְגְּמִינָן "וּנְחַת", יוֹרֵד וּמִתְיַחֵד בַּצּוּרוֹת הַקְּדוֹשׁוֹת הָהֵם וּמִתְקָרֵב עַל יְדֵי הַקָּרְבָּן, וְהַיְנוּ דְּאִקְרֵי "קָרְבָּן".

פירוש

סימן קט

הרעיון מאחורי הקרבת בעלי חיים הוא איחוד בין הצד החייתי שבאדם ובין המהות הרוחנית שלו. כשם שבעל החיים המוקרב "מתקרב" לא־ל, כך גם האדם המביא את הקרבן. כפי שנידון לעיל (סימן ה), ה"אף" מקביל לזעיר אנפין ולעולם היצירה. הנשימה, לעומת זאת, יוצאת מן הפה, שהוא ספירת מלכות, הדרגה הנמוכה בעולם האצילות, ולפיכך היא מדרגתו של עולם הבריאה. הרעיון של "ריח ניחוח" מייצג אפוא את הקישור בין עולם הבריאה לעולם היצירה. כאשר קישור זה מתרחש, עולם היצירה – שהוא עולם המלאכים – ודרגת הרוח שבנפש, מתיישרים זה כלפי זה, והדבר עשוי להשפיע על האדם בעולם הארצי. אחת הסיבות לכך היא שזו המדרגה של רוח הקודש, שבה האדם חווה את דרגת

סימן קי

הַשֵּׁם הַיּוֹצֵא מִן הַשְּׁלֹשָׁה פְּסוּקִים "וַיִּסַּע... וַיָּבֹא... וַיֵּט" (שמות יד, יט-כא).[73] הַפָּסוּק הָרִאשׁוֹן כְּסֵדֶר הַפָּסוּק נִסְדָּרוֹת בַּשֵּׁם, וְאוֹתִיּוֹת הַפָּסוּק הַשֵּׁנִי בְּהֵפֶךְ הַפָּסוּק, וְהַפָּסוּק הַשְּׁלִישִׁי שֶׁהוּא "וַיֵּט" כְּסֵדֶר הַפָּסוּק.

וְכָל אֶחָד וְאֶחָד מִן הַפְּסוּקִים ע"ב אוֹתִיּוֹת. נִמְצָא שֶׁבְּכָל שֵׁם וְשֵׁם מֵע"ב

73 ראו פסיקתא זוטרתא על שמות יד, כא, רש"י, סוכה מה ע"א, ד"ה "אני"; אבן עזרא על שמות לג, כא; זוהר ב, רע; פרדס רימונים (כא, ה).

פירוש

הרוח שבנפשו. חוויה זו עשויה לכלול בין השאר תקשורת עם מלאך, שגם הוא נמצא במדרגת הרוח. במקרה כזה נאמר על הנשימה – המכונה "ריח" – שהיא יורדת.

סימן קי

שלושת הפסוקים הם:

"וַיִּסַּע מַלְאַךְ הָאֱלֹהִים הַהֹלֵךְ לִפְנֵי מַחֲנֵה יִשְׂרָאֵל וַיֵּלֶךְ מֵאַחֲרֵיהֶם וַיִּסַּע עַמּוּד הֶעָנָן מִפְּנֵיהֶם וַיַּעֲמֹד מֵאַחֲרֵיהֶם".

"וַיָּבֹא בֵּין מַחֲנֵה מִצְרַיִם וּבֵין מַחֲנֵה יִשְׂרָאֵל וַיְהִי הֶעָנָן וְהַחֹשֶׁךְ וַיָּאֶר אֶת הַלָּיְלָה וְלֹא קָרַב זֶה אֶל זֶה כָּל הַלָּיְלָה".

"וַיֵּט מֹשֶׁה אֶת יָדוֹ עַל הַיָּם וַיּוֹלֶךְ ה' אֶת הַיָּם בְּרוּחַ קָדִים עַזָּה כָּל הַלַּיְלָה וַיָּשֶׂם אֶת הַיָּם לֶחָרָבָה וַיִּבָּקְעוּ הַמָּיִם".

לפי המסורת, משה קרע את ים סוף לשניים באמצעות השם היוצא מן הפסוקים הללו (ראו טבלת שם ע"ב, עמ' 327).

עמוד הענן המוזכר בפסוק הראשון

שֵׁמוֹת הַיּוֹצְאִים מֵאֵלּוּ הַשְּׁלשָׁה פְּסוּקִים
וַיִּסַּע וַיָּבֹא וַיֵּט שָׁלֹשׁ אוֹתִיּוֹת, אֵלֶּה הֵם
"וַיִּסַּע... וַיָּבֹא... וַיֵּט", זֶהוּ שֵׁם הַמְפֹרָשׁ
הַיּוֹצֵא מִמֶּנּוּ וה"ו יל"י סי"ט על"ם וכו',
וְאָסוּר לְהַזְכִּירָם.
אֵלֶּה הֵם ע"ב שֵׁמוֹת הַיּוֹצְאִים
וּמִתְחַלְּקִים לִשְׁלשָׁה חֲלָקִים כ"ד לְכָל
חֵלֶק, וְעַל כָּל חֵלֶק מִשְּׁלשָׁה חֲלָקִים
שַׂר גָּבוֹהַּ עֲלֵיהֶם, וְעַל כָּל חֵלֶק יֵשׁ לוֹ ד'

פירוש

מתייחס לענן המכסה את המסתורין מעינינו. בעזרת שם זה של הא־ל יכול הענן ללכת "מאחריהם", כלומר – מאחורינו, ולהפריד בינינו לבין מצולות הרוע, המופיעות בפסוק כ"מחנה מצרים". הדבר נכון גם לגבי המלאך המאיר את הדרך.

העולם הגשמי נקשר ללילה. באמצעות שם הא־ל הנידון כאן האדם והרוע אינם "קרבים" זה אל זה "כל הלילה". אף שזה עולם של "ענן וחושך", הוא מפיץ אור.

הים רומז לספירת המלכות, הספירה שאליה יש להיכנס לפני שניתן לגשת אל המסתורין. הרוח היא דרגתו של זעיר אנפין, והמזרח ("קדים") הוא תפארת, מקור

רוּחוֹת לִשְׁמֹר מִזְרָח מַעֲרָב צָפוֹן דָּרוֹם, וּמִתְחַלְּקִים שִׁשָּׁה לְכָל רוּחַ, נִמְצָא לְד' רוּחוֹת כ"ד צוּרוֹת, וְכֵן לַשֵּׁנִי וְכֵן לַשְּׁלִישִׁי.

וְכֻלָּם חֲתוּמִים בְּיהו"ה אֱלֹהֵי יִשְׂרָאֵל, אֱלֹהִים, חַיִּים, שַׁדַּי, רָם וְנִשָּׂא, שׁוֹכֵן עַד, מָרוֹם וְקָדוֹשׁ שְׁמוֹ, יהו"ה, בָּרוּךְ שֵׁם כְּבוֹד מַלְכוּתוֹ לְעוֹלָם וָעֶד.[74]

74 ספר יצירה ה, ד; א, א.

פירוש

ה"זרע" (סימן עג). כוח התפארת שבזעיר אנפין פותח את המלכות כך שניתן יהיה להיכנס אליה, ואז אנו יכולים לעבור ביבשה.

קריעת ים סוף הייתה ההכנה היסודית של בני ישראל לקראת החיזיון הגדול מכל החזיונות – ההתגלות במעמד הר סיני.

בעזרת שימוש בשם זה של הא-ל, יכול האדם ללכת באותה דרך. בדרכים השונות להשתמש בשם זה דן ר' אברהם אבולעפיה בחיבוריו "חיי עולם הבא" ו"ספר החשק". ישנו דיון גם בחלק הרביעי (והגנוז) של "שערי קדושה" מאת ר' חיים ויטאל.

סימן קיא

יָשַׁב ר׳ אֲהִילַאי וְדָרַשׁ: מַאי דִּכְתִיב ״ה׳ מֶלֶךְ ה׳ מָלָךְ ה׳ יִמְלֹךְ לְעוֹלָם וָעֶד״?[75] אֶלָּא זֶהוּ הַשֵּׁם הַמְפֹרָשׁ, שֶׁנִּתָּן בּוֹ רְשׁוּת לְצָרֵף וּלְהַזְכִּיר, דִּכְתִיב (במדבר ו, כז) ״וְשָׂמוּ אֶת שְׁמִי עַל בְּנֵי יִשְׂרָאֵל״. וְהוּא שֵׁם שֶׁל י״ב כְּשֵׁם שֶׁל בִּרְכַּת כֹּהֲנִים: ״יְבָרֶכְךָ ה׳״ וגו׳, שֶׁהֵם שְׁלֹשָׁה [שָׁלוֹשׁ פְּעָמִים שֶׁל הַזְכָּרַת שֵׁם ה׳] וְהֵם שְׁתֵּים עֶשְׂרֵה [אוֹתִיּוֹת, אַרְבַּע אוֹתִיּוֹת בְּכָל אֶחָד מִן הַשְּׁלֹשָׁה הַנַּ״ל].
וְנִקּוּדוֹ בּוֹ יִפְעַל יְפוּעַל יִפְעוֹל.[76]

וְכָל הַשּׁוֹמְרוֹ וּמַזְכִּירוֹ וּמְטַהֲרוֹ בִּקְדֻשָּׁה
וּבְטָהֳרָה מְקַבְּלִין תְּפִלָּתוֹ, וְלֹא עוֹד אֶלָּא
שֶׁהוּא אָהוּב לְמַטָּה וּלְמַעְלָה, וְנֶחְמָד
לְמַטָּה וּלְמַעְלָה וְנַעֲנֶה מִיָּד.
וְנֶעֱזָר זֶה הַשֵּׁם הַמְפֹרָשׁ הַנִּכְתָּב עַל מֵצַח
אַהֲרֹן[77]
וְשֵׁם הַמְפֹרָשׁ ע״ב, וּבַשֵּׁם הַמְפֹרָשׁ
שֶׁל י״ב שֶׁמָּסַר הַקָּדוֹשׁ בָּרוּךְ הוּא
לְמסמרי״ה הָעוֹמֵד לִפְנֵי הַפַּרְגּוֹד, וְהוּא
מְסָרָם לְאֵלִיָּהוּ בְּהַר הַכַּרְמֶל וּבִזְכוּתָם
נִתְעַלָּה וְלֹא טָעַם טַעַם מִיתָה.

75 אין זה פסוק בתנ״ך, אלא חלק פסוק מן התפילה. ראו סידור רב עמרם גאון (רב קוק, ירושלים, 1971). עמוד 9. ראו גם היכלות רבתי לא, ד, רוקח שכ.

76 לגרסאות אחרות של ניקוד מילים אלה, ראו אור הגנוז על אתר; תיקוני זוהר ע, קלד, פרדס רימונים כא, ט.

77 הכוונה לציץ המונח על המצח של הכהן הגדול המוזכר בשמות כח, לו-לח.

סימן קיב

וְאֵלּוּ הֵן הַשֵּׁמוֹת הַנִּקְרָאוֹת וּמְפֹרָשׁוֹת וְהַמְפֹאָרוֹת שֶׁהֵם י"ב לְי"ב שִׁבְטֵי יִשְׂרָאֵל: אהציצה"רון אכליתה"רון שמקת"ון דמושהרו"ן וצפצפסיתרו"ן הורמירו"ן ברחיהגאו"ן ער"ש גדראו"ן בסאו"ה מנאהו"ן חזהוי"ה הוהיו"י הא"ה אהי"ה והראיתיהו"ן.[78]

וְכֻלָּם נִכְלָלִים בְּל"ב נְתִיבוֹת הַשָּׁמַיִם וּבָהֶם כָּלוּל זָכָר וּנְקֵבָה, פְּקוּדָיו בְּתֶלִי וְגַלְגַּל וְלֵב, וְהֵם מַעְיְנוֹת הַחָכְמָה.

78 לגירסאות אחרות של שמות המלאכים, ראו אור הבהיר ואור הגנוז על אתר, פרדס רימונים כא, ט. וכן ראו אותיות דרבי עקיבא, שנ, שנג.

פירוש

סימן קיב

סכום האותיות בשמות הללו, אם כותבים אותם נכון ולא מחשיבים את הסיומות, הוא שבעים ושניים. זהו אפוא השם בעל שבעים ושתיים האותיות שבעזרתו ניתן להגיע אל "לב השמים".

השמות הללו אינם מופיעים אלא בטקסטים קבליים, ואין לנו כל הוראות לגבי השימוש בהם. הסיומת "ון" מאפיינת גם שמות מלאכים, כמו מטטרון וסנדלפון (ראו טבלת שם ע"ב, עמ' 327).

סימן קיג

יָשַׁב ר׳ רְחוּמַאי וְדָרַשׁ: מַאי י״ב שִׁבְטֵי יָהּ יִשְׂרָאֵל?
אֶלָּא מְלַמֵּד שֶׁי״ב שְׁבָטִים יֵשׁ לוֹ לְהַקָּדוֹשׁ בָּרוּךְ הוּא.
וּמַאי נִיהוּ? מָשָׁל לְמֶלֶךְ שֶׁהָיָה לוֹ מַעְיָן נָאֶה וּלְכָל אֶחָיו אֵין לוֹ מַיִם אֶלָּא מֵאוֹתוֹ הַמַּעְיָן, וְאֵינָן יְכוֹלִין לִסְבֹּל צָמָא. מַאי עָשָׂה לַמַּעְיָן? עָשָׂה י״ב צִנּוֹרוֹת וּקְרָאָם י״ב שֵׁמוֹת, וְאָמַר אִם יִהְיוּ הַבָּנִים טוֹבִים כַּאֲבוֹתָם יִזְכּוּ וַאֲמַלֵּא הַצִּנּוֹרוֹת,

פירוש

סימן קיג
מתוך עשרים ושתיים הנתיבות המקבילות לאותיות הא״ב, שתים עשרה הן אלכסונים, שאולי מקבילים לשנים עשר שבטי ישראל. אלו הנתיבות שאליהן יכול האדם לקבל גישה בעזרת השמות שנזכרו לעיל.

באמצעות צינורות אלו זורם הכוח האלוהי מן הספירות העליונות לספירות התחתונות. אם כן, כאשר הספירות מחושקות יחד, הן יכולות להשפיע על התרחשויות בעולמות התחתונים. כאשר בני האדם אינם ״זכאים״, הספירות עדיין

יִרְווּ אֲבוֹתָם וְיִשְׁתּוּ הַבָּנִים אַחֲרֵיהֶם, וְאִם לֹא יִזְכּוּ הַבָּנִים וְלֹא עָשׂוּ דְּבָרִים הֲגוּנִים לְפָנַי, הֲרֵי צִנּוֹרוֹת עוֹמְדוֹת לְפָנַי, וּבְעִנְיָן זֶה אֶתֵּן לָהֶם הַמַּיִם, [בִּתְנַאי] שֶׁלֹּא יִתְּנוּ לִבְנֵיהֶם הַרְבֵּה, אַחַר שֶׁאֵינָם עוֹשִׂים רְצוֹנִי.

פירוש

מקבלות ברכות, אולם רק בתנאי שהן לא יעניקו מהן למי שתחתיהן.

עניין זה קשור לשמות שנזכרו לעיל. הערוצים שדרכם ניתן להשתמש בשמות אלו פתוחים רק כאשר ה"בנים" ראויים לכך. לכן אנו מוצאים מקרים רבים שבני אדם היו ראויים לדעת סודות מסוימים, אולם לא הצליחו להשיגם מפני שהדור לא היה ראוי.

ה"צינורות" הם הנתיבות.

המלך כאן הוא ספירת כתר, ו"אחיו" הם שאר הספירות.

סימן קיד

וְהַאי לִישָּׁנָא דְּ'שֵׁבֶט' [הַיָּכוֹל לִהְיוֹת גַּם מַקֵּל]? **דָּבָר פָּשׁוּט הוּא וְלָא מְרֻבָּע. מַאי טַעֲמָא? דְּלֵית אֶפְשָׁר מְרֻבָּע בְּגוֹ מְרֻבָּע אַחֵר, אֶלָּא עִגּוּלָא בְּגוֹ רִבּוּעָא** [=עִגּוּל בְּתוֹךְ רִבּוּעַ] **וְרָהֲטֵי** [=יָכוֹל לָנוּעַ], **וְאִי מְרֻבָּע בְּגוֹ רִבּוּעָא לָא רָהֲטֵי** [=לֹא יָכוֹל לָנוּעַ].

פירוש

סימן קיד

ישנן ארבע דרגות עיקריות של בריאה, המיוצגות בספירת חכמה, ספירת בינה, שש הספירות של זעיר אנפין, וספירת מלכות. כאשר הן מובחנות זו מזו, הן מהוות "מרובע", וכאשר הן אינן מובחנות הן מכונות "עיגול".

מצבים אלו אינם נבדלים במובן האמיתי, הרוחני. רק כאשר הם משתקפים בעולם הגשמי ניתן לראותם כנפרדים.

המרובע הוא אפוא ספירת מלכות, שהיא הדרגה שבה ניתן לראות הכל. זו הדרגה המקבילה לעולם העשייה, שגם מקיפה את העולם הגשמי. העיגול, לעומת זאת, הוא ספירת בינה.

המרובע מייצג גם את הדברים שנוצרו על ידי מעשי האדם, כפי שנאמר בגמרא (ירושלמי נדרים ג, ב). האדם פועל בעולם הגשמי, עולמה של ספירת מלכות. אולם בתוך מעשיו של האדם יכול העיגול, המייצג את הממד הרוחני, לנוע.

המרובע מייצג את עולם העשייה, המרחב של העולם הגשמי, ואילו העיגול מייצג את ספירת הבינה, עולם הנשמות.

סימן קטו

וּמַאי נִיהוּ עִגּוּלָא? הָדֵין נְקֻדָּה דְּאוֹרַיְתָא דְּמֹשֶׁה, דְּאִנְהוּ כֻּלָּהּ עִגּוּלָה. וְדָמְיָן [וְדוֹמוֹת] **בְּאָתְוָתָא** [הַנְּקֻדּוֹת עֲבוּר הָאוֹתִיּוֹת], **לְנִשְׁמְתָא דְּחַיֵּי בְּגוּפָא דֶּאֱינָשָׁא** [לַנְּשָׁמָה בְּגוּף הָאָדָם], **דְּלֵית אֶפְשָׁר לְמַחְיֵי כָּל הֵיכָא דְּלֵית קָיְמָא בְּגַוֵּהּ, וְלֹא לְמִנְקַט מֵמְרָא זוּטָא וְרַבְּתָא בְּלֹא נִשְׁמְתָא כְּוָתֵיהּ, הָדֵין נְקֻדָּה דְּלֵית אֶפְשָׁר לְמִלְּתָא רַבָּא אוֹ זוּטָא לְאִתְאַמְרָא בְּלֹא נְקֻדָּה** [כָּךְ לֹא נִתָּן לוֹמַר דָּבָר גָּדוֹל אוֹ קָטָן בְּלֹא נִקּוּד].

פירוש

סימן קטו
האותיות מייצגות את הגוף, המצוי בעולם העשייה. סימני הניקוד הם הנשמה, המצויה בעולם הבריאה. באמצעות השילוב הנכון בין האותיות לניקוד, לעיצורים ולתנועות, יכול האדם להיכנס למרחב הרוחני (ראו 'חיי עולם הבא').

סימן קטז

וְכָל נְקֻדָּה עִגּוּלָא, וְכָל אָתְיָא [אות] רִבּוּעָא.

וּמִתְקַיְמָא אָתְיָא בִּנְקֻדָּה וְאִינְהוֹן חַיֵּיהוֹן, וְהָדֵין נְקֻדָּה אָתְיָא דֶּרֶךְ הַצִּנּוֹרוֹת לְהָדֵין אָתְיָא עַל יְדֵי רֵיחַ הַקָּרְבָּן, וּמִיָּד יוֹרֵד דִּכְתִיב (ויקרא א, ט) "רֵיחַ נִיחוֹחַ לַה'", שֶׁיּוֹרֵד לַה', הַיְנוּ דִּכְתִיב (דברים ו, ד) "שְׁמַע יִשְׂרָאֵל" וגו'. וְהַמַּשְׂכִּיל יָבִין.[79]

79 אי אפשר "לשמוע" אותיות ללא אותיות ניקוד, הן יכולות להישמע רק כתוצאה מהקרבת הקרבן, שהיא האיחוד. ראו סימן קח.

סימן קיז

אָמַר רַבִּי יוֹחָנָן: מַאי דִּכְתִיב (שמות טו, ג) **"ה' אִישׁ מִלְחָמָה ה' שְׁמוֹ"?**[80] **אֶלָּא "אִישׁ" - סִימָן. כִּדְמִתַּרְגְּמִינָן "ה' אִישׁ מִלְחָמָה" ה' מָארֵי נִצְחָן קְרָבַיָּא** [=אַלּוּף בְּנִצָּחוֹן בַּקְּרָבוֹת].

וּמַאי נִיהוּ מָארֵי? אָלֶ"ף רִאשׁוֹנָה הֵיכְלָא קַדִּישָׁא[81]

הֵיכְלָא קַדִּישָׁא סָלְקָא דַּעְתָּךְ? אֶלָּא אֵימָא הֵיכַל הַקֹּדֶשׁ.

80 ראו סימן כו.

81 ראו סימנים ע, קנה.

פירוש

סימן קיז

האות אל"ף מייצגת בדרך כלל את ספירת כתר (סימן ע). "היכלא קדישא", היכל הקודש, הוא המפגש בין ארבע הספירות כתר, חכמה, בינה ומלכות, והוא נקודת המרכז של שש הספירות של זעיר אנפין. ארבע הספירות הללו מסומנות בארבע הקצוות של האות אל"ף. נוסף על כך, בשרטוט של ל"ב הנתיבות, אל"ף היא הערוץ שבין ספירת חכמה לספירת בינה.

סימן קיח

[מָה הִיא] י' [שֶׁל הַמִּלָּה אִישׁ שֶׁבַּסִּימָן הַקּוֹדֵם?] – **עֲשָׂרָה מַאֲמָרוֹת שֶׁנִּבְרָא בָּהֶן הָעוֹלָם.**[82]

82 אבות ה, א.

פירוש

סימן קיח

עשרת המאמרות מקבילים לעשר הספירות, והם מהווים שיקוף שלהן בעולם הארצי. אלו הם עשרת המאמרות:

1. "יְהִי אוֹר" (בראשית א, ג) – ספירת חכמה
2. "יְהִי רָקִיעַ" (א, ו) – ספירת בינה
3. "יִקָּווּ הַמַּיִם" (א, ט) – ספירת חסד
4. "תַּדְשֵׁא הָאָרֶץ" (א, יא) – ספירת גבורה
5. "יְהִי מְאֹרֹת בִּרְקִיעַ" (א, יד) – ספירת תפארת
6. "יִשְׁרְצוּ הַמַּיִם שֶׁרֶץ נֶפֶשׁ חַיָּה" (א, כ) – ספירת נצח
7. "תּוֹצֵא הָאָרֶץ נֶפֶשׁ חַיָּה" (א, כד) – ספירת הוד
8. "נַעֲשֶׂה אָדָם בְּצַלְמֵנוּ" (א, כו) – ספירת יסוד
9. "הִנֵּה נָתַתִּי לָכֶם אֶת כָּל עֵשֶׂב" (א, כט) – ספירת מלכות

ישנה שאלה לגבי המאמר העשירי. יש האומרים שהוא רמוז בפסוק הראשון – "בְּרֵאשִׁית בָּרָא אֱלֹהִים אֵת הַשָּׁמַיִם וְאֵת הָאָרֶץ" (בבלי ראש השנה לב ע"א). זהו המאמר המקביל לספירת כתר, שגם היא רמוזה בלבד ובלתי ניתנת לביטוי מפורש.

אחרים טוענים שהפסוק העשירי הוא "לֹא טוֹב הֱיוֹת הָאָדָם לְבַדּוֹ" (בראשית ב, יח), המקביל לספירת מלכות, שהיא בת זוגו של האדם (בראשית רבה יז, א). למעשה אין כאן מחלוקת שכן "נעוץ תחילתן בסופן", ולפיכך ספירות כתר ומלכות אחת הן. זהו ה"ראש" שנזכר לעיל (סימן פב).

לפי כמה דעות, עשרת המאמרות מקבילים לעשר הספירות בסדרן הרגיל, כמו הרשימה שמופיעה לעיל. אולם לפי דעות אחרות, שלושת המאמרות העוסקים באדם מייצגים את שלוש הספירות המנטאליות,

וּמַאי נִיהוּ הַיְנוּ תּוֹרַת אֱמֶת שֶׁכּוֹלֶלֶת כָּל הָעוֹלָמִים.

וְשִׁי"ן [שֶׁל הַמִּלָּה אִישׁ] מַאי הָוֵי? אֲמַר לֵיהּ שֹׁרֶשׁ הָאִילָן, דְּשִׁי"ן הָוֵי כְּמוֹ שֹׁרֶשׁ הָאִילָן.[83]

83 ראו סימן פא.

פירוש

ואילו שאר המאמרות מייצגים את שבע הספירות התחתונות.

התורה היא בת זוגו של זעיר אנפין, והיא מכונה "תורת אמת", משום שהיא נובעת מתוך שלוש הספירות הראשונות, המיוצגות באותיות המילה אמת. האות יו"ד מייצגת את עשר הספירות של זעיר אנפין. שי"ן מייצגת את חיבורן של שלוש הספירות התחתונות, נצח הוד ויסוד, אל תוך ספירת המלכות. בשרטוט של ל"ב הנתיבות (בעמ' 151) שי"ן היא הערוץ שבין ספירות הוד ונצח, אולם למעשה היא קושרת את המשולש התחתון כולו לספירת מלכות.

ספירת מלכות, הנמוכה ביותר בעולם האצילות, היא שורשו של עולם הבריאה (ראו סימן קכח).

סימן קיט

וּמַאי נִיהוּ הָאִילָן?
אֲמַר לֵיהּ: כֹּחוֹתָיו שֶׁל הַקָּדוֹשׁ בָּרוּךְ הוּא
זֶה עַל גַּב זֶה.
וְהֵן דוֹמִין לְאִילָן זֶה: מָה אִילָן זֶה שֶׁעַל
יְדֵי מַיִם הוּא מַרְבֶּה כֹּחוֹת, אַף הַקָּדוֹשׁ
בָּרוּךְ הוּא עַל יְדֵי הַמַּיִם מַרְבֶּה כֹּחוֹת מִן
הָאִילָן.
וּמַאי נִיהוּ מַיִם שֶׁל הַקָּדוֹשׁ בָּרוּךְ הוּא?
חָכְמָה, וְהַיְנוּ נִשְׁמָתָן שֶׁל צַדִּיקִים,
שֶׁפּוֹרְחִין מִן הַמַּעְיָן אֶל הַצִּנּוֹר הַגָּדוֹל
וְעוֹלֶה וְדָבֵק בָּאִילָן.
וְעַל יְדֵי מִי פּוֹרֵחַ? עַל יְדֵי יִשְׂרָאֵל, כְּשֶׁהֵן
צַדִּיקִים וְטוֹבִים שְׁכִינָה שְׁרוּיָה בֵּינֵיהֶם
וּשְׁרוּיִים בְּמַעֲשֵׂיהֶם בְּחֵיקוֹ שֶׁל הַקָּדוֹשׁ
בָּרוּךְ הוּא וּמַפְרֶה וּמַרְבֶּה אוֹתָן.

סימן קכ

דִּשְׁכִינָה אִקְרֵי צֶדֶק דִּכְתִיב (דברים לג, כו) "רֹכֵב שָׁמַיִם בְּעֶזְרֶךָ", וּכְתִיב (ישעיהו מה, ח) "וּשְׁחָקִים יִזְּלוּ צֶדֶק", וְצֶדֶק זוֹ שְׁכִינָה דִּכְתִיב (שם א, כא) "צֶדֶק יָלִין בָּהּ".

וְצֶדֶק נִתַּן לְדָוִד דִּכְתִיב (תהלים קמו, י) "יִמְלֹךְ ה' לְעוֹלָם אֱלֹהַיִךְ צִיּוֹן לְדֹר וָדֹר", וּכְתִיב (דברי הימים א' יא, ה) "צִיּוֹן הִיא עִיר דָּוִיד".

סימן קכא

מַאי "דּוֹר דּוֹר"? אָמַר ר' פִּנְחָס: "דּוֹר הוֹלֵךְ וְדוֹר בָּא" (קהלת א, ד) **וְאָמַר רַבִּי עֲקִיבָא דּוֹר בָּא שֶׁכְּבָר בָּא.**[84]

84 רומז לגלגול נשמות. ראו סימנים קכב, קנה, קפד, קפה.

סימן קכב

מָשָׁל לְמֶלֶךְ שֶׁהָיוּ לוֹ עֲבָדִים וְהִלְבִּישָׁן
כְּפִי יְכָלְתּוֹ בִּגְדֵי מֶשִׁי וְרִקְמָה. קִלְקְלוּ
הַשּׁוּרָה, הִשְׁלִיכָן וּדְחָפָן מֵעָלָיו וְהִפְשִׁיטָן
בְּגָדָיו וְהָלְכוּ לָהֶם. לָקַח הַבְּגָדִים וּרְחָצָן
הֵיטֵב עַד שֶׁלֹּא נִשְׁאַר בָּהֶן סִיג וְהִנִּיחָן
אֶצְלוֹ מְזֻמָּנִין, וְהָלַךְ וְקָנָה עֲבָדִים אֲחֵרִים
וְהִלְבִּישָׁן הַבְּגָדִים הָהֵם. וְהוּא לֹא יָדַע
אִם טוֹבִים אוֹתָם הָעֲבָדִים אִם לָאו, וַהֲרֵי
זָכוּ בַּבְּגָדִים שֶׁכְּבָר בָּאוּ לָעוֹלָם וּלְבָשׁוּם
אֲחֵרִים לְעֵינֵיהֶם, אֲבָל הָאָרֶץ לְעוֹלָם
עוֹמֶדֶת וְהַיְנוּ דִּכְתִיב (קהלת יב, ז) "וְיָשֹׁב
הֶעָפָר עַל הָאָרֶץ כְּשֶׁהָיָה וְהָרוּחַ תָּשׁוּב
אֶל הָאֱלֹהִים אֲשֶׁר נְתָנָהּ".

סימן קכג

אָמַר ר׳ רְחוּמַאי: מַאי דִּכְתִיב (ויקרא ט, כב) ״וַיִּשָּׂא אַהֲרֹן אֶת יָדָו אֶל הָעָם וַיְבָרְכֵם וַיֵּרֶד״, וַהֲרֵי כְּבָר יָרַד? אֶלָּא ״וַיֵּרֶד מֵעֲשֹׂת הַחַטָּאת וְהָעוֹלָה וְהַשְּׁלָמִים״ וְאַחַר כָּךְ ״וַיִּשָּׂא אַהֲרֹן אֶת יָדָיו אֶל הָעָם״.

נְשִׂיאוּת זוֹ לָמָּה? לְפִי שֶׁהִקְרִיב קָרְבָּן וְנִתְקָרֵב לִפְנֵי אֲבִיהֶם שֶׁבַּשָּׁמַיִם כְּדַאֲמַר לֵיהּ. [אֵלּוּ שֶׁ]צָּרִיךְ אוֹתוֹ וּמְקָרְבָן לָעֶלְיוֹנִים וּלְיַחֲדָן בִּכְלָלָן אֵלּוּ.

וּמַאי ״אֶל הָעָם״? בַּעֲבוּר הָעָם.

סימן קכד

וּמַאי טַעֲמָא בִּנְשִׂיאוּת כַּפַּיִם וְלִיבְרוֹךְ לְהוֹן בִּבְרָכָה?
אֶלָּא מִשּׁוּם דְּאִית בְּיָדַיִם עֶשֶׂר אֶצְבָּעוֹת, רֶמֶז לְי׳ סְפִירוֹת שֶׁבָּהֶם נֶחְתְּמוּ שָׁמַיִם וָאָרֶץ,[85]
וְאוֹתָם י׳ כְּנֶגֶד י׳ דִּבְּרוֹת, וּבִכְלַל אוֹתָן י׳ נִכְלְלוּ תַּרְיַ״ג מִצְוֹת,

פירוש

סימן קכד
עשרת הדיברות מקבילים לעשר הספירות של זעיר אנפין. אולם זעיר אנפין מקביל גם לאדם ולתורה. גוף האדם מורכב מ־613 (תרי״ג) חלקים: 248 (רמ״ח) איברים, ו־365 (שס״ה) גידים. בדומה, בתורה יש תרי״ג

וּמְנֵה אוֹתָם אוֹתִיּוֹת שֶׁל יוּ"ד דִּבְּרוֹת וְתַשְׁכַּח דְּאִנּוּ"ן תַּרְיַ"ג אוֹתִיּוֹת,[86] וּבָהֶם כָּל כ"ב אוֹתִיּוֹת חוּץ מִט' דְּלֵית בְּהוֹן, מַאי טַעֲמָא? לְלַמֶּדְךָ דְּט' הִיא בֶּטֶן - וְאֵינָהּ בִּכְלַל הַסְּפִירוֹת.

85 ספר יצירה א, ג. ראו סימנים קלח, קפח.

86 יש תרי"ג (613) מצוות בתורה. ראו מכות כג ע"ב. ראו גם במדבר רבא יג, טז; יח, כא. למעשה, יש בעשרת הדיברות 620 אותיות, אך שבע האותיות האחרונות ב"אשר לרעך" לא נספרות, היות שאלו תמצית התורה, כפי שכתוב בירושלמי נדרים ט, ד. ראו סעדיה גאון על ספר יצירה (תורגם מערבית על ידי יוסף קאפח, ירושלים, תשל"ב) עמ' מח, רבי יהודה ברצלוני על ספר יצירה עמ' רעח.

פירוש

מצוות: רמ"ח מצוות עשה ושס"ה מצוות לא תעשה. הדבר מלמד כי מלבד היותו מורכב מעשר הספירות, זעיר אנפין הוא "פרצוף" ובתוכו חלקים המקבילים לכל חלקי גוף האדם. זעיר אנפין הוא אפוא אדם מאקרוקוסמי.

סימן קכה

וְאַמַּאי קָרֵי לֵיהּ סְפִירָה? מִשּׁוּם דִּכְתִיב "הַשָּׁמַיִם מְסַפְּרִים כְּבוֹד אֵל". (תהלים יט, ב) 87

87 מפסוק זה אנו למדים ש"הספירות" מספרות על אודות מעשיו של אלוהים. לדיון נוסף באטימולוגיה של מילה זו, ראו שיעור קומה, פרק ב.

פירוש

סימן קכה

אמנם השורש ספ"ר נקשר בדרך כלל לדיבור, אך למעשה יש לו שלוש משמעויות שונות:

1. להצהיר או לבטא
2. לתעד או לצוות (כמו סֵפֶר)
3. להתוות או לספור (כמו מִספר)

התפקיד הראשון של הספירות הוא להביע את גדולתו של הא־ל. באמצעותן אנו יכולים להתבונן בא־ל ולדבר על אודותיו.

התפקיד השני של הספירות הוא לסייע לא־ל להביע את השגחתו על הבריאה, לצוות ולתעד את הקורות. במובן זה הספירות הן ה"סֵפֶר" של הא־ל. זו חשיבותם של שלושת ה"ספרים" הנפתחים בראש השנה, אחד לצדיקים, אחד לרשעים ואחד לבינוניים.

התפקיד השלישי של הספירות הוא להתוות ולשרטט את כבודו של הא־ל, ולהכניס אותו לתוך הממלכה הסופית של המספרים. הגם שהא־ל הוא אינסופי, ובאופן עקרוני הוא מקיף מספר אינסופי של רעיונות ומושגים, הספירות מגבילות אותם לעשר. זהו עקרון הצמצום שבמסגרתו האינסופי מצטמצם לתוך הסופי (ראו קל"ח פתחי חכמה, כד; פרדס רימונים, שער ב פרק ו).

שלושת המובנים הללו הם סֵפֶר (לשון ציווי), סֵפֶר ו־ספֹר המוזכרים בספר יצירה (א, א).

אלו מקבילים לשלושת הממדים היסודיים נפש, שנה ועולם. הראשון מתקשר לממד הנפש, שכן המושא לביטוי כבוד הא־ל הוא הנפש. השני הוא הזמן, כיוון שציוויי הא־ל פועלים בתוך מסגרת הזמן. השלישי הוא העולם, שכן העולם מתווה את כבוד הא־ל בתוך תחום המספרים.

"שמים" רומזים כאן לזעיר אנפין, ואילו "כבוד" הוא ספירת מלכות. באמצעות הספירות, זעיר אנפין בא לידי ביטוי בתוך ספירת מלכות.

סימן קכו

וּמַאי נִיהוּ?
תְּלָתָא אִנּוּן, וּבִכְלָלָן שְׁלֹשָׁה חֲיָלוֹת
וּשְׁלֹשָׁה מֶמְשָׁלוֹת.
הַמֶּמְשָׁלָה הָרִאשׁוֹנָה אוֹר, וְאוֹר הַיּוֹם
שֶׁל יָמִים
הַמֶּמְשָׁלָה הַשְּׁנִיָּה חַיּוֹת הַקֹּדֶשׁ וְאוֹפַנִּים
וְגַלְגַּלֵּי הַמֶּרְכָּבָה וְכָל גְּדוּדָיו שֶׁל
הַקָּדוֹשׁ בָּרוּךְ הוּא מְבָרְכִים וּמַעֲרִיצִין
וּמְהַדְּרִים וּמְפָאֲרִין וּמַקְדִּישִׁין לַמֶּלֶךְ
נֶאְדָּר בִּקְדֻשָּׁה וְנֶאְדָּר בְּסוֹד קְדוֹשִׁים
רַבָּה, מֶלֶךְ אָיֹם וְנוֹרָא וּמַכְתִּירִין בְּשִׁלּוּשׁ
קְדֻשָּׁה.

פירוש

סימן קכו
בקדושה שאנו אומרים בחזרת הש"ץ מופיע הפסוק: "קָדוֹשׁ קָדוֹשׁ קָדוֹשׁ ה' צְבָאוֹת מְלֹא כָל הָאָרֶץ כְּבוֹדוֹ" (ישעיהו ו, ג). שלוש ההופעות של המילה "קדוש" בפסוק רומזות לשלוש הממלכות (וראו גם בתרגום יונתן על הפסוק).

סימן קכז

וּמַאי נִיהוּ שָׁלֹשׁ וְלֹא אַרְבַּע? מִפְּנֵי שֶׁקְּדֻשַּׁת מַעְלָה שָׁלוֹשׁ, דִּכְתִיב "ה' מֶלֶךְ ה' מָלָךְ ה' יִמְלֹךְ" וּכְתִיב (במדבר ו, כד-כו) "יְבָרֶכְךָ ה'... יָאֵר ה'... יִשָּׂא ה'", וְהַשְּׁאָר שֶׁל מִדּוֹת ה' שְׁלִישִׁי מַאי הֲוֵי ה' אֵל רַחוּם וְחַנּוּן וגו' שְׁלֹשׁ עֶשְׂרֵה מִדּוֹת.[88]

88 ראו ראש השנה דף יז ע"ב. נראה כאן תמיכה בשיטת האר"י, המונה כך את י"ג המידות אֵל (1) רַחוּם (2) וְחַנּוּן (3) אֶרֶךְ (4) אַפַּיִם (5) וְרַב־חֶסֶד (6) וֶאֱמֶת (7). נֹצֵר חֶסֶד (8) לָאֲלָפִים (9), נֹשֵׂא עָוֹן (10) פֶּשַׁע (11) וְחַטָּאָה (12), וְנַקֵּה (יג). ראו עץ חיים, שער אריך אנפין פ"ט, שער הכוונות, עניין ויעבור ג, זוהר ח"ב, דף ד ע"ב; ח"ג, דף יג ע"ב. אחרים, לעומת זאת, סופרים את שני שמות הויה כחלק מ־י"ג מידות.

פירוש

סימן קכז

השאלה כאן היא כזאת: אם קיימות ארבע דרגות של בריאה, מדוע מופיעה בפסוק המילה "קדוש" רק שלוש פעמים ולא ארבע? התשובה היא שארבע הדרגות מסודרות במערך משולש בתוך עשר הספירות.

יתרה מזאת, הספירות באות לידי ביטוי דרך שלושה עקרונות: נפש, שנה ועולם. בתרגום יונתן על הפסוק שהוזכר בסימן הקודם נכתב: "קדיש בשמי מרומא עלאה... קדיש על ארעא... קדיש לעלם ולעלמי עלמיא" [=קדושה בשמי המרום, הקדושה על הארץ והקדושה לעולמי עולמים]. "שמים" הם ממד הנפש, "ארץ" היא ממד העולם, ו"לעולמי עולמים" הוא השנה, ממד הזמן.

שלושת העקרונות הללו מקבילים גם לשלושת מצבי הזמן – עבר, הווה ועתיד. אנו זוכרים את העבר, ולפיכך העבר הוא הנפש.

סימן קכח

וּמַאי הֲוֵי "קָדוֹשׁ קָדוֹשׁ קָדוֹשׁ ה' צְבָאוֹת מְלֹא כָל הָאָרֶץ כְּבוֹדוֹ" (ישעיהו ו, ג)? אֶלָּא קָדוֹשׁ כֶּתֶר עֶלְיוֹן,[89] קָדוֹשׁ שֹׁרֶשׁ הָאִילָן,[90] קָדוֹשׁ דָּבוּק מְיֻחָד בְּכֻלָּן "ה' צְבָאוֹת מְלֹא כָל הָאָרֶץ כְּבוֹדוֹ".

89 ספירת כתר, ראו סימן קמא.

90 ספירת חכמה, ראו סימן קמב. לגבי העץ, ראו סימנים קיח, קיט, קעו.

פירוש

העולם הוא ההווה. אולם העתיד הוא זמן טהור, ואינו משפיע על הנפש או על העולם.

שני שמות ההויה המוזכרים בפסוק מייצגים את רחמי הא־ל "קודם שיחטא האדם" ו"לאחר שיחטא האדם" (בבלי ראש השנה יז ע"ב). הם מייצגים אפוא את העבר ואת העתיד. י"ג מידות הרחמים הן ההווה.

העובדה שישנן שלוש עשרה מידות רחמים מעידה גם היא על טבען המשולש של הספירות ועל כך שהן מסודרות בשלושה טורים. שלוש הספירות הגבוהות בכל טור מוכפלות, שכן כל אחת מהן מושכת מן הדרגה שמעליה. כך יוצאות אפוא שלוש עשרה מידות מתוך עשר הספירות (ראו את דברי האי גאון המצוטטים בפרדס רימונים, שער יא, פרק א).

באופן כללי, המבנה המשולש נובע מן התנועה הדיאלקטית הבסיסית (סעיף א).

סימן קכח

ה"קדוש" הראשון מקביל לממד הרוחני, כפי שנזכר לעיל. זהו הממד שמספירת כתר עד ספירת מלכות.

ה"קדוש" השני הוא ממד הזמן. זהו הממד של ספירות חכמה ובינה, וכן "דעת", המחברת בין השתיים. מן הספירות העליונות הללו נמשכות הספירות התחתונות, ולפיכך הראשונות מכונות "שורש האילן".

ה"קדוש" השלישי הוא זעיר אנפין, שהוא ממד החלל, המייצג כמו כן את עקרון הקשר (סימן ל). עיקרון זה הוא המאחד את כלל הספירות יחד.

סימן קכט

וּמַאי נִיהוּ קָדוֹשׁ שֶׁהוּא דָּבֵק וּמְיֻחָד? אֶלָּא לְמֶלֶךְ, שֶׁהָיוּ לוֹ בָּנִים וּלְאוֹתָן בָּנִים, בָּנִים. בִּזְמַן שֶׁבְּנֵיהֶם עוֹשִׂים רְצוֹנוֹ, נִכְנָס בֵּינֵיהֶם מַעֲמִיד הַכֹּל וּמַשְׂבִּיעַ הַכֹּל וּמַשְׁפִּיעַ לָהֶם טוֹבָה כְּדֵי שֶׁיִּשְׂבְּעוּ הָאָבוֹת וְהַבָּנִים, וּכְשֶׁאֵין הַבָּנִים עוֹשִׂים רְצוֹנוֹ מַשְׂבִּיעַ לָאָבוֹת כְּדֵי צָרְכָּם לְבַד.[91]

91 זהו משל על ספירת בינה, שממנה יצאו המידות וממנה יצאו גם הדינים. ראו סימן קיג.

פירוש

סימן קכט

שש הספירות של זעיר אנפין מורכבות משתי שלישיות: חסד, גבורה ותפארת; נצח, הוד ויסוד. השלישייה הגבוהה יותר מקבלת משלוש ספירות הראש, ואילו השלישייה הנמוכה יותר מעניקה לספירת מלכות ודרכה לבריאה כולה.

השלישייה הגבוהה מכונה "בנים" (של אבא ואמא), ואילו השלישייה הנמוכה היא הנכדים. אם התחתונים אינם ראויים, העליונים מקבלים רק כדי עצמם, אך לא מספיק כדי לתת לאחרים (ראו סימן קיג).

סימן קל

וּמַאי נִיהוּ (שם) **"מְלֹא כָל הָאָרֶץ כְּבוֹדוֹ"? אֶלָּא כָּל אוֹתָהּ אֶרֶץ שֶׁנִּבְרֵאת בְּיוֹם רִאשׁוֹן תְּחִלָּה שֶׁהִיא לְמַעְלָה כְּנֶגְדָּהּ אֶרֶץ יִשְׂרָאֵל מְלֵאָה מִכְּבוֹד הַשֵּׁם הַנִּכְבָּד**

וּמַאי נִיהוּ [הַכָּבוֹד]**? חָכְמָה, דִּכְתִיב** (משלי ג, לה) **"כָּבוֹד חֲכָמִים יִנְחָלוּ", וְאוֹמֵר** (יחזקאל ג, יב) **"בָּרוּךְ כְּבוֹד ה' מִמְּקוֹמוֹ".**

פירוש

סימן קל

הרעיון של "מְלֹא כָל הָאָרֶץ כְּבוֹדוֹ" (ישעיהו ו, ג) מתייחס לספירת חכמה, ה"מלוא" שהוזכר לעיל (בסימן ג). העיקרון של ספירת חכמה הוא דמיון והומוגניות, והיא מלמדת שכבוד הא־ל משמעו נוכחות מלאה בכל הארץ (ראו סימן ל).

סימן קלא

וּמַאי הָוֵי כְּבוֹד ה'?
מָשָׁל לְמֶלֶךְ שֶׁהָיְתָה לוֹ מַטְרוֹנִיתָא
בַּחֲדָרָיו, שֶׁכָּל חֵילוֹתָיו מִשְׁתַּעַשְׁעִין בָּהּ,
וְהָיוּ לָהּ בָּנִים.
וּבָאִים בְּכָל יוֹם לִרְאוֹת פְּנֵי הַמֶּלֶךְ
וּמְבָרְכִין אוֹתוֹ, אָמְרוּ לוֹ אִמֵּנוּ אָנָה?
אָמַר לָהֶם: לֹא תוּכְלוּ לִרְאוֹתָהּ עַתָּה,
אָמְרוּ: בְּרוּכָה תְּהֵא בְּכָל מָקוֹם שֶׁהִיא.

סימן קלב

וּמַאי דִּכְתִיב (שם) "מִמְּקוֹמוֹ"? מִכְּלָל
דְּלֵיכָּא דְּיָדַע מְקוֹמוֹ
מָשָׁל לְבַת מֶלֶךְ שֶׁבָּאָה מֵרָחוֹק וְלֹא
יָדְעֵי מֵהֵיכָן בָּאָה, עַד שֶׁרָאוּ שֶׁהִיא
אֵשֶׁת חַיִל וַהֲגוּנָה בְּכָל מַעֲשֶׂיהָ, אָמְרוּ
וַדַּאי זֹאת מִצּוּרַת הָאוֹר נִלְקְחָה, כִּי
בְּמַעֲשֶׂיהָ יָאִיר הָעוֹלָם.
שָׁאֲלוּ אוֹתָהּ מֵאַיִן אַתְּ? אָמְרָה מִמְּקוֹמִי.
אָמְרוּ אִם כֵּן גְּדוֹלִים אַנְשֵׁי מְקוֹמֵךְ,
בְּרוּכָה תְּהֵא וּמְבֹרָךְ אַנְשֵׁי מְקוֹמֵךְ.

סימן קלג

וְכִי אֵין כְּבוֹד ה' זֶה אֶחָד מִצִּבְאוֹתָיו? לֹא גָרַע? אַמַּאי מְבָרְכִין לֵיהּ?
אֶלָּא מָשָׁל לְאִישׁ שֶׁהָיָה לוֹ גַּן נָאֶה.
וְחוּץ לַגַּן בְּקָרוֹב מִמֶּנּוּ, חֲתִיכַת שָׂדֶה נָאָה. עָשָׂה בּוֹ [בַּשָּׂדֶה] גִּנָּה נָאָה. הִשְׁקָה אֶת הַגַּן בִּתְחִלַּת שַׁקְיוּתָא. וְהָלְכוּ לָהֶם הַמַּיִם עַל כָּל הַגַּן, אַךְ עַל אוֹתָהּ חֲתִיכָה שֶׁל שָׂדֶה שֶׁהִיא אֵינָהּ דְּבֵקָה, אַף עַל פִּי שֶׁהַכֹּל אֶחָד הוּא. לְפִיכָךְ פָּתַח לָהּ מָקוֹם וְהִשְׁקָה אוֹתָהּ לְבַדָּהּ.

סימן קלד

אָמַר רַבִּי רְחוּמַאי: כָּבוֹד וְלֵב הֲרֵי הֵם אֶחָד.[92] אֶלָּא שֶׁהַכָּבוֹד נִקְרָא עַל שֵׁם הַפְּעֻלּוֹת מַעְלָה, וְלֵב נִקְרָא עַל שֵׁם פְּעֻלּוֹת מַטָּה. וְהַיְנוּ כְּבוֹד הַשֵּׁם, וְהַיְנוּ לֵב הַשָּׁמַיִם.[93]

92 שניהם בגימטרייה 32. ראו סימנים סג, צב, קו, קמז.

93 ראו סימן קו.

פירוש

סימן קלד

סמל ה"לב" כולל בתוכו את ספירות חכמה, בינה ומלכות (כמו בסימן קו).

סימן קלה

אָמַר ר' יוֹחָנָן: מַאי דִּכְתִיב (שמות יז, יא) "וְהָיָה כַּאֲשֶׁר יָרִים מֹשֶׁה יָדוֹ וְגָבַר יִשְׂרָאֵל וְכַאֲשֶׁר יָנִיחַ יָדוֹ וְגָבַר עֲמָלֵק"? מְלַמֵּד שֶׁהָעוֹלָם מִתְקַיֵּים בִּשְׁבִיל נְשִׂיאַת כַּפַּיִם.

מַאי טַעֲמָא? מִשּׁוּם דְּאוֹתוֹ כֹּחַ שֶׁנִּתַּן לְיַעֲקֹב אָבִינוּ יִשְׂרָאֵל שְׁמוֹ, דִּלְאַבְרָהָם לְיִצְחָק וּלְיַעֲקֹב נִתְּנוּ כֹּחוֹת, לְכָל אֶחָד וְאֶחָד, וּבַמִּדָּה אֲשֶׁר הָלַךְ כָּל אֶחָד וְאֶחָד דִּגְמָתָהּ נִתַּן לוֹ לְאַבְרָהָם חֶסֶד בִּשְׁבִיל

פירוש

סימן קלה

ניתן להבין דברים אלו לאור הזיהוי הרווח של כל אחת מן הדמויות הבאות עם ספירה מסוימת:

אברהם	חסד
יצחק	גבורה
יעקב	תפארת
משה	נצח
אהרן	הוד
יוסף	יסוד
דוד	מלכות

שֶׁהָיָה גּוֹמֵל חֶסֶד בָּעוֹלָם שֶׁהָיָה מַזְמִין לְכָל בָּאֵי עוֹלָם וְעוֹבְרֵי דְּרָכִים מָזוֹן וְגוֹמְלָם חֶסֶד וְיוֹצֵא לִקְרָאתָם שֶׁנֶּאֱמַר "וַיָּרָץ לִקְרָאתָם מִפֶּתַח הָאֹהֶל" (בראשית יח, ב) וְעוֹד "וַיִּשְׁתַּחוּ" (שם). זֹאת הָיְתָה גְּמִילוּת חֶסֶד שְׁלֵמָה.

וְהַקָּדוֹשׁ בָּרוּךְ הוּא מָדַד לוֹ כְּמִדָּתוֹ כִּדְכְתִיב (מיכה ז, כ) "תִּתֵּן אֱמֶת לְיַעֲקֹב חֶסֶד לְאַבְרָהָם", הֲרֵי שֶׁנָּתַן לוֹ מִדַּת חֶסֶד "אֲשֶׁר נִשְׁבַּעְתָּ לַאֲבֹתֵינוּ מִימֵי קֶדֶם". מְלַמֵּד שֶׁאִם לֹא הָיָה אַבְרָהָם גּוֹמֵל חֶסֶד וְזוֹכֶה לְמִדַּת חֶסֶד לֹא הָיָה יַעֲקֹב זוֹכֶה לְמִדַּת אֱמֶת.

שֶׁבִּזְכוּת שֶׁזָּכָה אַבְרָהָם לְמִדַּת חֶסֶד זָכָה יִצְחָק לְמִדַּת פַּחַד דִּכְתִיב (בראשית לא, נג) "וַיִּשָּׁבַע יַעֲקֹב בְּפַחַד אָבִיו יִצְחָק".

יֵשׁ אִישׁ שֶׁיִּשָּׁבַע כָּךְ בֶּאֱמוּנָה פַּחַד אָבִיו, אֶלָּא עַד כָּאן לֹא נִתַּן כֹּחַ לְיַעֲקֹב, וְנִשְׁבַּע בַּכֹּחַ שֶׁנִּתַּן לְאָבִיו, שֶׁנֶּאֱמַר "וַיִּשָּׁבַע יַעֲקֹב בְּפַחַד אָבִיו יִצְחָק".

וּמַאי נִיהוּ? תֹּהוּ, שֶׁמִּמֶּנּוּ יוֹצֵא הָרַע הַמַּתְהֶא אֶת בְּנֵי אָדָם.[94]

וּמַאי נִיהוּ? דִּכְתִיב (מלכים א׳ יח, לח) "וַתִּפֹּל אֵשׁ ה׳ וַתֹּאכַל אֶת הָעֹלָה", וּכְתִיב (דברים ד, כד) "כִּי ה׳ אֱלֹהֶיךָ אֵשׁ אֹכְלָה הוּא אֵל קַנָּא".

94 ראו סימנים ב, י, יב, קעג. אנו רואים אפוא שה"תהו" קשור לספירת הגבורה, מידתו של יצחק, וכן הוא קשור לאש, כפי שנראה בסימן הבא. ראו סימנים מד, קמה.

סימן קלו

וּמַאי נִיהוּ חֶסֶד?
הַיְנוּ תּוֹרָה דִּכְתִיב (ישעיהו נה, א) "הוֹי כָּל צָמֵא לְכוּ לַמַּיִם וַאֲשֶׁר אֵין לוֹ כָּסֶף [לְכוּ שִׁבְרוּ וֶאֱכֹלוּ וּלְכוּ שִׁבְרוּ בְּלוֹא כֶסֶף וּבְלוֹא מְחִיר יַיִן וְחָלָב]".
[חֶסֶד אֵיפוֹא] זֶהוּ כֶּסֶף, דִּכְתִיב "לְכוּ אֵלָיו". אֶלָּא "בְּלוֹא כֶסֶף וּבְלוֹא מְחִיר".
יַאֲכִילְכֶם תּוֹרָה וִילַמֶּדְכֶם כִּי כְּבָר זְכִיתֶם לְכָךְ, בִּזְכוּת אַבְרָהָם אֲשֶׁר גָּמַל חֶסֶד בְּלֹא כֶסֶף, וְהַיְנוּ מַאֲכָל וּמַשְׁקֶה, "וּבְלוֹא מְחִיר יַיִן וְחָלָב".

סימן קלז

מַהוּ יַיִן וְחָלָב? וּמָה עִנְיַן זֶה אֵצֶל זֶה? אֶלָּא מְלַמֵּד שֶׁהַיַּיִן הוּא פַּחַד וְחָלָב הוּא חֶסֶד.

וּמִפְּנֵי מָה הִזְכִּיר יַיִן תְּחִלָּה, מִפְּנֵי שֶׁהוּא קָרוֹב אֵלֵינוּ תְּחִלָּה.[95]

יַיִן וְחָלָב סָלְקָא דַּעְתָּךְ? אֶלָּא אֵימָא דְּמוּת יַיִן וְחָלָב.

וּבִזְכוּת אַבְרָהָם, שֶׁזָּכָה לְמִדַּת חֶסֶד, זָכָה יִצְחָק לְמִדַּת פַּחַד. וְהוֹאִיל וְזָכָה יִצְחָק לְמִדַּת פַּחַד זָכָה יַעֲקֹב לְמִדַּת אֱמֶת, שֶׁהִיא מִדַּת שָׁלוֹם, וּמָדַד לוֹ כְּמִדָּתוֹ שֶׁנֶּאֱמַר (בראשית כה, כז) "וְיַעֲקֹב אִישׁ תָּם

יֹשֵׁב אֹהָלִים", וְאֵין תָּם אֶלָּא שָׁלוֹם דִּכְתִיב (דברים יח, יג) "תָּמִים תִּהְיֶה עִם ה' אֱלֹהֶיךָ", וּמְתַרְגְּמִינָן שְׁלִים תְּהֵא.

וְאֵין אֱמֶת אֶלָּא תוֹרָה שֶׁנֶּאֱמַר (מלאכי ב, ו) "תּוֹרַת אֱמֶת הָיְתָה בְּפִיהוּ" וגו' וּמַה כְּתִיב בָּתְרֵיהּ (שם) "בְּשָׁלוֹם וּבְמִישׁוֹר הָלַךְ אִתִּי". וְאֵין מִישׁוֹר אֶלָּא שָׁלוֹם דִּכְתִיב (תהלים כה, כא) "תֹּם וָיֹשֶׁר".

הִלְכָּךְ "כַּאֲשֶׁר יָרִים מֹשֶׁה יָדוֹ וְגָבַר יִשְׂרָאֵל" (שמות יז, יא), מְלַמֵּד שֶׁהַמִּדָּה שֶׁנִּקְרֵאת יִשְׂרָאֵל בְּתוֹכָהּ תּוֹרַת אֱמֶת.

95 כיוון שגבורה נמוכה מחסד.

סימן קלח

וּמַאי נִיהוּ תּוֹרַת אֱמֶת?
דָּבָר שֶׁמּוֹרֶה עַל אֲמִתַּת הָעוֹלָמִים
וּפְעֻלָּתוֹ בְּמַחֲשָׁבָה.
וְהוּא מַעֲמִיד עֲשָׂרָה מַאֲמָרוֹת שֶׁבָּהֶם
עוֹמֵד הָעוֹלָם.[96] וְהוּא אֶחָד מֵהֶם.
וּבָרָא בָּאָדָם כְּנֶגֶד אוֹתָם עֲשָׂרָה
מַאֲמָרוֹת, עֶשֶׂר אֶצְבְּעוֹת יָדַיִם.
וּכְשֶׁהָיָה מֹשֶׁה מֵרִים יָדוֹ וּמְכַוֵּן כִּמְעַט
בְּכַוָּנַת הַלֵּב בְּאוֹתָהּ הַמִּדָּה הַנִּקְרֵאת

יִשְׂרָאֵל וּבְתוֹכָהּ תּוֹרַת אֱמֶת וְרוֹמֶזֶת לוֹ
בְּעֶשֶׂר אֶצְבְּעוֹת יָדָיו שֶׁהוּא מַעֲמִיד אֶת
הָעֶשֶׂר, וְאִם לֹא יַעֲזֹר אֶת יִשְׂרָאֵל לֹא
יִתְקַדְּשׁוּ עֲשָׂרָה מַאֲמָרוֹת בְּכָל יוֹם וָיוֹם.
הִלְכָּךְ "גָּבַר יִשְׂרָאֵל".
"וְכַאֲשֶׁר יָנִיחַ יָדוֹ וְגָבַר עֲמָלֵק" (שם).
וְכִי הָיָה מֹשֶׁה עוֹשֶׂה שֶׁגָּבַר עֲמָלֵק?
אֶלָּא אָסוּר לוֹ לְאָדָם לִשְׁהוֹת
[יוֹתֵר מִ] שָׁלֹשׁ שָׁעוֹת כַּפָּיו פְּרוּשׂוֹת
הַשָּׁמַיִם.

96 אבות ה, א. ראו סימנים קיח, קעט. אנו רואים פה שעשרת הדיברות מקיימים תדיר את העולם. ראו על כך ליקוטי אמרים (תניא) שער היחוד והאמונה א.

סימן קלט

שָׁאֲלוּ תַּלְמִידָיו: לְמִי נוֹשְׂאִין כַּפַּיִם? אָמַר לָהֶם: לְרוּם הַשָּׁמַיִם. וּמְנָלַן, דִּכְתִיב (חבקוק ג, י) "נָתַן תְּהוֹם קוֹלוֹ רוֹם יָדֵיהוּ נָשָׂא", הָא לָמַדְתָּ שֶׁאֵין נְשִׂיאוּת כַּפַּיִם אֶלָּא לְרוּם הַשָּׁמַיִם.

וּכְשֶׁיִּשְׂרָאֵל מַשְׂכִּילִים וְיוֹדְעִים אֶת סוֹד הַשֵּׁם הַנִּכְבָּד וְנוֹשְׂאִים כַּפֵּיהֶם, מִיָּד נַעֲנִים שֶׁנֶּאֱמַר (ישעיהו נח, ט) "אָז תִּקְרָא וַה' יַעֲנֶה". אִם "אָז" תִּקְרָא, ה' יַעֲנֶה מִיָּד.

סימן קמ

מַאי "אָז"?
אֶלָּא מְלַמֵּד שֶׁאֵין רְשׁוּת לִקְרֹא לְאָלֶ"ף
לְבַדּוֹ.
אֶלָּא עַל יְדֵי שְׁנֵים הָאוֹתִיּוֹת הַדְּבֵקִים
בָּהּ, הַיּוֹשְׁבִים רִאשׁוֹנָה בַּמַּלְכוּת.[97]
וְעִם הָאָלֶ"ף הֵם שְׁלֹשָׁה. וְנִשְׁאֲרוּ ז' מִי'
מַאֲמָרוֹת, וְהַיְנוּ ז'.
דִּכְתִיב (שמות טו, א) "אָז יָשִׁיר מֹשֶׁה וּבְנֵי
יִשְׂרָאֵל".

97 על האותיות י' וש' ראו סימנים כו, קיז. הא' היא ספירת כתר, בעוד ששתי האחרות הן ספירות חכמה ובינה. על הביטוי "ראשונה במלכות", ראו אסתר א, יד.

סימן קמא

מַאי נִיהוּ י' מַאֲמָרוֹת?

[הָרִאשׁוֹנָה] אָלֶ"ף, כֶּתֶר עֶלְיוֹן, בָּרוּךְ וּמְבֹרָךְ שְׁמוֹ וְעַמּוֹ.

וּמִי עַמּוֹ? יִשְׂרָאֵל, דִּכְתִיב (תהלים ק, ג) "כִּי ה' הוּא אֱלֹהִים הוּא עָשָׂנוּ וְלֹא אֲנַחְנוּ עַמּוֹ", וּלְאָלֶ"ף אֲנַחְנוּ, לְהַכִּיר וְלֵידַע אַחַד הָאֲחָדִים וּמְיֻחָד דִּכְתִיב (שם) "ה' הוּא אֱלֹהִים הוּא עָשָׂנוּ וְלֹא אֲנַחְנוּ". וּלְפִיכָךְ נִכְתַּב "לֹא" בְּאָלֶ"ף, כִּי הוּא אֶחָד וּמְיֻחָד בְּכָל שְׁמוֹתָיו.

סימן קמב

שְׁנִיָּה, חָכְמָה, דִּכְתִיב (משלי ח, כב) "ה' קָנָנִי רֵאשִׁית דַּרְכּוֹ". וְאֵין רֵאשִׁית אֶלָּא חָכְמָה דִּכְתִיב (תהלים קיא, י) "רֵאשִׁית חָכְמָה יִרְאַת ה'".

סימן קמג

שְׁלִישִׁית, מַחְצַב הַתּוֹרָה, אוֹצַר הַחָכְמָה, רוּחַ אֱלֹהִים חַיִּים.[98] מְלַמֵּד שֶׁהָיָה הַקָּדוֹשׁ בָּרוּךְ הוּא עוֹשֶׂה כָּל הָאוֹתִיּוֹת שֶׁל תּוֹרָה וַחֲקָקוֹ בָּרוּחַ, וְעָשָׂה בּוֹ צוּרוֹתָיו, וְהַיְנוּ (שמואל א' ב, ב) **"אֵין צוּר כֵּאלֹהֵינוּ", אֵין צוּרָה דּוֹמָה לֵאלֹהֵינוּ וְאֵין צַיָּר כֵּאלֹהֵינוּ.[99]**

98 "רוח אלהים" מוזכרת בבראשית א, ב ובקבלה זוהי ספירת בינה. ראו סימן ק.

99 הערת המתרגם: הרב קפלן מביא כאן נוסח: "אין צעיר כאלהינו", ומתרגם: "there is no Former (Tzayir) like our God".

פירוש

סימן קמג

ספירת בינה מכונה "אוצר החכמה", כיוון שללא בינה, לא ניתן לאחוז בחכמה.

כאשר התורה מדברת על "רוח אלהים", היא נוקבת דווקא בשם אלוהים המזוהה עם ספירת בינה, שכן מדרגה זו, "אלהים", יוצאת הרוח. זאת משום שרוח היא דרגתו של זעיר אנפין, והוא יוצא מתוך ספירת בינה.

ספירת חכמה היא עקרון הדמיון וההומוגניות הבלתי מובחנת, ואילו ספירת בינה היא עקרון ההבדלה וההבחנה. כל האותיות, הצורות והמושגים נובעים אפוא מספירת בינה.

סימן קמד

שְׁלִישִׁית הָוֵי, רְבִיעִית מַאי?
רְבִיעִית הֵם צִדְקַת ה׳, זְכֻיּוֹתָיו וַחֲסָדָיו עִם כָּל הָעוֹלָם.
וְהַיְנוּ יְמִינוֹ שֶׁל הַקָּדוֹשׁ בָּרוּךְ הוּא.

פירוש

סימן קמד

זוהי ספירת חסד, המקבילה ליד ימין.

סימן קמה

חֲמִישִׁית מַאי?[100]
חֲמִישִׁית אִשּׁוֹ שֶׁל הַקָּדוֹשׁ בָּרוּךְ הוּא, שֶׁנֶּאֱמַר (דברים יח, טז) "וְאֶת הָאֵשׁ הַגְּדוֹלָה הַזֹּאת" וגו'.
וְהוּא שְׂמֹאלוֹ שֶׁל הַקָּדוֹשׁ בָּרוּךְ הוּא. הֵם חַיּוֹת הַקֹּדֶשׁ וּשְׂרָפִים הַקְּדוֹשִׁים מִימִינָם וּמִשְּׂמֹאלָם, הֵם הַנְּעִימִים הַגְּבוֹהִים עַד לְמַעְלָה דִּכְתִיב (קהלת ה, ז) "וּגְבֹהִים עֲלֵיהֶם",[101] וְעוֹד (יחזקאל א, יח) "וְגַבֵּהֶם וְגֹבַהּ לָהֶם וְיִרְאָה לָהֶם וְגַבֹּתָם מְלֵאֹת עֵינַיִם" וגו', וּסְבִיבָיו מַלְאָכִים, גַּם סְבִיבוֹתֵיהֶם מִשְׁתַּחֲוִים לִפְנֵיהֶם וְכוֹרְעִים וּמִשְׁתַּחֲוִים וְאוֹמְרִים "ה' הוּא הָאֱלֹהִים".[102]

100 זו ספירת גבורה, המכונה גם "דין".
101 אלה מתייחסים לשבעה ימות השבוע, כלומר לספירות. ראו סימן צה.
102 ראו מלכים א' יח, לט.

פירוש

סימן קמה

זוהי ספירת גבורה, המקבילה הן לאש הן ליד שמאל.

סימן קמו

שִׁשִּׁית, כִּסֵּא הַכָּבוֹד הַמְעֻטָּר וּמְכֻלָּל וּמְהֻלָּל הַמְאֻשָּׁר.[103] הוּא בֵּית הָעוֹלָם הַבָּא, וּמְקוֹמוֹ חָקוּק בְּחָכְמָה דִּכְתִיב (בראשית א, ג) **"וַיֹּאמֶר אֱלֹהִים יְהִי אוֹר וַיְהִי אוֹר".**

103 זו ספירת תפארת.

פירוש

סימן קמו

כיסא הכבוד הוא ספירת תפארת.

סימן קמז

אָמַר ר׳ יוֹחָנָן: שְׁנֵי אוֹרִים גְּדוֹלִים הָיוּ שֶׁנֶּאֱמַר (שם) ״וַיְהִי אוֹר״, וְעַל שְׁנֵיהֶם נֶאֱמַר ״כִּי טוֹב״.

וְלָקַח הַקָּדוֹשׁ בָּרוּךְ הוּא הָאֶחָד וּגְנָזוֹ לַצַּדִּיקִים לֶעָתִיד לָבוֹא וְהַיְנוּ דִּכְתִיב (תהלים לא, כ) ״מָה רַב טוּבְךָ אֲשֶׁר צָפַנְתָּ לִּירֵאֶיךָ״, מְלַמֵּד שֶׁאוֹר הָרִאשׁוֹן גָּנוּז אֵין כָּל בְּרִיָּה יְכוֹלָה לְהִסְתַּכֵּל בָּהּ, שֶׁנֶּאֱמַר (בראשית א, ד) ״וַיַּרְא אֱלֹהִים אֶת הָאוֹר כִּי טוֹב״, וּכְתִיב (שם כא) ״וַיַּרְא אֱלֹהִים אֶת כָּל אֲשֶׁר עָשָׂה וְהִנֵּה טוֹב מְאֹד״.

רָאָה הַקָּדוֹשׁ בָּרוּךְ הוּא אֶת כָּל אֲשֶׁר עָשָׂה וְרָאָה טוֹב מַזְהִיר בָּהִיר וְלָקַח מֵאוֹתוֹ טוֹב וְכָלַל בּוֹ ל״ב נְתִיבוֹת הַחָכְמָה וּנְתָנוֹ לָעוֹלָם הַזֶּה וְהַיְנוּ דִּכְתִיב (משלי ד, ב) ״כִּי לֶקַח טוֹב נָתַתִּי לָכֶם״ וגו׳.

הֱוֵי אוֹמֵר זוֹ אוֹצָרָהּ שֶׁל תּוֹרָה (שֶׁבְּעַל פֶּה), וְאָמַר הַקָּדוֹשׁ בָּרוּךְ הוּא אִם יִשְׁמְרוּ זֹאת הַתּוֹרָה בָּעוֹלָם הַזֶּה שֶׁזֹּאת הַמִּדָּה נֶחְשֶׁבֶת בִּכְלַל הָעוֹלָם הַזֶּה, וְהוּא תּוֹרָה שֶׁבְּעַל פֶּה.

וְאָמַר שֶׁבְּזֹאת הַמִּדָּה יִזְכּוּ לָעוֹלָם הַבָּא שֶׁהוּא הַטּוֹב הַגָּנוּז, וּמַאי נִיהוּ, עֻזּוֹ שֶׁל הַקָּדוֹשׁ בָּרוּךְ הוּא, דִּכְתִיב (חבקוק ג, ד) "וְנֹגַהּ כָּאוֹר תִּהְיֶה", עָתִיד הַנֹּגַהּ שֶׁנִּלְקַח מִן הָאוֹר הָרִאשׁוֹן לִהְיוֹת כָּאוֹר, אִם יְקַיְּמוּ בָּנִים הַתּוֹרָה וְהַמִּצְוֹת "אֲשֶׁר כָּתַבְתִּי לְהוֹרֹתָם" (שמות כד, יב) דִּכְתִיב (משלי א, ח) "שְׁמַע בְּנִי מוּסַר אָבִיךָ וְאַל תִּטֹּשׁ תּוֹרַת אִמֶּךָ".

סימן קמח

וּכְתִיב (חבקוק שם) "קַרְנַיִם מִיָּדוֹ לוֹ וְשָׁם
חֶבְיוֹן עֻזֹּה", מַאי חֶבְיוֹן עֻזּוֹ?
אֶלָּא אוֹתוֹ הָאוֹר שֶׁגָּנַז וְהֶחְבִּיא שֶׁנֶּאֱמַר
(תהלים לא, ב) "אֲשֶׁר צָפַנְתָּ לִּירֵאֶיךָ"
וּמַה שֶּׁנִּשְׁאַר, (שם) "פָּעַלְתָּ לַחֹסִים בָּךְ",
בָּעוֹלָם הַזֶּה וְשׁוֹמְרֵי תוֹרָתְךָ וּמְקַיְּמִים
מִצְווֹתֶיךָ וּמְקַדְּשִׁים שִׁמְךָ הַגָּדוֹל
וּמְיַחֲדִים בַּסֵּתֶר וּבַגָּלוּי שֶׁנֶּאֱמַר (שם) "נֶגֶד
בְּנֵי אָדָם".

סימן קמט

אָמַר רַבִּי רְחוּמַאי: מְלַמֵּד שֶׁהִיא אוֹרָה שֶׁל יִשְׂרָאֵל וְנֵרָהּ אוֹר וְהַכְּתִיב (משלי ו, ג) "כִּי נֵר מִצְוָה וְתוֹרָה אוֹר", וְאָמְרִינַן נֵר זוֹ מִצְוָה, וּמִצְוָה זוֹ תּוֹרָה שֶׁבְּעַל פֶּה, וְאוֹר זוֹ תּוֹרָה שֶׁבִּכְתָב.

אֶלָּא מִתּוֹךְ שֶׁבַּנֵּר מִתְקַיֵּם הָאוֹר, קָרֵי לֵיהּ אוֹר.

מָשָׁל לְחֶדֶר צָנוּעַ בְּסוֹפֵי הַבַּיִת. אַף עַל פִּי שֶׁיּוֹם הוּא וְאוֹר גָּדוֹל בָּעוֹלָם אֵין אָדָם יָכוֹל לִרְאוֹת בְּאוֹתוֹ חֶדֶר אֶלָּא אִם כֵּן הִכְנִיס בּוֹ אוֹר הַנֵּר. כָּךְ תּוֹרָה שֶׁבִּכְתָב שֶׁאַף עַל פִּי שֶׁהִיא נֵר צְרִיכָה הִיא לְתוֹרָה שֶׁבְּעַל פֶּה לְפָרֵק קֻשְׁיוֹתֶיהָ וּלְבָאֵר סוֹדוֹתֶיהָ.

סימן קנ

וְאָמַר רַבִּי רְחוּמַאי: מַאי דִכְתִיב (משלי ו, כג) "וְדֶרֶךְ חַיִּים תּוֹכְחוֹת מוּסָר", מְלַמֵּד שֶׁכָּל הָרָגִיל בְּמַעֲשֵׂה בְּרֵאשִׁית וּבְמַעֲשֵׂי מֶרְכָּבָה אִי אֶפְשָׁר שֶׁלֹּא יִכָּשֵׁל שֶׁנֶּאֱמַר "וְהַמַּכְשֵׁלָה הַזֹּאת תַּחַת יָדֶךָ" (ישעיהו ג, ו). דְּבָרִים שֶׁאֵין אָדָם יָכוֹל לַעֲמֹד בָּהֶן אֶלָּא אִם כֵּן נִכְשַׁל בָּהֶן.

וְהַתּוֹרָה אוֹמֶרֶת "תּוֹכְחוֹת מוּסָר", אֲבָל בֶּאֱמֶת זוֹכֶה לְדֶרֶךְ חַיִּים. לְפִיכָךְ מִי שֶׁרוֹצֶה לִזְכּוֹת בְּדֶרֶךְ חַיִּים יִסְבֹּל תּוֹכְחוֹת מוּסָר.

סימן קנא

דָּבָר אַחֵר: "חַיִּים" (שם), זוֹ תּוֹרָה שֶׁנֶּאֱמַר (דברים ל, יט) "וּבָחַרְתָּ בַּחַיִּים", וּכְתִיב (שם כ) "כִּי הוּא חַיֶּיךָ וְאֹרֶךְ יָמֶיךָ", וּמִי שֶׁרוֹצֶה לִזְכּוֹת בָּהּ יִמְאַס בַּהֲנָאַת הַגּוּף וִיקַבֵּל עֹל מִצְווֹת.

וְאִם בָּאִים עָלָיו יִסּוּרִים יְקַבֵּל מֵאַהֲבָה, וְאַל יֹאמַר הוֹאִיל וַאֲנִי מְקַיֵּם רְצוֹן הַבּוֹרֵא וַאֲנִי לוֹמֵד תּוֹרָה בְּכָל יוֹם לָמָּה בָּאִים עָלַי יִסּוּרִים?! אֶלָּא יְקַבְּלֵם מֵאַהֲבָה, וְאָז יִזְכֶּה לְדֶרֶךְ חַיִּים שְׁלֵמָה.

כִּי מִי יוֹדֵעַ דַּעַת הַקָּדוֹשׁ בָּרוּךְ הוּא, וְחַיָּב לוֹמַר עַל הַכֹּל "צַדִּיק אַתָּה ה' וְיָשָׁר מִשְׁפָּטֶיךָ" (תהלים קיט, קלז), וְכָל דְּעָבְדִין מִן שְׁמַיָּא לְטָב עָבְדֵי.[104]

104 ברכות ס ע"ב.

סימן קנב

אֲמַרְתָּ כִּסְאוֹ, וְהָא אֲמַרְתָּ זֶה כִּתְרוֹ שֶׁל הַקָּדוֹשׁ בָּרוּךְ הוּא, דְּאָמְרִינַן 'בְּג' כְּתָרִים נִכְתְּרוּ יִשְׂרָאֵל כֶּתֶר כְּהֻנָּה וְכֶתֶר מַלְכוּת וְכֶתֶר תּוֹרָה עַל גַּבֵּיהֶם'.[105]

פירוש

סימן קנב

זעיר אנפין מורכב משש ספירות: חסד, גבורה, תפארת, נצח, הוד, יסוד. אולם כשהוא מתקיים כפרצוף הוא נעשה מבנה שלם, ואז הוא מכיל את עשר הספירות כולן. מסיבה זו, אף שבריאת העולם התרחשה בשישה ימים, היא מורכבת מעשרה מאמרות.

ב"גדילה" זו של זעיר אנפין משש ספירות לעשר ספירות, שלוש הספירות העליונות – חסד, גבורה ותפארת – נכפלות. ספירת חסד הופכת לחכמה, ספירת גבורה – לבינה, ואילו ספירת תפארת – לכתר. אלו שלושת ה"כתרים" של שלושת הטורים של זעיר אנפין ושלושת כתריו של ישראל.

מאחר שספירת תפארת שבזעיר אנפין הופכת להיבט של ספירת כתר, עולה השאלה – מדוע היא נקראת כיסא הכבוד? התפילין רומזות לתכלית הבריאה.

מָשָׁל לְמֶלֶךְ שֶׁהָיָה לוֹ כֶּתֶר גָּבוֹהַּ וּמְבֻשָּׂם וְאוֹהֲבוֹ מְאֹד, לִפְעָמִים מַשְׁאִילוֹ לִבְנוֹ לָשֶׁבֶת עִמּוֹ, לִפְעָמִים נְטָלוֹ בִּזְרוֹעוֹ הַיְנוּ תְּפִלִּין שֶׁבִּזְרוֹעוֹ, וְלִפְעָמִים שָׂמוֹ בְּרֹאשׁוֹ וְהַיְנוּ תְּפִלִּין שֶׁבָּרֹאשׁ,[106] וְלִפְעָמִים נִקְרָא כִּסְאוֹ כִּי בִּזְרוֹעוֹ נוֹשְׂאוֹ כְּקָמֵעַ כְּעֵין כִּסְאוֹ.

105 שם, וראו אבות, אבות ד, יג; ו, ה.

106 זהו רמז לתפילין של ה׳, ברכות ו ע״א. התפילין של ה׳ מייצגות את הכתר של זעיר אנפין (ספירת תפארת). תיקוני זוהר יז ע״א. זה נידון ארוכות בספרון שלי, *God, Man and Tefillin*, עמ׳ 37. למרות שיש כתר הקשור גם לספירות הנמוכות, זה רק ׳הושאל׳ להם.

פירוש

בדרך כלל, תכלית ורצון מיוצגים על ידי ספירת כתר, כיוון שאלו גבוהים יותר מן האינטלקט. אולם תכלית ורצון צריכים לבוא לידי ביטוי גם בפועל, שלב שמיוצג על ידי הזרוע. כאשר הדבר אכן מתרחש, עליו להיות מתועל דרך הלב.

הכיסא מסמל הנמכה, כיוון שכאשר אדם יושב על כיסא גופו נעשה נמוך יותר. כאשר הא־ל פועל, כלומר מניח את התפילין על "זרועו", התפילין נקראות "כסא", כיוון שהן מונמכות אל התחום של עשייה ופעולה.

סימן קנג

וּמַאי שְׁבִיעִית? הוּא עֲרָבוֹת.[107] וְלָמָּה נִקְרָא שָׁמַיִם?[108] אֶלָּא שֶׁהוּא עָגֹל כְּמוֹ רֹאשׁ הָאִישׁ, וּמְלַמֵּד שֶׁמַּיִם מִימִינוֹ וְאֵשׁ מִשְּׂמֹאלוֹ וְהוּא בָּאֶמְצַע וּמַכְנִיס שָׁלוֹם בֵּינֵיהֶם.

בָּא הָאֵשׁ וּמָצָא צִדּוֹ מִדַּת אֵשׁ, וּבָאוּ הַמַּיִם מִצִּדָּן וּמָצְאוּ מִדַּת הַמַּיִם, וְהַיְינוּ "עֹשֶׂה שָׁלוֹם בִּמְרוֹמָיו" (איוב כה, ב).

107 מוזכר במזמור סח, ה. זה הגבוה מבין שבעת הרקיעים, חגיגה יב ע"ב. הכוונה כאן לספירת מלכות. המילה ערבות קשורה גם למילה 'מערב', הרומזת לספירת יסוד, ובכך מובילה לשאלה שבסימן הבא.

108 שמים הינה צורת ריבוי של המילה 'שם', ללמדנו שבכל כיוון הם 'שם'. ראו סימנים קיד, קטו.

פירוש

סימן קנג

"ערבות" הוא ריבוי (בנקבה) של "ערב", כלומר – מערב. כינוי זה לשמים מופיע רק במקום אחד במקרא: "סֹלּוּ לָרֹכֵב בָּעֲרָבוֹת" (תהלים סח, ה). הא־ל מתואר כרוכב על הערבות, ומשום כך "ערבות" התפרשה כמרכבתו של הא־ל. באמצעות ה"ערבות" הא־ל יורד מטה כדי להשגיח על העולם, כפי שהפסוק הבא בתהלים ממשיך: "אֲבִי יְתוֹמִים וְדַיַּן אַלְמָנוֹת..." (שם ו).

רכבה של ההשגחה האלוהית הוא ספירת מלכות. מבין שבעת הרקיעים, התלמוד קובע כי "ערבות" הוא הגבוה מכולם (בבלי חגיגה יב ע"ב). אם כן, זהו למעשה ראשה של ספירת מלכות, וכפי שהוזכר לעיל, ראשה של הנקבה עומד כנגד לבו של זעיר אנפין, שהוא ספירת תפארת. מסיבה זו מוזכר רקיע ערבות אחרי ספירת תפארת, ולא כספירה העשירית. במובן זה, הוא גם ה"מערב" של זעיר אנפין, כנגד ספירת יסוד, ומכאן שמו.

ראשה של ספירת מלכות ממוקם בדיוק

סימן קנד

שְׁבִיעִי וְלֹא שִׁשִּׁי?[109] אֶלָּא מְלַמֵּד שֶׁכָּאן הֵיכַל הַקֹּדֶשׁ וְהוּא נוֹשֵׂא אֶת כֻּלָּם וְנֶחְשָׁב לִשְׁנַיִם,[110] וְהָוֵי שְׁבִיעִי. וּמַאי נִיהוּ? הַמַּחֲשָׁבָה שֶׁאֵין לָהּ סוֹף וְתַכְלִית, וְכָךְ הַמָּקוֹם הַזֶּה אֵין לוֹ סוֹף וְתַכְלִית.

109 שהרי נאמר לגבי אדם וחוה, "ויהיו לבשר אחד". ראו סימנים קעב, פב, קסח.

110 היות שספירת מלכות תומכת בכל הספירות, כאשר מדברים על "התערותא דלתתא", היא נספרת בנפרד. ראו סימן קעא.

פירוש

באמצע של ספירות זעיר אנפין, ולפיכך נאמר כי "מים מימינו ואש משמאלו". יתרה מזאת, אם מדמיינים את ספירותיו של זעיר אנפין כמערך תלת־ממדי, אזי ספירת מלכות, היכל הקודש, ניצבת במרכזו (ספר יצירה ד, ג).

כל הספירות פועלות דרך ספירת המלכות – הן אלו של צד ימין, הקשורות למים ולאהבה, הן אלו של צד שמאל, המייצגות את האש והדין. לפיכך, הן האש הן המים מוצאים את מקומם בספירת מלכות.

סימן קנד

אולם מכאן עולה השאלה: אם ערבות היא במקומה של ספירת תפארת, מה מבחין בין השתיים?

כפי שהוזכר לעיל, הלב, הנקרא "היכל הקודש", הוא למעשה המפגש בין ארבע ספירות: כתר, מלכות, חכמה ובינה. כאשר ספירותיו של זעיר אנפין מסודרות כמערך תלת־ממדי, זוהי נקודת האמצע המדויקת. הואיל ובמצב זה ערבות שונה בהחלט מספירת תפארת, היא נספרת תמיד בנפרד.

בממד הנפש, ספירת מלכות ניצבת

סימן קנה

שְׁבִיעִי הֲוָה מִזְרָחוֹ שֶׁל עוֹלָם, וּמִשָּׁם בָּא זַרְעָם שֶׁל יִשְׂרָאֵל.
כִּי חוּט הַשִּׁדְרָה מָשׁוּךְ מִן הַמֹּחַ שֶׁל אָדָם, וּבָא לָאַמָּה וּמִשָּׁם בָּא הַזֶּרַע, דִּכְתִיב (ישעיהו מג, ה) "מִמִּזְרָח אָבִיא זַרְעֶךָ [וּמִמַּעֲרָב אֲקַבְּצֶךָּ]".
כְּשֶׁיִּשְׂרָאֵל טוֹבִים אָבִיא זַרְעֲךָ מִזֶּה הַמָּקוֹם וְיִתְחַדֵּשׁ לְךָ זֶרַע חָדָשׁ, וּכְשֶׁיִּשְׂרָאֵל רָעִים מִן הַזֶּרַע שֶׁכְּבָר בָּא לָעוֹלָם שֶׁנֶּאֱמַר (קהלת א, ד) "דּוֹר הֹלֵךְ וְדוֹר בָּא", מְלַמֵּד שֶׁכְּבָר בָּא.[111]

111 ראו סימנים קכא, קכב.

פירוש

בדיוק כנגד ספירת הכתר, ולפיכך היא תומכת בכל האחרות. ספירת מלכות תומכת בשאר הספירות גם באמצעות "אתערותא דלתתא", ההתעוררות התחתונה. התעוררות זו היא התכלית של הבריאה כולה, ומאחר שספירת כתר מייצגת את התכלית, במצב זה הופכת ספירת מלכות לכתר.

היות שספירת מלכות היא הקצה הניתן לראייה של ממד הנפש, היא נחשבת לממד המחשבה. היא חותרת אל ספירת הכתר, ולפיכך המגע עם האינסוף מתרחש בממד זה.

סימן קנה

בדמותו הפרסונלית, זעיר אנפין מצויר

סימן קנו

וּמַאי דִּכְתִיב (ישעיהו מג, ה) "מִמַּעֲרָב אֲקַבְּצֶךָּ"?

[אֲקַבְּצֶךָּ] מֵאוֹתָהּ הַמִּדָּה שֶׁנּוֹטָה תָּמִיד לַמַּעֲרָב.

לָמָּה נִקְרָא שְׁמָהּ מַעֲרָב? מִפְּנֵי שֶׁשָּׁם מִתְעָרֵב כָּל הַזֶּרַע.

מָשָׁל לְמֶלֶךְ, שֶׁהָיָה לוֹ כַּלָּה נָאָה וּצְנוּעָה בַּחֲדָרוֹ, וְהָיָה לוֹקֵחַ מִבֵּית אָבִיו עֹשֶׁר וּמֵבִיא לָהּ, וְהִיא לוֹקַחַת הַכֹּל וּמַצְנַעַת אוֹתוֹ תָּמִיד וּמְעָרֶבֶת וּמְעַכֶּבֶת הַכֹּל,

פירוש

סימן קנו

גם ספירת מלכות, הכלה, מצוירת שוכבת כשראשה למזרח. לפיכך רחמה נמצא במערב, וברחם זה "מתערב כל הזרע". ספירת מלכות נקראת אפוא "ערבות", שם שלו משמעות כפולה – הן מלשון מערב הן מלשון תערובת.

בדרך כלל כאשר פניו מטה, ראשו למזרח ורגליו למערב, כשהוא מעניק שפע רוחני לעולם. הנקבה, ספירת המלכות, הממוקמת כנגד ספירת תפארת, ניצבת אפוא גם היא למזרח.

"זרעם של ישראל" נע מן המוח, במורד עמוד השדרה, ולפיכך הוא בא מן המזרח.

לְסוֹף הַיָּמִים בִּקֵּשׁ לִרְאוֹת מֶה אָסַף וּמָה קִבֵּץ.

וְהַיְנוּ דִּכְתִיב "וּמִמַּעֲרָב אֲקַבְּצֶךָּ", וּמַאי נִיהוּ? בֵּית אָבִיו, דִּכְתִיב (שם) "מִמִּזְרָח אָבִיא זַרְעֶךָ", מְלַמֵּד שֶׁמִּמִּזְרָח מֵבִיא וְזוֹרֵעַ בַּמַּעֲרָב וְאַחַר כָּךְ הוּא מְקַבֵּץ מַה שֶּׁזּוֹרֵעַ.[112]

112 על פי הקבלה, מזרח הוא ספירת תפארת, ומערב הוא יסוד. הגר"א על ספר יצירה א, ה. היות שמלכות צמודה ליסוד (פב) היא גם (מחוברת) למערב.

סימן קנז

שְׁמִינִי מַאי הָוֵי?
יֵשׁ לוֹ לְהַקָּדוֹשׁ בָּרוּךְ הוּא צַדִּיק אֶחָד בְּעוֹלָמוֹ וְהוּא חָבִיב לוֹ מִפְּנֵי שֶׁמְּקַיֵּם עוֹלָמוֹ כֻּלּוֹ וְהוּא יְסוֹדוֹ.[113]
וּמְצַמְּחוֹ וּמְגַדְּלוֹ וּמְשַׁמְּרוֹ, אָהוּב וְחָבִיב לְמַעְלָה, אָהוּב וְחָבִיב לְמַטָּה, נוֹרָא וְאַדִּיר לְמַעְלָה, נוֹרָא וְאַדִּיר לְמַטָּה, מְתֻקָּן וּמְקֻבָּל לְמַעְלָה, מְתֻקָּן וּמְקֻבָּל לְמַטָּה.

113 על ספירת יסוד, ראו סימנים סא, פב, פג, קסח, קפ, קצג.

פירוש

סימן קנז

זוהי ספירת יסוד. הסיבה שבגינה היא איננה תשיעית כמו בפסוק, אלא שמינית דווקא, תידון להלן.

נפשות בני האדם נולדות מתוך האיחוד בין ספירת יסוד לספירת מלכות. לפיכך מכונה היסוד "יסוד הנפשות".

עולה אפוא השאלה: איך אפשר לומר שיסוד, הספירה השמינית, נושא את כל הנשמות, אם במקום אחר נאמר כי הספירה השביעית, המיוצגת בשבת, היא הנושאת אותן (סימן נו)? התשובה היא שאכן כל הנפשות באות מן השביעית, ספירת מלכות, רחם הנפשות.

ספירת מלכות נקראת שביעית ולא עשירית, כיוון שהיא מיוצגת כמרכזן של

וְהוּא יְסוֹד הַנְּפָשׁוֹת כֻּלָּן. אֲמַרְתָּ יְסוֹד הַנְּפָשׁוֹת כֻּלָּן וְאָמַרְתָּ שְׁמִינִי, וְהָכְתִיב "וּבַיּוֹם הַשְּׁבִיעִי שָׁבַת וַיִּנָּפַשׁ", (שמות לא, יז) **אֵין הָוֵי שְׁבִיעִי, מִשּׁוּם דְּמַכְרִיעַ בֵּינַיְהוּ, דְּשִׁית אִנּוּן ג' מִלְּרַע וְג' מִלְּעֵיל וְהוּא דְּמַכְרִיעַ בֵּינַיְהוּ.**[114]

114 ראו סימן קסח. כאן ניתן להבין מדוע בספר הבהיר מלכות ויסוד הן שביעית ושמינית בספירות, ולא שמינית ותשיעית כמו בקבלה הקלאסית. מלכות היא שבת, שהיא שבע, בעוד שיסוד היא השמינית שהיא ברית המילה. בהיותה הספירה השביעית, מלכות היא מרכזית בין ששת "הימים".

פירוש

שש ספירות זעיר אנפין. שש הספירות מייצגות את ששת הכיוונים, ואילו ספירת מלכות היא נקודת המרכז שלהם. במובן זה, השבת מצטיירת כמרכז השבוע: לפניה שלושה ימים, ואחריה שלושה ימים.

סימן קנח

וּמַאי טַעֲמָא אִקְרֵי שְׁבִיעִי? וְכִי הָיָה שְׁבִיעִי?
אֶלָּא מִפְּנֵי שֶׁהַקָּדוֹשׁ בָּרוּךְ הוּא שָׁבַת בְּשַׁבָּת, בְּאוֹתָהּ מִדָּה כְּתִיב (שם) "כִּי שֵׁשֶׁת יָמִים עָשָׂה ה' אֶת הַשָּׁמַיִם וְאֶת הָאָרֶץ וּבַיּוֹם הַשְּׁבִיעִי שָׁבַת וַיִּנָּפַשׁ", מְלַמֵּד שֶׁכָּל יוֹם וָיוֹם יֵשׁ לוֹ מַאֲמָר שֶׁהוּא אָדוֹן לוֹ.
לֹא מִפְּנֵי שֶׁהוּא נִבְרָא בּוֹ אֶלָּא שֶׁהוּא פּוֹעֵל בּוֹ פְּעֻלָּה הַמְּסוּרָה בְּיָדוֹ.

פירוש

סימן קנח
ספירת יסוד יוצרת נשמות רק כאשר היא בחיבור עם ספירת מלכות. לפיכך, היום המרכזי שבו היא פועלת הוא שבת.

ספירת יסוד מקבילה ליום שישי, שבו נברא אדם הראשון. אולם האדם לא השיג את הדרגה החשובה ביותר של נפשו עד השבת הראשונה. אם היה מחכה לשבת, היה מקבל אפוא רשות לאכול מעץ הדעת, אולם חטאו היה שהוא לא המתין אלא אכל ממנו כבר ביום שישי.

פָּעֲלוּ כֻּלָּם פְּעֻלָּתָם וְקִיְּמוּ מַעֲשֵׂיהֶם, לְכָךְ בָּא יוֹם הַשְּׁבִיעִי וּפָעַל פְּעֻלָּתוֹ וְשָׂמְחוּ כֻּלָּם, אַף הַקָּדוֹשׁ בָּרוּךְ הוּא, וְלֹא עוֹד אֶלָּא שֶׁגָּדְלָה נִשְׁמָתָם דִּכְתִיב "וּבַיּוֹם הַשְּׁבִיעִי שָׁבַת וַיִּנָּפַשׁ".

סימן קנט

וּמָה הָוֵי בּוֹ "שְׁבִיתָה"? זוֹ דְּלֵית בָּהּ מְלָאכָה, וְהָוֵי הֲנָחָה דִּכְתִיב שַׁבָּת. מָשָׁל לְמֶלֶךְ שֶׁהָיָה לוֹ ז' גִּנּוֹת וּבַגַּן הָאֶמְצָעִי מַעְיָן נוֹבֵעַ מִמְּקוֹר חַיִּים, מַשְׁקֶה לְג' מִימִינוֹ וּלְג' מִשְּׂמֹאלוֹ, וּמִיָּד שֶׁפָּעַל פְּעֻלָּה זוֹ וּמִתְמַלֵּא שְׂמֵחִים כֻּלָּם, כִּי אָמְרוּ לְצָרְכֵינוּ הוּא מִתְמַלֵּא, וְהוּא מַשְׁקֶה אוֹתָם וּמְגַדְּלָם וְהֵם מַמְתִּינִים וְשׁוֹבְתִים.

פירוש

סימן קנט

כאן מצטיירת ספירת המלכות כמקורן של כל שאר הספירות. לכאורה, הדבר סותר את התפיסה הרגילה על ספירת מלכות, כזו שנמשכת מתוך שאר הספירות. אולם כפי שהוזכר לעיל, מן הבחינה של "אתערותא דלעילא", ספירת מלכות נמשכת מתוך שאר הספירות, אולם מן הבחינה של "אתערותא דלתתא" – היא מעניקה לאחרות.

ספירת כתר מזוהה עם התכלית, ואילו ספירת מלכות – עם הגשמתה. שתי אלו מגדירות את הממד הרוחני, הנקרא "נפש".

וְהוּא מַשְׁקֶה אֶת הַשִּׁבְעָה? וְהָכְתִיב "מִמִּזְרָח אָבִיא זַרְעֶךָ" (ישעיהו מג, ה) וְהָוֵי חַד מִנְּהוֹן וּמַשְׁקֶה לֵיהּ. אֶלָּא אִימָא הוּא מַשְׁקֶה הַלֵּב וְהַלֵּב מַשְׁקֶה אֶת כֻּלָּם.

פירוש

המטרה האחרונה של הבריאה קשורה ל"אתערותא דלתתא", ובמובן זה ספירת מלכות היא השלטת.

זהו סמל הלב, שבו ספירת כתר זורחת לתוך ספירת מלכות (באמצעות ספירות חכמה ובינה). זוהי הנקודה המרכזית של ממד הנפש. הלב הוא אפוא ה"מלך" של ממד הנפש, כלומר - היבט המלכות שבו. מכאן שהלב הוא הכוח המניע של כל שבע הספירות.

סימן קס

יָשַׁב ר׳ בֶּרֶכְיָה וְדָרַשׁ: מַאי הַאי דְּאָמְרִינַן כָּל יוֹמָא הָעוֹלָם הַבָּא, וְלָא יָדְעִינַן מַאי קָאָמְרִינַן! הָעוֹלָם הַבָּא - מְתַרְגְּמִינַן עָלְמָא דְּאָתֵי.

מַאי עָלְמָא דְּאָתֵי? מְלַמֵּד שֶׁקֹּדֶם שֶׁנִּבְרָא הָעוֹלָם עָלָה בְּמַחֲשָׁבָה לִבְרֹא אוֹר, וְנִבְרָא אוֹר גָּדוֹל שֶׁאֵין כָּל בְּרִיָּה יְכוֹלָה לְסָבְלוֹ וְלִשְׁלֹט בּוֹ.

צָפָה הַקָּדוֹשׁ בָּרוּךְ הוּא שֶׁאֵין כָּל בְּרִיָּה יָכוֹל לְסָבְלוֹ, לָקַח שְׁבִיעִי וְשָׂם לָהֶם בִּמְקוֹמוֹ, וְהַשְּׁאָר גְּנָזוֹ לַצַּדִּיקִים לֶעָתִיד לָבוֹא. אָמַר: אִם יִזְכּוּ בָּנַי בְּזֶה הַשְּׁבִיעִי וְיִשְׁמְרוּהָ וְאֶתֵּן לָהֶם זֶה לָעוֹלָם הָאַחֲרוֹן. וְהַיְנוּ עוֹלָם הַבָּא, שֶׁכְּבָר בָּא מִקֹּדֶם שֵׁשֶׁת יְמֵי בְּרֵאשִׁית. הָדָא הוּא דִּכְתִיב "מָה רַב טוּבְךָ אֲשֶׁר צָפַנְתָּ לִּירֵאֶיךָ" וגו׳. (תהלים לא, כ)

סִימָן קסא

מַאי דִכְתִיב (שמות טו, כז) "וַיָּבֹאוּ אֵילִמָה וְשָׁם שְׁתֵּים עֶשְׂרֵה עֵינֹת מַיִם וְשִׁבְעִים תְּמָרִים וַיַּחֲנוּ שָׁם עַל הַמָּיִם", וְכִי מַה שֶּׁבַח הָיָה בְּשִׁבְעִים תְּמָרִים? בְּאַחַת מִקְּטַנֵּי הַמְּקוֹמוֹת יֵשׁ אֶלֶף!

אֶלָּא זָכוּ לְ[דָבָר שֶׁהוּא כְּ]דֻגְמָתָם, שָׂם לָהֶם מָשָׁל בִּתְמָרִים.

דִּכְתִיב "וַיָּבֹאוּ מָרָתָה וְלֹא יָכְלוּ לִשְׁתֹּת מַיִם מִמָּרָה כִּי מָרִים הֵם", מְלַמֵּד שֶׁרוּחַ צְפוֹנִית הָיְתָה מְעַכֶּבֶת שֶׁנֶּאֱמַר (שם כה) "וַיִּצְעַק אֶל ה׳ וַיּוֹרֵהוּ ה׳ עֵץ וַיַּשְׁלֵךְ אֶל הַמַּיִם וַיִּמְתְּקוּ הַמָּיִם".

מִיַּד נָתַן הַקָּדוֹשׁ בָּרוּךְ הוּא יָדוֹ בַּשָּׂטָן וּמִעֲטוֹ, וְאִלְמָלֵא כֵּן לֹא הָיוּ יִשְׂרָאֵל יְכוֹלִין לַעֲמֹד מִפָּנָיו שֶׁנֶּאֱמַר (שם) "שָׁם שָׂם לוֹ חֹק וּמִשְׁפָּט וְשָׁם נִסָּהוּ", מְלַמֵּד שֶׁבְּאוֹתָהּ שָׁעָה דָּבַק בָּהֶם וּבִקֵּשׁ לְאַבְּדָם

מִן הָעוֹלָם שֶׁנֶּאֱמַר (שם כד) "וַיִּלֹּנוּ הָעָם עַל מֹשֶׁה לֵּאמֹר מַה נִּשְׁתֶּה". וְעוֹד קִטְרֵג [הַשָּׂטָן] עַל מֹשֶׁה עַד כִּי צָעַק אֶל ה' וְנַעֲנָה.

וּמַאי "וַיּוֹרֵהוּ ה' עֵץ"? מְלַמֵּד שֶׁעֵץ הַחַיִּים הָיָה סְבִיב הַמַּיִם וּבָא הַשָּׂטָן וּנְטָלוֹ מִשָּׁם כְּדֵי לְקַטְרֵג עַל יִשְׂרָאֵל וּלְהַחְטִיאָם לַאֲבִיהֶם שֶׁבַּשָּׁמַיִם, וְהָיָה אוֹמֵר: עַתָּה תִּכָּנְסוּ בַּמִּדְבָּר, וַעֲדַיִן אֵלֶּה הַמַּיִם שֶׁהֵם מָרִים הֵם טוֹבִים כִּי תַּסְפִּיקוּ מֵהֶם [=תַּעֲשׂוּ בָּהֶם שִׁמּוּשׁ מְסֻיָּם], אֲבָל בַּמִּדְבָּר, לֹא תִּמְצְאוּ אֲפִלּוּ לִרְחֹץ יְדֵיכֶם וּפְנֵיכֶם! וְאָז תָּמוּתוּ בָּרָעָב וּבַצָּמָא וּבְחֹסֶר כֹּל.

בָּאוּ אֶל מֹשֶׁה וְאָמְרוּ כָּךְ וְכָךְ, [וּמֹשֶׁה] דָּחָה אוֹתָם. רָאָה [הַשָּׂטָן] כִּי לֹא יָכֹל לָהֶם, הִתְחַזֵּק עַל יִשְׂרָאֵל וְעַל מֹשֶׁה

וּבָאוּ הָעָם "וַיִּלֹּנוּ עַל מֹשֶׁה": כָּאן חָסֵר לָנוּ הַמַּיִם וּמַה נִּשְׁתֶּה בַּמִּדְבָּר? בָּא הַשָּׂטָן וְזִיֵּף דִּבְרֵיהֶם אֶל מֹשֶׁה לְהַחְטִיאָם. וּמִיָּד כְּשֶׁרָאָה מֹשֶׁה [אֶת] הַשָּׂטָן, "וַיִּצְעַק אֶל ה' וַיּוֹרֵהוּ ה' עֵץ", אוֹתוֹ עֵץ הַחַיִּים הוּא שֶׁהֵסִיר הַשָּׂטָן, "וַיַּשְׁלֵךְ אֶל הַמַּיִם וַיִּמְתְּקוּ הַמָּיִם, שָׁם שָׂם לוֹ חֹק וּמִשְׁפָּט" הַקָּדוֹשׁ בָּרוּךְ הוּא לַשָּׂטָן, "וְשָׁם נִסָּהוּ" לְיִשְׂרָאֵל. וּבָא הַקָּדוֹשׁ בָּרוּךְ הוּא וְהִזְהִיר לָהֶם לְיִשְׂרָאֵל שֶׁ"אִם שָׁמוֹעַ תִּשְׁמַע לְקוֹל ה' אֱלֹהֶיךָ... כָּל הַמַּחֲלָה... לֹא אָשִׂים עָלֶיךָ כִּי אֲנִי ה' רֹפְאֶךָ".

פירוש

סימן קסא

מעצי התמרים מגיע הלולב, שנידון לעיל (סימנים צח, קא). זהו עמוד השדרה, המהווה נתיב שמוביל משלוש ספירות הראש – חכמה, בינה וכתר – לספירת יסוד (סימן קסו).

כפי שראינו לעיל, קריעת ים סוף הייתה כניסה אל תוך סוד הספירות. לאחר שבני ישראל חצו את ים סוף הם הגיעו למרה במצב של הכשרה והתכוננות לעץ החיים, אולם השטן לקח אותו משם.

סימן קסב

מָשָׁל לְמֶלֶךְ שֶׁהָיְתָה לוֹ בַּת נָאָה
וַאֲחֵרִים מִתְאַוִּים לָהּ. יָדַע הַמֶּלֶךְ בַּדָּבָר
וְלֹא הָיָה יָכוֹל לְהִתְקוֹטֵט עִם הַמּוֹצִיאִים
בִּתּוֹ לְתַרְבּוּת רָעָה. וְהִזְהִיר אֶת בִּתּוֹ:
אַל תָּחוּשִׁי לְדִבְרֵי אֵלֶּה הַמַּזִּיקִים, כִּי לֹא
יוּכְלוּ לָךְ, וְאַל תֵּצְאִי לְפֶתַח הַבַּיִת וַעֲשִׂי
מְלַאכְתֵּךְ בְּבֵיתֵךְ וְאַל תֵּשְׁבִי בְּטֵלָה
אֲפִלּוּ שָׁעָה אַחַת, וְלֹא יוּכְלוּ לִרְאוֹתֵךְ
וְלֹא לְהַזִּיק לָךְ. כִּי יֵשׁ בָּהֶם מִדָּה אַחַת:
מִתְרַחֲקִים מִכָּל דֶּרֶךְ טוֹב וּבוֹחֲרִים בְּכָל
דֶּרֶךְ רַע, וּכְשֶׁרוֹאִין אִישׁ מַדְרִיךְ עַצְמוֹ
בְּדֶרֶךְ טוֹבָה וְהוֹלֵךְ בָּהּ שׂוֹנְאִים אוֹתוֹ.

וּמַאן נִיהוּ הַשָּׂטָן? מְלַמֵּד שֶׁיֵּשׁ לְהַקָּדוֹשׁ בָּרוּךְ הוּא מִדָּה שֶׁשְּׁמָהּ "רָעָה" וְהִיא לִצְפוֹנוֹ שֶׁל הַקָּדוֹשׁ בָּרוּךְ הוּא דִּכְתִיב "מִצָּפוֹן תִּפָּתַח הָרָעָה עַל כָּל יֹשְׁבֵי הָאָרֶץ" (ירמיהו א, יד), כְּלוֹמַר כָּל רָעָה אֲשֶׁר הִיא בָּאָה לְכָל יוֹשְׁבֵי הָאָרֶץ מִצָּפוֹן בָּא.

סימן קסג

וּמַאי נִיהוּ מִדָּה?
הִיא צוּרַת יָד.
וְלָהּ שְׁלוּחִים הַרְבֵּה וּשְׁמָם שֶׁל כֻּלָּם
רַע רַע. אַף יֵשׁ בָּהֶם קָטָן וְגָדוֹל, וְהֵם
מַחְרִיבִים אֶת הָעוֹלָם.
כִּי תֹהוּ לְצַד צָפוֹן, וְאֵין תֹּהוּ אֶלָּא רַע
שֶׁמַּתְהֶא בְּנֵי אָדָם עַד שֶׁיַּחְטִיאֵם. וְכָל
יֵצֶר הָרַע שֶׁיֵּשׁ בִּבְנֵי אָדָם מִשָּׁם הוּא,
וְלָמָּה נִתַּן בִּשְׂמֹאל? מִפְּנֵי שֶׁאֵין לוֹ
רְשׁוּת בְּכָל הָעוֹלָם אֶלָּא בַּצָּפוֹן, וְלֹא
רָצָה לִהְיוֹת אֶלָּא בַּצָּפוֹן, וְלֹא הֻרְגַּל
אֶלָּא בַּצָּפוֹן. לְפִי כְּשֶׁיִּהְיֶה בַּדָּרוֹם עַד
שֶׁיִּלְמַד מַהֲלַךְ הַדָּרוֹם, וְהֵיאַךְ הוּא יָכוֹל
לְהַטְעוֹת? יִתְעַכֵּב אוֹתָן הַיָּמִים שֶׁיִּלְמַד
וְלֹא יַחֲטִיא. לְפִיכָךְ הוּא לְעוֹלָם בַּצָּפוֹן,
בִּשְׂמֹאל. וְהַיְנוּ דִּכְתִיב (בראשית ח, כא) "כִּי

יֵצֶר לֵב הָאָדָם רַע מִנְּעֻרָיו", רַע הוּא מִנְּעוּרָיו וְלֹא יִטֶּה אֶלָּא לִשְׂמֹאל שֶׁכְּבָר הֻרְגַּל בָּהּ, לְפוּם הָכִי אָמַר הַקָּדוֹשׁ בָּרוּךְ הוּא לְיִשְׂרָאֵל (שמות טו, כו) "אִם שָׁמוֹעַ תִּשְׁמַע לְקוֹל ה' אֱלֹהֶיךָ וְהַיָּשָׁר בְּעֵינָיו תַּעֲשֶׂה וְהַאֲזַנְתָּ לְמִצְוֹתָיו", וְלֹא לְמִצְוַת יֵצֶר הָרַע, "וְשָׁמַרְתָּ כָּל חֻקָּיו", וְלֹא חֹק יֵצֶר הָרַע, "אֲנִי ה' רֹפְאֶךָ".

סימן קסד

וּמַאי מַרְוִיחַ יֵצֶר הָרַע?
מָשָׁל לְמֶלֶךְ שֶׁהִפְקִיד פְּקִידִים עַל
מַלְכוּתוֹ וְעַל סְחוֹרָתוֹ, וְעַל כָּל אֶחָד
וְאֶחָד מְמֻנֶּה, [אֶחָד מְמֻנֶּה] עַל אוֹצְרוֹת
מַאֲכָל הַטּוֹבִים, וְאֶחָד מְמֻנֶּה עַל אוֹצַר
הָאֲבָנִים. בָּאוּ כָּל הָעוֹלָם לִקְנוֹת מֵאוֹצָרוֹ
הַטּוֹב. בָּא זֶה שֶׁמְּמֻנֶּה עַל הָאֲבָנִים וְרָאָה
מַה שֶּׁקּוֹנִין מִמֶּנּוּ [מִן הַמְמֻנֶּה עַל הַמַּאֲכָלִים],
קִנֵּא בּוֹ. מֶה עָשָׂה? שָׁלַח שְׁלוּחָיו לַהֲרֹס
הַבָּתִּים הַחַלָּשִׁים, כִּי בַּחֲזָקִים אֵין לוֹ
יְכֹלֶת. אָמַר בֵּין כָּךְ וּבֵין כָּךְ [בִּזְמַן שֶׁ]
שֶׁיִּשְׁתַּדְּלוּ לַהֲרֹס בַּיִת אֶחָד מִן הַחֲזָקִים,
[נִתֵּן שֶׁ]יֵהָרְסוּ עֶשְׂרִים מִן הַחַלָּשִׁים, וְ[כָךְ]
יָבוֹאוּ כֻּלָּם לִקְנוֹת אֲבָנִים מִמֶּנִּי, וְלֹא
אֶהְיֶה אֲנִי פָּחוּת מֵחֲבֵרִי.

הָדָא הוּא דִּכְתִיב (ירמיהו א, יד) "מִצָּפוֹן תִּפָּתַח הָרָעָה עַל כָּל יֹשְׁבֵי הָאָרֶץ", וְאַחַר כָּךְ (שם טו) "כִּי הִנְנִי קֹרֵא לְכָל מִשְׁפְּחוֹת מַמְלְכוֹת צָפוֹנָה נְאֻם ה' וּבָאוּ וְנָתְנוּ אִישׁ כִּסְאוֹ פֶּתַח שַׁעֲרֵי יְרוּשָׁלַםִ" וגו'. וְהָרָעָה תִּהְיֶה עֵסֶק, וְגַם יֵצֶר הָרַע יִשְׁתַּדֵּל תָּמִיד, וּמַאי מַשְׁמַע דְּשָׂטָן הָוֵי מַטֶּה? שֶׁהוּא מַטֶּה אֶת כָּל הָעוֹלָם לְכַף חוֹבָה, וּכְתִיב (בראשית לח, טז) "וַיֵּט אֵלֶיהָ" וּמְתַרְגֵּם "וּסְטָא לְוָתַהּ", וּכְתִיב (משלי ד, טו) "שְׂטֵה מֵעָלָיו וַעֲבֹר".

סימן קסה

"שִׁבְעִים תְּמָרִים" (שמות טו, כז). מַה טַּעַם? אֶלָּא קִבְּלוּ עֲלֵיהֶם הַמִּצְווֹת כִּדְכְתִיב (שם כו) "אִם שָׁמוֹעַ תִּשְׁמַע", מִיָּד "וַיָּבֹאוּ אֵילִמָה" (שם כז). מַאי אֵילִמָה, אֵלִי מָה.[115] "וְשָׁם שְׁתֵּים עֶשְׂרֵה עֵינֹת מַיִם", הַקָּדוֹשׁ בָּרוּךְ הוּא מְסַדְּרָן לָהֶם בַּתְּחִלָּה עֵינוֹת מַיִם וְאַחַר כָּךְ הֶחֱזִירָן לָהֶם אֲבָנִים דִּכְתִיב (יהושע ד, ט) "וּשְׁתֵּים עֶשְׂרֵה", מַאי

115 ניתן גם לקרוא כך: אלִי – מהִ?, שאת משמעותו ניתן לפרש מה אלוהי? או אלהי – מה? לעניין משמעות המילה "מה", ראו זוהר ח"א, ג ע"ב.

פירוש

סימן קסה

התורה נתהוותה ו"נכתבה" אלפיים שנה לפני בריאת העולם. אולם יש קושי בדבר: התורה מכילה תיאורים על אודות אנשים ומעשיהם, ולאותם אנשים יש רצון חופשי. אלא שלמעשה, כשהתורה נכתבה לראשונה, היא לא הכילה את אותם תיאורים ממש, אלא רק מערכת שקבעה כיצד ייכתבו

טַעֲמָא? מִפְּנֵי שֶׁבַּתְּחִלָּה הָיְתָה תּוֹרָה בָּעוֹלָם, שֶׁנִּמְשֶׁלֶת לְמַיִם. וְאַחַר כָּךְ נִקְבְּעָה בְּמָקוֹם קָבוּעַ, מַה שֶּׁאֵין [כֵּן] הַמַּיִם עוֹשִׂין, שֶׁהַיּוֹם [הֵם] כָּאן וּלְמָחָר לְהַלָּן.

פירוש

בשלב הראשון שלה, התורה מקושרת למים הנוזליים המשנים את צורתם כדי להתאים את עצמם לכלי שהם בו. אולם לאחר מכן נעשתה התורה מוצקה וקבועה כאבן.

תיאורים של פעולות מסוגים שונים ומגוונים. התורה לא ממש דמתה לספר אלא יותר לתוכנת מחשב המתוכנתת להפיק ספר מסוים לאור אירועים מסוימים. רק לאחר שהתורה נכתבה בפועל על ידי משה נתקבעה צורתה לדורי דורות.

סימן קסו

מַאי שִׁבְעִים תְּמָרִים (שמות טו, כז)? מְלַמֵּד שֶׁיֵּשׁ לוֹ לְהַקָּדוֹשׁ בָּרוּךְ הוּא שִׁבְעִים קוֹמוֹת.[116] וְשׁוֹאֲבִים מִי"ב פְּשׁוּטִים.[117] מָה הַמַּיִם הָאֵלֶּה פְּשׁוּטִים אַף הֵם פְּשׁוּטִים. וּמְנָלַן דְּתָמָר הָוֵי קוֹמָה? דִּכְתִיב (שיר השירים ז, ח) "זֹאת קוֹמָתֵךְ דָּמְתָה לְתָמָר". וְלֹא עוֹד אֶלָּא שֶׁיֵּשׁ בִּתְמָרִים שִׁבְעִים מִינִים, דִּכְתִיב "וְשִׁבְעִים תְּמָרִים" וְלֹא הָיוּ דּוֹמִים אֵלּוּ לְאֵלּוּ וּפְעֻלָּתָם זֶה לָזֶה וְטַעַם זֶה אֵינוֹ דּוֹמֶה לָזֶה.

116 ראו סימנים ח, צד, קי.

117 הכוונה ל"יב פשוטות", 12 האותיות המוזכרות בספר יצירה ה, א, המקבילות גם ל־12 השבטים. ראו סימן קיד.

סימן קסז

וְאָמַרְתָּ שִׁבְעִים תְּמָרִים, שִׁבְעִים קוֹמוֹת.
וְהָא אָמַרְתָּ שִׁבְעִים וּשְׁתַּיִם?
אֶלָּא שִׁבְעִים וְאַחַת, וְיִשְׂרָאֵל הֵם שִׁבְעִים
וּשְׁתַּיִם וְאֵינָם בַּכְּלָל [הַשִּׁבְעִים וּשְׁתַּיִם].
וְהָאָמַרְתְּ שִׁבְעִים [וְלֹא שִׁבְעִים וְאֶחָד]?
אֶלָּא הָאֶחָד שַׂר הַשָּׂטָן.
מָשָׁל לְמֶלֶךְ שֶׁהָיָה לוֹ בָּנִים. קָנָה עֲבָדִים
וְאָמַר: הִנֵּה לָכֶם בְּשָׁוֶה לְכֻלְּכֶם. אָמַר
אֶחָד מֵהֶם: אֵינִי רוֹצֶה עִמָּהֶם כִּי אֲנִי יֵשׁ
לִי יְכֹלֶת לִגְזֹל מִכֶּם הַכֹּל. אָמַר הַמֶּלֶךְ:
הוֹאִיל וְכֵן הוּא, לֹא יִהְיֶה לְךָ חֵלֶק
בְּתוֹכָם. וְעָשָׂה [הַבֵּן הַמֹּרְדָן] כְּכָל יְכָלְתּוֹ,
וְיָצָא וְאָרַב לָהֶם [לַעֲבָדִים] בַּדֶּרֶךְ, וְהֶרְאָה
לָהֶם זָהָב הַרְבֵּה וַאֲבָנִים יְקָרוֹת וַחֲיָלוֹת,
וְאָמַר לָהֶם סוּרוּ אֵלַי. מֶה עָשָׂה הַמֶּלֶךְ?
סִדֵּר חֵילוֹתָיו וְחֵילוֹת בָּנָיו כֻּלָּם, וְהֶרְאָה

לַעֲבָדִים וְאָמַר לָהֶם: אַל יַטְעֶה אֶתְכֶם [בְּנֵי הַ]טּוֹעֶה לֵאמֹר: חַיָּלָיו רַב מֵחַיָּלַי, הִנֵּה חֵילוֹתָיו שֶׁל אוֹתוֹ הַבֵּן רַמַּאי וְחוֹשֵׁב לִגְזֹל אֶתְכֶם, וְאַתֶּם לֹא תִשְׁמְעוּ לוֹ, כִּי בַּתְּחִלָּה יְחַלֵּק דְּבָרָיו כְּדֵי שֶׁיִּלְכֹּד אֶתְכֶם בִּמְצוּדָתוֹ וְאַחַר כָּךְ יִשְׂחַק, וְאַתֶּם עֲבָדַי, וַאֲנִי אֶעֱשֶׂה מִכֶּם נְקָמָה וְאִם לֹא תִשְׁמְעוּ לִי וְתָסוּרוּ מֵאַחֲרָיו.

כִּי הוּא שַׂר עַל הַתֹּהוּ שֶׁנֶּאֱמַר (דברים טו, לט) "לֹא תָתוּרוּ אַחֲרֵי לְבַבְכֶם" (שמואל א' יב, כא) "וְלֹא תָסוּרוּ כִּי אַחֲרֵי הַתֹּהוּ אֲשֶׁר לֹא יוֹעִילוּ וְלֹא יַצִּילוּ [כִּי תֹהוּ הֵמָּה]", אַךְ יְכוֹלִים הֵם לְהַזִּיק אַךְ אֲנִי מְיַעֵץ אֶתְכֶם (שמות טו, כו) "אִם שָׁמוֹעַ תִּשְׁמַע לְקוֹל ה'" וְגוֹ', שֶׁתִּשְׁמֹר מִצְוֹתַי, "כָּל הַמַּחֲלָה אֲשֶׁר שַׂמְתִּי בְמִצְרַיִם לֹא אָשִׂים עָלֶיךָ",

לָמָּה אָמַר כָּל זֶה? לִסְגֹּר לוֹ כָּל הַדְּלָתוֹת,
שֶׁלֹּא יִמְצָאֲךָ פַּעַם אֶחָד רַךְ וּפַעַם אֶחָד
קָשֶׁה, בְּשָׁמְרְךָ כָּל חֻקָּיו, "כָּל הַמַּחֲלָה
אֲשֶׁר שַׂמְתִּי בְמִצְרַיִם", עַל יָדוֹ, "לֹא
אָשִׂים עָלֶיךָ". מַאי "כִּי אֲנִי ה' רֹפְאֶךָ"?
אֶלָּא כְּשֶׁיָּבוֹא הוּא וְיַכֶּה, "אֲנִי ה' רֹפְאֶךָ".

סימן קסח

**וּמַאי נִיהוּ דַּאֲמַרְתְּ "שְׁמִינִי"?[118]
שֶׁבּוֹ נִתְחֲלוּ הַשְּׁמוֹנָה וּבוֹ נִשְׁלְמָה
הַשְּׁמוֹנָה לְחֶשְׁבּוֹן, אַךְ הוּא בִּפְעֻלָּתוֹ הָוֵי
שְׁבִיעִי.
וּמַאי נִיהוּ? שֶׁנִּתְחֲלוּ בּוֹ שְׁמֹנָה יָמִים
דִּבְרִית מִילָה. וּשְׁמֹנָה הֵם? וְאֵינָם אֶלָּא
שֶׁבַע? וּמַאי טַעְמָה אָמַר הַקָּדוֹשׁ בָּרוּךְ
הוּא שְׁמֹנָה? מִפְּנֵי שֶׁהֵם שְׁמֹנָה קְצָווֹת
בָּאָדָם.**

118 ראו סימנים קנז, קנח.

פירוש

סימן קסח

עתה חוזר הדיון לספירת יסוד. בדרך כלל ספירת יסוד מוצגת כספירה התשיעית, לאחר ספירות נצח והוד, ואחריה – ספירת מלכות שהיא העשירית. אולם באופן שבו ספר הבהיר מציג זאת כאן ספירת מלכות היא הספירה השביעית, ואילו ספירת יסוד היא השמינית.

הואיל וספירת מלכות קשורה לשבת, היום השביעי, היא נספרה כשביעית (סימן קנח). ספירת יסוד פועלת רק באמצעות ספירת מלכות. שכן ספירת יסוד מקבילה לאיבר הזכרי, ומכיוון שהאיבר הזכרי אינו יכול למלא את תפקידו ללא הנקבה, הוא משני לנקבה. לפיכך ספירת יסוד מגיעה אחרי ספירת מלכות, כלומר – היא הספירה השמינית.

סיבה אחת שבגללה ברית המילה

וּמַאי נִיהוּ? יַד יָמִין וְיַד שְׂמֹאל רֶגֶל יָמִין וּשְׂמֹאל רֹאשׁ וְגוּף וּבְרִית מַכְרִיעַ, וְזוּגָתוֹ שֶׁהִיא אִשְׁתּוֹ דִּכְתִיב (בראשית ב, כד) "וְדָבַק בְּאִשְׁתּוֹ וְהָיוּ לְבָשָׂר אֶחָד", הֲרֵי שְׁמֹנָה. וּשְׁמֹנָה יְמֵי הַמִּילָה בָּאוּ כְּנֶגְדָּן, וְאִלּוּ תְּמָנְיָא לֹא הָוֵי אֶלָּא שִׁבְעָה שֶׁהֲרֵי גוּף וּבְרִית חַד הוּא, הֲרֵי שְׁמֹנָה.

פירוש

נעשית ביום השמיני היא כדי שתעבור שבת אחת על הילד לפני שיימול, והיא תיתן לו את כוחה (זוהר ח"ג, לד ע"א).

סיבה אחרת לקיום ברית המילה ביום השמיני היא שהברית מכניסה את הילד לתוך הדרגה השמינית. המספר שבע מייצג את שלמותה של הבריאה הארצית, שאותה מייצגת השבת, ואילו המספר שמונה הוא הדרגה שמעל הארצי – הטרנסצנדנטי. בספירות הדבר מקביל לדרגתה של ספירת בינה.

כאשר אדם נימול הוא נוחל את כל שמונת הכיוונים. מאחר שאיבר מינו תוקן באמצעות הברית, הוא יכול "לדבוק" באשתו. כפי שנזכר לעיל, אדם נעשה ראוי לרעיון ה"ראש" רק באמצעות אשתו, אולם הדבר נכון רק אם הוא נימול. אז הוא ראוי לספירת בינה, הדרגה השמינית.

סימן קסט

תְּשִׁיעִי מַאי הָוֵי? אָמַר לָהֶם: תְּשִׁיעִי וַעֲשִׂירִי הֵם יַחַד זֶה כְּנֶגֶד זֶה,[119] וְהָאֶחָד גָּבוֹהַּ מֵחֲבֵרוֹ ת"ק שָׁנָה.[120] וְהֵם כְּעֵין ב' אוֹפַנִּים, הָאֶחָד נוֹטֶה לְצַד צָפוֹן וְהָאֶחָד נוֹטֶה לְצַד מַעֲרָב וְהוֹלְכִים עַד הָאָרֶץ הַתַּחְתּוֹנָה. וּמַאי [הָאָרֶץ הַ]תַּחְתּוֹנָה? אַחֲרוֹנָה מִז' אֲרָצוֹת לְמַטָּה.[121]

119 הכוונה לספירות נצח והוד. המצויות תמיד יחד. ראו זוהר ח"ג, רלו. שני ספירות אלה מקבילות לשתי הרגליים באדם. ראו סימן קפ, תיקוני זוהר יז ע"א.

120 על פי חגיגה יג ע"א, ביטוי זה הוא מסמל הפרדה בין שני רמות רוחניות שונות.

121 לגבי שבעת הארצות ראו ספר יצירה ד, יב, אבות דרבי נתן פ' לז, ט, ויקרא רבא כט, ט, שיר השירים רבא ו, יט, מדרש תהלים ח, זוהר ח"א, לט ע"ב , ח"א, קסז ח"א, ח"ג, י ע"א. אבע"ז על בראשית א, ב כותב שהם שבעת היבשות, אבל הגר"א על ספר יצירה ד, טו, טוען שהם עולמות רוחניים. ראו פרדס רימונים ו, ג.

פירוש

סימן קסט

הכוונה כאן היא לספירות נצח והוד, המצוירות כאן כשתי הספירות האחרונות. בדרך כלל הן הספירות השביעית והשמינית, אולם כאן הן הוחלפו בספירות יסוד ומלכות והפכו לתשיעית ולעשירית. הסיבה לכך היא שהסדר הרגיל מתייחס לעשר הספירות במצבן הטהור, לפני שהן נתקנו

וְסוֹף שְׁכִינָתוֹ שֶׁל הַקָּדוֹשׁ בָּרוּךְ הוּא תַּחַת רַגְלָיו שֶׁנֶּאֱמַר (ישעיהו סו, א) **"הַשָּׁמַיִם כִּסְאִי וְהָאָרֶץ הֲדֹם רַגְלָי", וְשָׁם נִצְחוֹנוֹ שֶׁל עוֹלָם לְמַטָּה שֶׁנֶּאֱמַר** (שם לד, י) **"לְנֵצַח נְצָחִים".**

פירוש

בתוך פרצופים. לעומת זאת, כאן מוצגות הספירות כמקבילות לעשרת המאמרות שבהם נברא העולם, הקשורים לששת ימי הבריאה, ולפיכך לשש ספירותיו של זעיר אנפין. ספירות נצח והוד מקבילות לרגליו של זעיר אנפין, החלק התחתון של הגוף, הנמוך יותר מאיבר המין.

בתמונה הרגילה של זעיר אנפין הוא מתואר בתנוחת שכיבה, כאשר פניו מופנים למזרח. רגלו הימנית – המקבילה לספירת נצח – מורמת למעלה, ואילו רגלו השמאלית – המקבילה לספירת הוד – מונחת למטה. לכן ספירות נצח והוד מייצגות את הכיוונים מעלה ומטה.

בחזונו ראה יחזקאל את האופנים תחת החיות (יחזקאל א, טו-כא). הדבר מלמד כי האופנים הם המלאכים של עולם העשייה, הניצבים מתחת לחיות של עולם היצירה. הקרקע שעליה עומדות ה"רגליים" נחשבת לדרגה הבאה בתור או לעולם הנמוך יותר. האופנים מייצגים אפוא את "רגלי" החיות, ובאופן כללי הם מזוהים עם "רגליים".

מאחר שראשו של זעיר אנפין מופנה למזרח, רגליו מופנות למערב. אולם ספירת הוד, הרגל השמאלית, נוטה אל הצפון, צדה של ספירת גבורה, מקור הדין והרוע (סימן קסג). כפי שהוזכר לעיל, הרוע ניזון מספירת יסוד (סימן ל).

השכינה המוזכרת כאן היא ספירת מלכות, הכלה. אף שראשה סמוך ללבו של זעיר אנפין, רגליה נמצאות תחת רגליו, וזהו "סוף שכינתו של הקב"ה". שבע הספירות שלה נקראות "שבע ארצות", וספירות נצח והוד מקבילות לתחתונות שבהן.

ספירות נצח והוד הן הספירות התחתונות, הנוגעות ב"ארץ". לפיכך, כאשר אדם עולה למרום הן הספירות הראשונות שהוא יכול להשיג, ולפיכך הן משמשות כמקור הנבואה.

סימן קע

מַאי "לְנֵצַח נְצָחִים"?
אֶלָּא נֵצַח חַד הָוֵי. וּמַאי נִינְהוּ? זֶה
הַנּוֹטֶה לַמַּעֲרָב.
וְשֵׁנִי לוֹ מַאי הָוֵי? זֶה הַנּוֹטֶה לְצַד
צָפוֹן.[122]
וּשְׁלִישִׁי זֶה הָוֵי מַטָּה.
שֶׁלְּמַטָּה שְׁלִישִׁי? הָא אָמַרְתָּ ב׳ אוֹפַנֵּי
הַמֶּרְכָּבָה? אֶלָּא אֵימָא סוֹף הַשְּׁכִינָה הָוֵי
גַּם כֵּן נֶצַח.
וְהַיְנוּ לְנֵצַח נְצָחִים, נֶצַח חַד, נְצָחִים תְּרֵי,
[בְּיַחַד] הֲרֵי תְּלָתָא.

122 נצח הוא "מאחורי" המערב, ואילו הוד נמצא משמאל, הצפון. השלישי הוא יסוד.

פירוש

סימן קע

שני האזכורים הראשונים של "נצח" מתייחסים לספירות נצח והוד. ה"נצח" השלישי הוא ספירת יסוד.

סימן קעא

אָמְרוּ לוֹ תַּלְמִידָיו: מִלְמַעְלָה לְמַטָּה יָדְעִינַן, אֲבָל מִלְּמַטָּה לְמַעְלָה לָא יָדְעִינַן.[123]

אֲמַר לְהוּ: וְלָאו חַד הָוֵי? מִלְּמַטָּה לְמַעְלָה וּמִלְמַעְלָה לְמַטָּה.

אָמְרוּ: רַבֵּנוּ, אֵינוֹ דּוֹמֶה הָעוֹלֶה לַיּוֹרֵד, שֶׁהַיּוֹרֵד יוֹרֵד בִּמְרוּצָה וְהָעוֹלֶה אֵינוֹ כֵּן, וְלֹא עוֹד אֶלָּא הָעוֹלֶה אֶפְשָׁר לוֹ לַעֲלוֹת עַל דֶּרֶךְ אַחֶרֶת שֶׁלֹּא יָרַד.

אָמַר לָהֶם: צְאוּ וּרְאוּ.

פירוש

סימן קעא

עד כה הדיון נסוב על הרצף היורד של הספירות, כשהן נאצלות מן הא־ל. אולם ישנו גם רצף עולה, המתחיל באדם כאשר הוא משפיע על הספירות באמצעות "אתערותא דלתתא".

מדובר כאן על התבוננות בספירות כחלק מעלייתו של אדם מעלה בסולם. בעוד

יָשַׁב וְדָרַשׁ לָהֶם: כְּשֵׁם שֶׁהַשְּׁכִינָה לְמַעְלָה,
כָּךְ הִיא לְמַטָּה.[124] וּמַאי שְׁכִינָה זוֹ? הֱוֵי
אוֹמֵר זֶה הָאוֹר הַנֶּאֱצָל מִן הָאוֹר הָרִאשׁוֹן
שֶׁהוּא חָכְמָה, גַּם הוּא מְסוֹבֵב הַכֹּל
שֶׁנֶּאֱמַר (ישעיהו ו, ג) "מְלֹא כָל הָאָרֶץ כְּבוֹדוֹ".
מַאי עֲבִידְתֵּיהּ הָכָא? מָשָׁל לְמֶלֶךְ
שֶׁהָיָה לוֹ ז' בָּנִים וְשָׂם לְכָל אֶחָד וְאֶחָד
מְקוֹמוֹ, אָמַר לָהֶם שְׁבוּ זֶה עַל גַּבֵּי זֶה.
אָמַר הַתַּחְתּוֹן: אֲנִי לֹא אֵשֵׁב לְמַטָּה וְלֹא
אֶתְרַחֵק מִמְּךָ. אָמַר לָהֶם אֲנִי מְסוֹבֵב

123 ראו פרדס רימונים טו, ד. עד כה התרכז הדיון בספירות בהשתלשלותם מן האינסוף ומטה. כעת הדיון הוא בכיוון ההפוך – מן האדם ומעלה, ובהשפעתו על העליונים.

124 השכינה העליונה היא ספירת בינה, ואילו התחתונה היא מלכות. בהתאמה, אלו שתי אותיות הה"א שבשם המפורש.

פירוש

האדם יכול לרדת "במרוצה" לאחר שהוא הגיע למדרגה הגבוהה ביותר, העלייה היא תהליך קשה, הדורש הכשרה רבה ומשמעת. לא ניתן לעלות "במרוצה".

דברי הפסוק "מְלֹא כָל הָאָרֶץ כְּבוֹדוֹ" (ישעיהו ו, ג) רומזים לכך שלא משנה היכן נמצא האדם, תמיד יש לו גישה אל ההוויה האינסופית.

וְרוֹאֶה אֶתְכֶם כָּל הַיּוֹם. וְהַיְנוּ "מְלֹא כָל הָאָרֶץ כְּבוֹדוֹ".
וְלָמָּה הוּא בֵּינֵיהֶם? כְּדֵי לְהַעֲמִידָם וּלְקַיְּמָן.

פירוש

הנמוכה שבספירות היא ספירת מלכות, ולפיכך היא המרוחקת ביותר מן ההוויה האינסופית, וגם הקרובה ביותר לכוחות הרוע. לכן יש להגן עליה מפניהם באמצעות ה"חשמל", שהוא האצלה של ספירות חכמה ובינה. באמצעות החשמל, כאשר אדם נאחז בדרגה התחתונה, יש לו גם גישה לדרגות הגבוהות יותר. ספר תיקוני הזוהר מלמד כי "כָּל מָאן דְּאַפְרֵישׁ חַד מִן חַבְרֵיהּ מֵאִלֵּין עֲשַׂר, אִתְחַשֵּׁיב לֵיהּ כְּאִלּוּ אַפְרֵישׁ בָּךְ" [=כל מי שדבק באחת מאלה (עשר ספירות) כאילו נדבק בך] (תיקוני זוהר יז ע"א).

סימן קעב

וּמָה הֵם הַבָּנִים?
כְּבָר אָמַרְתִּי לָכֶם שֶׁשֶּׁבַע צוּרוֹת קְדֹשָׁה
יֵשׁ לְהַקָּדוֹשׁ בָּרוּךְ הוּא, וְכֻלָּם כְּנֶגְדָּן
בָּאָדָם שֶׁנֶּאֱמַר (בראשית ט, ו) "כִּי בְּצֶלֶם
אֱלֹהִים עָשָׂה אֶת הָאָדָם".
וְאֵלּוּ הֵן:
שׁוֹק יָמִין וּשְׂמֹאל
יַד יָמִין וּשְׂמֹאל
הָרֹאשׁ, הַגּוּף וּבְרִית

פירוש

סימן קעב

שבע "צורות הקדושה" הן שבע הספירות התחתונות. כאשר התורה אומרת כי האדם נברא "בצלם אלהים", כוונתה שגופו מקביל למבנה הספירות.

זעיר אנפין היה במקורו אנדרוגינוס, כמו שהיה אדם הראשון בעת שנברא. כאשר התורה אומרת שהאדם נברא "בצלם אלהים, זכר ונקבה" (בראשית א, כז), כוונתה שהאדם האנדרוגיני עוצב בדמותו של זעיר אנפין האנדרוגיני.

את המילה "צלע" שבפסוק יש להבין

הֲרֵי שֵׁשׁ, וְהָא אָמַרְתְּ שֶׁבַע? שִׁבְעָה הֲוֵי בְּאִשְׁתּוֹ דִּכְתִיב (שם ב, כב) "וְהָיוּ לְבָשָׂר אֶחָד". וְהָא מִצַּלְעוֹתָיו נִלְקְחָה דִּכְתִיב (שם כא) "וַיִּקַּח אַחַת מִצַּלְעֹתָיו"? וְאִית לֵיהּ צֶלַע? אִין [=כֵּן], כְּדַאֲמַרְתְּ (שמות כו, כ) "וּלְצֶלַע הַמִּשְׁכָּן" וּמְתַרְגְּמִינַן וְלִסְטַר מַשְׁכְּנָא.

וּמַאי סְטַר אִית בֵּיהּ? מָשָׁל לְמֶלֶךְ שֶׁעָלָה בְּלִבּוֹ לִיטַּע בְּגַנּוֹ ט' אִילָנוֹת זְכָרִים, וְהָיוּ כֻּלָּם דְּקָלִים.

פירוש

כ"צד", כפי שעולה גם מתרגום אונקלוס. כאשר התורה כותבת "וַיִּקַּח אַחַת מִצַּלְעֹתָיו" (שם ב, כא) היא למעשה מתכוונת – אחד מצדדיו, כלומר הצד הנשי שלו. מכיוון שהאדם נברא במבנה הספירות, הנקבה נחשבת לאחת מן הספירות.

העיקרון הזכרי הוא עקרון הנתינה, ואילו העיקרון הנקבי הוא הקבלה, ההחזקה

אָמַר: כְּשֶׁיִּהְיוּ כֻּלָּם מִמִּין אֶחָד לֹא יִתְקַיְּמוּ! מֶה עָשָׂה? נָטַע אֶתְרוֹג[125] בֵּינֵיהֶם, וְהוּא אֶחָד מֵאוֹתוֹ הַט׳ שֶׁעָלָה בְּמַחֲשַׁבְתּוֹ לִהְיוֹת זְכָרִים, וְאֶתְרוֹג מַאי הֲוָה? נְקֵבָה וְהַיְנוּ דִּכְתִיב (ויקרא כג, מ) ״פְּרִי עֵץ הָדָר״, וּמְתַרְגְּמִינָן פְּרִי אִילָנָא אֶתְרוֹגִין וְלוּלָבִין.

125 אתרוג מרמז לספירת מלכות, שהיא בת זוגו של האדם. ראו סימן צח.

פירוש

וההולדה. אם כן, ללא הנקבה לא יכול היה העולם להיברא או להחזיק מעמד.

האתרוג והלולב ניטלים יחד בחג הסוכות. האתרוג מייצג את ספירת מלכות, המהות הנקבית, ואילו הלולב – את ספירת יסוד, המהות הזכרית.

סימן קעג

מַאי "הָדָר"? הַיְנוּ הֲדַר הַכֹּל. וְהַיְנוּ הָדָר דְּשִׁיר הַשִּׁירִים דַּאֲמַר בֵּיהּ "מִי זֹאת הַנִּשְׁקָפָה כְּמוֹ שָׁחַר יָפָה כַלְּבָנָה בָּרָה כַּחַמָּה אֲיֻמָּה כַּנִּדְגָּלוֹת", (שיר השירים ו, י) וְהַיְנוּ עַל שֵׁם נְקֵבָה, וְעַל שֶׁמָּה נִלְקְחָה נְקֵבָה מֵאָדָם שֶׁאִי אֶפְשָׁר שֶׁיִּתְקַיֵּם הָעוֹלָם הַתַּחְתּוֹן בְּלֹא נְקֵבָה. וּמַאי טַעֲמָא אִקְרֵי נְקֵבָה? עַל שֵׁם דִּנְקָבֶיהָ רְחָבִים, וְיֵשׁ לָהּ נְקָבִים יְתֵרִים עַל הָאִישׁ, וּמַאי נִיהוּ: שָׁדַיִם וָרֶחֶם וּבֵית קִבּוּל.

פירוש

סימן קעג

הנקביות היא הספירה השביעית, ספירת מלכות. ספירה זו מזוהה גם עם השכינה, המהות האלוהית הממלאת את הבריאה. מהות אלוהית זו היא היופי האמיתי של הדברים כולם. לפיכך, כאשר האדם מתבונן ביופי כלשהו, עליו להבין כי הוא מתבונן במהות האלוהית וכי הוא יכול להשתמש ביופי זה כדי להתחיל ולעלות בסולם.

המילה "נקבה" רומזת לנקביה של האישה במובן הפיזי, אולם היא רומזת גם לנקבים הרוחניים של ספירת מלכות. דרך נקבים אלו יכול האדם לעלות אל תוך המרחב הרוחני. איכות זו מיוצגת בפתח שבתחתית האות ה"א.

סימן קעד

וּמַאי נִיהוּ שִׁיר הַשִּׁירִים דַּאֲמַרְתְּ דְּהוּא הָדָר?
אִין [כֵּן]! הֲדַר הַכֹּל שֶׁל כָּל סִפְרֵי הַקֹּדֶשׁ.
דְּאָמַר ר׳ יוֹחָנָן: כָּל הַסְּפָרִים וְכָל הַתּוֹרָה קֹדֶשׁ וְשִׁיר הַשִּׁירִים קֹדֶשׁ קָדָשִׁים.[126]

126 ראו ידיים ג, ה, שם זה נאמר בשם רבי עקיבא. עם זאת, מימרה זו מצוטטת גם על ידי רבי יוחנן בן יהושע, וייתכן שהוא רבי יוחנן המוזכר כאן. לחלופין יכול להיות שהכוונה כאן לרבי יוחנן בן זכאי שהיה רבו של רבי עקיבא.

פירוש

סימן קעד

במבט חיצוני שיר השירים הוא שיר אהבה יפהפה ותו לא, אך באמת הוא שירה עמוקה בדבר האיחוד בין זעיר אנפין לכלתו. הוא מכיל אפוא קדושה נסתרת, ממש כמו העולם הגשמי המכיל את קדושתה הנסתרת של השכינה. לכן, כאשר אדם קורא את שיר השירים ומתבונן במשמעותו הפנימית, הוא יכול לקבל גישה למהותו הפנימית, וכן למהותו הנחבאת והפנימית של העולם הגשמי, שהיא השכינה.

שיר השירים נחשב אפוא "קודש הקודשים". ה"קודשים" הם שש ספירות הזכר של זעיר אנפין, ואילו "קודש הקודשים" הוא ה"קודש" הקשור לאותם "קודשים", כלומר – ספירת המלכות. המילה "קודש" מצביעה בדרך כלל על היבדלות מהעולם הגשמי, והספירות נקראות כך בשל אופיין הטרנסצנדנטי. באופן דומה, כאשר אדם נכנס למצב מיסטי, הוא מתואר כמי שנכנס לתחום ה"קודשים", כלומר – אל הספירות. הספירה האחת שבה חייב האדם

וּמַאי נִיהוּ קֹדֶשׁ קָדָשִׁים? אֶלָּא שֶׁקֹּדֶשׁ הוּא לַקָּדָשִׁים.

וּמָה הֵם הַקָּדָשִׁים? אֵלּוּ שֶׁהֵם כְּנֶגֶד שֵׁשׁ קְצָווֹת שֶׁבָּאָדָם, וְקֹדֶשׁ הָוֵי לְהוּ קֹדֶשׁ לְכֻלְּהוּ.

פירוש

לעבור תחילה היא ספירת מלכות, ולפיכך היא "קודש הקודשים".

אחת הסיבות שבגינן חייב אדם להיכנס דרך ספירת המלכות היא שזו הספירה התחתונה. סיבה נוספת היא שבהיותה ספירה נקבית, ספירת המלכות קשורה לעקרון הקבלה. כאשר אדם מקדש את עצמו והופך עצמו לבר־קבלה של הקדושה, הוא הופך למכיל ולמקבל בדומה לספירת מלכות. אולם במובן הרוחני, כאשר שני דברים דומים זה לזה, אומרים עליהם כי הם "קשורים יחד". כאשר אדם דומה לספירת מלכות הוא גם נקשר אליה.

סימן קעה

וּמַאי נִיהוּ קֹדֶשׁ? זֶה אֶתְרוֹג שֶׁהוּא הֲדַר הַכֹּל.

וְאַמַּאי נִקְרָא שְׁמוֹ הָדָר? אַל תִּקְרֵי שְׁמוֹ הָדָר אֶלָּא הַ־דָּר.[127]

זֶה אֶתְרוֹג שֶׁהוּא נִפְרָד מֵאֶגֶד לוּלָב, וְאֵין מִצְוַת לוּלָב קַיְמָא אֶלָּא בּוֹ.

וְהוּא גַּם כֵּן אָגוּד עִם הַכֹּל, שֶׁעִם כָּל אֶחָד וְאֶחָד הוּא וְעִם כֻּלָּן יַחַד הוּא.

127 ראו סוכה לה ע"א, ורש"י שם. משמעות המילה 'דר', דומה ל'לשכון'; מובן אפוא מדוע האתרוג, פרי עץ ה'דר', הוא כנגד השכינה.

פירוש

סימן קעה

כפי שהוזכר לעיל, יופיו של העולם הוא השתקפותה של המהות האלוהית, השכינה השוכנת בעולם. המילה "שכינה" נובעת מן המילה "לשכון".

ארבעת המינים שנוטלים בחג הסוכות הם אתרוג, לולב, הדס וערבה. שלושת האחרונים נאגדים יחד ויוצרים אגודה אחת, שאותה אוחזים ביד ימין, ואת האתרוג אוחזים ביד שמאל. היד הימנית אוחזת אפוא בספירות הזכר, ואילו השמאלית – בנקבה, ספירת המלכות. כדי לקיים את המצווה יש לאחד את הלולב והאתרוג, הזכר והנקבה.

סימן קעו

לוּלָב כְּנֶגֶד מַאי? כְּנֶגֶד חוּט הַשִּׁדְרָה.[128] וְכֵן הוּא אוֹמֵר (ויקרא כג, מ) "וַעֲנַף עֵץ עָבֹת", צָרִיךְ הוּא לִהְיוֹת עֲנָפָיו חוֹפִין אֶת רֻבּוֹ, וְאִם אֵין עֲנָפָיו חוֹפִין אֶת רֻבּוֹ אֵינוֹ שָׁוֶה כְּלוּם.

מִפְּנֵי מָה? מָשָׁל לְמָה הַדָּבָר דּוֹמֶה לְאָדָם שֶׁיֵּשׁ לוֹ זְרוֹעוֹתָיו וּבָהֶם יָגֵן עַל רֹאשׁוֹ, הֲרֵי זְרוֹעוֹתָיו שְׁנַיִם וְרֹאשׁוֹ שְׁלשָׁה, וְהַיְנוּ עָנָף לִשְׂמֹאל, עָבוֹת לְיָמִין, נִמְצָא עֵץ בָּאֶמְצַע.[129]

וְלָמָּה נֶאֱמַר בּוֹ "עֵץ"? מִפְּנֵי שֶׁהוּא שֹׁרֶשׁ הָאִילָן.

128 הלולב מקביל לספירת היסוד. ראו סימנים פג, צט, קסה.

129 שלושת העלים של ההדס, מקבילים לשלושת הספירות חסד, גבורה ותפארת. ראו סימנים קמד, קמה.

פירוש

סימן קעו

בארבעת המינים האתרוג הוא ספירת מלכות, הלולב הוא ספירת יסוד, שלושת ענפי ההדס הם ספירות חסד, גבורה ותפארת, ושתי הערבות הן ספירות נצח והוד.

אף שספירת יסוד מקבילה בדרך כלל

סימן קעז

מַאי "וְעַרְבֵי נָחַל" (שם)?

מִשּׁוּם דְּעַרְבֵי נַחַל כְּנֶגֶד שׁוֹקֵי אָדָם[130]

שֶׁהֵם שְׁנַיִם,

וּמַאי הַאי לִישָּׁנָא דְּ"עַרְבֵי נָחַל"? מִשּׁוּם

דְּגָדוֹל שֶׁבָּהֶם [נוֹטֶה] לַמַּעֲרָב וּמִשָּׁם יוֹנֵק

וְנִקְרָא כֹּחוֹ

וְשֶׁל צָפוֹן קָטָן מִמֶּנּוּ מַהֲלַךְ ת"ק שָׁנָה.

וְהוּא בְּרוּחַ צְפוֹנִית מַעֲרָבִית, וּבוֹ פּוֹעֵל.

וְנִקְרָא עַל שְׁמוֹ, וְהֵם שְׁנֵיהֶם עֲרֵבִים.[131]

130 על ספירות נצח והוד ראו סימן קסט.

131 ראו סימן קנו.

פירוש

לאיבר הזכרי, כאן הלולב הוא עמוד השדרה. למעשה, המקובלים מלמדים שהדחף המיני נע מן המוח דרך עמוד השדרה ומשם לאיבר המין הזכרי. כך שאיבר המין הוא רק הגילום החיצוני של ספירת יסוד, בעוד הגילום הפנימי הוא למעשה עמוד השדרה. הדחף המיני, ולפיכך גם המהות הפנימית של ספירת יסוד, באים לידי ביטוי בזמן הייחוד והזיווג. בשעה זו ספירת היסוד נמצאת במצבה כ"חי". מספר החוליות בעמוד השדרה הוא אפוא שמונה עשרה, כערך הגימטרי של "חי".

סימן קעז

ערבי הנחל מקבילים לספירות נצח והוד, המקבילות לשתי הרגליים. הן נוטות למערב ולצפון, כפי שנאמר לעיל (סימן קסט).

שתי הרגליים מתפקדות בדרך כלל

סימן קעח

דָּבָר אַחֵר: "עַרְבֵי [נָחַל]", שֶׁלִּפְעָמִים מְעָרְבִים פְּעֻלָּתָם זֶה עִם זֶה.

וּמַאי "[וְעַרְבֵי] נָחַל"? הֱוֵי אוֹמֵר עַל שֵׁם הַמָּקוֹם שֶׁהֵם קְבוּעִים בּוֹ שֶׁנִּקְרָא "נַחַל", שֶׁנֶּאֱמַר (קהלת א, ז) "כָּל הַנְּחָלִים הֹלְכִים אֶל הַיָּם וְהַיָּם אֵינֶנּוּ מָלֵא".

וּמַאי נִיהוּ "הַיָּם" זֶה? הֱוֵי אוֹמֵר זֶה אֶתְרוֹג.

וּמְנָלַן דְּכָל מִדָּה וּמִדָּה מִכָּל אֵלֶּה הַז' נִקְרָא "נַחַל"? דִּכְתִיב (במדבר כא, יט) "וּמִמַּתָּנָה נַחֲלִיאֵל", אַל תִּקְרֵי "נַחֲלִיאֵל" אֶלָּא נַחֲלֵי אֵל.

פירוש

יחדיו, כצמד, ובאופן דומה גם ספירות נצח והוד מוצגות בדרך כלל כזוג ולא בנפרד. לפיכך הן מתוארות כ"מעורבות".

סימן קעח

מלבד ייצוגן את שתי הרגליים, במובן פנימי יותר מייצגות ספירות נצח והוד את שתי הכליות ואת זוג האשכים (פרדס רימונים, שער ה, פרק כד). במובן זה, הן תמיד עובדות כזוג והמהות של האחת מעורבת בחברתה.

ה"נחל" מצביע על ספירת יסוד, במיוחד כאשר הוא זורם או "הולך" אל השיא בזמן

וְכָל הַשִּׁשָּׁה הוֹלְכִים אֶל דֶּרֶךְ אֶחָד אֶל הַיָּם.

וּמַאי נִיהוּ אוֹתוֹ דֶּרֶךְ? אֶחָד מַכְרִיעַ בֵּינְתַיִם. דִּכְתִיב (חבקוק ג, ה) "לְפָנָיו יֵלֶךְ דָּבֶר וְיֵצֵא רֶשֶׁף לְרַגְלָיו".

וְכֻלָּם הוֹלְכִים לְאוֹתוֹ צִנּוֹר וּמֵאוֹתוֹ צִנּוֹר לַיָּם.[132] וְהַיְנוּ דִּכְתִיב "וּמִמַּתָּנָה נַחֲלִיאֵל", מִמָּקוֹם שֶׁנִּתְּנָה, דְּהַיְנוּ הַמֹּחַ, לְנַחֲלִיאֵל.

132 ראו סימנים כ, קיג, קיט.

פירוש

המעשה המיני. ברגעים אלו הוא פועל בשיתוף עם ספירות נצח והוד, זוג האשכים, שמכונים אז "ערבי נחל".

זיווג זה מיוצג בלולב ובאתרוג המובאים זה אל זה כאשר נוטלים אותם בידיים. האתרוג, שהוא ספירת מלכות, מסמל אז את ה"ים" שאליו זורם ה"נחל".

למעשה הזרימה נובעת ממהותן של כל שש הספירות הזכריות. במובן זה, הן כולן מכונות "נחלים".

"וּמִנַּחֲלִיאֵל בָּמוֹת", כִּדְמִתַּרְגֵּם "רָמָתָה". מַאי רָמָתָה? אוֹתָהּ סְגוּלְתָא שֶׁאַחֲרֵי הַזֹּרְקָא.[133]

"וּמִבָּמוֹת הַגַּיְא אֲשֶׁר בִּשְׂדֵה מוֹאָב רֹאשׁ הַפִּסְגָּה וְנִשְׁקָפָה עַל פְּנֵי הַיְשִׁימֹן", אֲשֶׁר הוּא מְזֻמָּן.

וּמַאי הוּא אוֹתוֹ "אֲשֶׁר בִּשְׂדֵה מוֹאָב"? אַל תִּקְרֵי "מוֹאָב" אֶלָּא מֵ־אָב, אוֹתוֹ הָאָב שֶׁנֶּאֱמַר עָלָיו (בראשית כו, ה) "עֵקֶב אֲשֶׁר שָׁמַע אַבְרָהָם בְּקֹלִי וַיִּשְׁמֹר מִשְׁמַרְתִּי מִצְוֹתַי חֻקּוֹתַי" וגו'.

וּמַאי נִיהוּ אוֹתוֹ הַ"שָׂדֶה"? אוֹתוֹ שֶׁהוּא "בְּרֹאשׁ הַפִּסְגָּה" וְגַם "נִשְׁקָפָה עַל פְּנֵי הַיְשִׁימֹן" וּמְתַרְגְּמִינַן שְׁמַיָּא.[134]

וְעַל אוֹתוֹ הַצִּנּוֹר נֶאֱמַר (שיר השירים ד, טו) "מַעְיַן גַּנִּים בְּאֵר מַיִם חַיִּים וְנֹזְלִים מִן לְבָנוֹן". וּמַאי נִיהוּ "לְבָנוֹן"? הֱוֵי אוֹמֵר זֶה חָכְמָה.[135]

וּמַאי "עַרְבֵי נָחַל"? הֱוֵי אוֹמֵר אוֹתוֹ שֶׁנָּתַן נַחֲלָה לְיִשְׂרָאֵל וְהַיְנוּ שְׁנֵי אוֹפַנֵּי הַמֶּרְכָּבָה.[136]

133 סימנים מטעמי המקרא. ראו סימנים לו, פט, צ. ראו גם ר׳ בחיי על במדבר כא, יט.

134 ראו רבינו בחיי, ציוני, על במדבר כא, יט.

135 שורש המילה לבנון הוא האותיות לב״ן, המרמזים לחומר הלבן של המוח. ראו זוהר ח״ג, רלה ע״ב. לבנון מורכבת גם מהמילים "לב" ו"נון". לב רומז ל"לב" נתיבות חכמה, בעוד ש"נון" רומזת לחמישים שערי בינה. ראו עץ חיים, שער לאה ורחל, פ״ג.

136 גם כאן הכוונה לספירות נצח והוד. ראו סימנים נ, קסט, קע.

סימן קעט

תָּנָא עֲשָׂרָה גַּלְגַּלִּים וַעֲשָׂרָה מַאֲמָרוֹת הֵן.[137]
וְכָל גַּלְגַּל וְגַלְגַּל יֵשׁ לוֹ מַאֲמָר, לֹא שֶׁהוּא סוֹבְבוֹ אֶלָּא שֶׁהוּא מְסַבְּבוֹ.
הָעוֹלָם הַזֶּה כְּחַרְדְּלָא בְּעִזְקְתָא [=זֶרַע חַרְדָּל] **בְּתוֹךְ טַבַּעַת.**
מַאי טַעֲמָא? מִשּׁוּם רוּחָא דְּמִנַּשְׁבָא בֵּיהּ וְהַאי מְהַנֵּי [=הָרוּחַ מְקַיֶּמֶת אֶת הָעוֹלָם].
וְאִלְמָלֵא כַּלְיָא רוּחָא חֲדָא שַׁעְתָּא אוֹ רִגְעָא, אִתְחֲרַב עָלְמָא.

137 עשרת "המאמרות" מתייחסים לעשר הפעמים שהביטוי "ויאמר אלהים" מופיע בפרק הראשון של בראשית. ראו אבות ה, א. ביחס לעשר הספירות ראו היד החזקה, יסודי התורה ג, א. עשר הספירות הן מעגלים קונצנטריים. ראו עץ חיים, שער עיגולים ויושר, פ"ב.

פירוש

סימן קעט

זהו דיון בשני ההיבטים של יחס הא־ל לבריאה, כ"ממלא כל עלמין" וכ"סובב על כל עלמין" (זוהר ח"ג, רכה ע"א).

בתיאורו את הצמצום, האר"י כותב כי הא־ל פינה את אורו מתוך אזור מסוים ויצר בו חלל פנוי, ובו התרחשה הבריאה. אולם הבריאה לא יכלה להתרחש ללא הכוח האלוהי, לפיכך לתוך אותו חלל פנוי משך הא־ל חוט או קו של אור. מקו אור זה נוצרו עשרה מרחבים מעגליים, המקיפים את הבריאה כולה.

סימן קפ

שְׁלֹשָׁה גַּלְגַּלִּים יֵשׁ לוֹ לָעוֹלָם הַזֶּה.138
וְהָאֵיךְ? הָעוֹלָם נוֹטֶה לְצָפוֹן וּלְדָרוֹם.
הֵיאָךְ? צְפוֹנִית מַעֲרָבִית, מַעֲרָבִית
דְּרוֹמִית.
צְפוֹנִית מַעֲרָבִית הוּא גַּלְגַּל הָרִאשׁוֹן
הַסּוֹבֵב עָלֵינוּ.
צְפוֹנִית מַעֲרָבִית סָלְקָא דַּעְתָּךְ? אֶלָּא
כֹּחוֹ צְפוֹנִית מַעֲרָבִית, דְּהַיְנוּ שׁוֹקָא
דִּשְׂמֹאל, וְעָלָיו גַּלְגַּל שֵׁנִי וְהוּא כֻּלּוֹ
מַעֲרָבִית.

138 מתייחס לנצח, הוד ויסוד שהם שתי הרגליים ואיבר הברית. ראו סימנים נז, פב, קנז, קנח.

פירוש

עשרה עיגולים אלו הם עשר הספירות שבהן סובב הא־ל את כל העולמות. קו האור מכיל את עשר הספירות ובאמצעותן הוא ממלא את כל העולמות, ואלו הם עשרת המאמרות שבהם נברא העולם.

העולם הזה הוא אפוא כ"חרדלא בעזקתא", גרגר חרדל בתוך טבעת. הרוח היא זו של עשר הספירות הנוכחות בתוך קו האור.

סימן קפ

שלושת הגלגלים הם הספירות התחתונות - נצח, הוד ויסוד. ספירות אלו מקיפות את העולם הגשמי, כלומר - דרכן מגיעה כל השפעת שפע והארה בעולם הגשמי.

מַעֲרָבִית סָלְקָא דַעְתָּךְ? אֶלָּא אֵימָא כֹּחוֹ הָוֵי מַעֲרָב, וְאֵלּוּ הֵן נִצְחוֹנוֹ שֶׁל עוֹלָם, וְעָלָיו גַּלְגַּל שְׁלִישִׁי וְכֹחוֹ מַעֲרָבִית דְּרוֹמִית.

וּמַאי נִיהוּ כֹּחוֹ קַמָּאָה דְקָא אָמַרְתְּ שֵׁנִי? הָוֵי אוֹמֵר שׁוֹקָא שֶׁל יָמִין, וְהוּא כֹּחוֹ דְּמַעֲרָבִית דְּרוֹמִית, הוּא יְסוֹדוֹ שֶׁל עוֹלָם, שֶׁנֶּאֱמַר בּוֹ (משלי י, כו) "וְצַדִּיק יְסוֹד עוֹלָם".

וְכֹחַ שֵׁנִי עוֹמֵד מֵאֲחוֹרֵי הַמֶּרְכָּבָה וְכֹחוֹ הָרִאשׁוֹן עוֹמֵד מִלְּפָנָיו, וְצַדִּיק יְסוֹד עוֹלָם בָּאֶמְצַע. הוּא יוֹצֵא מִדְּרוֹמוֹ וְהוּא שַׂר עַל

אֵלֶּה הַשָּׁנִים. גַּם בְּיָדוֹ נֶפֶשׁ כָּל חַי כִּי הוּא חֵי הָעוֹלָמִים, וְכָל לְשׁוֹן בְּרִיאָה בְּדִידֵיהּ עֲבִידָא, וְעָלָיו נֶאֱמַר (שמות לא, יז) "שָׁבַת וַיִּנָּפַשׁ",[139] וְהוּא מִדַּת יוֹם הַשַּׁבָּת, וְעָלָיו נֶאֱמַר (שם כ, ח) "זָכוֹר אֶת יוֹם הַשַּׁבָּת לְקַדְּשׁוֹ".

וְהָא גַּם כֵּן כְּתִיב (דברים ה, יב) "שָׁמוֹר", הַהִיא בְּמִדָּה שְׁבִיעִית נֶאֱמַר, דִּכְתִיב (ויקרא יט, ל) "אֶת שַׁבְּתֹתַי תִּשְׁמֹרוּ".

וּמַאי נִיהוּ מִדַּת שְׁבִיעִית? הֱוֵי זֶה מִדַּת טוּבוֹ שֶׁל הַקָּדוֹשׁ בָּרוּךְ הוּא.

139 ראו סימנים נז, פב, קנז, קנח.

סימן קפא

וּמַאי טַעֲמָא אָמַר הַכָּתוּב (שם) "אֶת שַׁבְּתֹתַי תִּשְׁמֹרוּ" וְלֹא אָמַר אֶת שַׁבָּת? מָשָׁל לְמֶלֶךְ שֶׁהָיְתָה לוֹ כַּלָּה נָאָה, וְכָל שָׁבוּעַ וְשָׁבוּעַ מְזַמְּנָהּ יוֹם אֶחָד לִהְיוֹת עִמּוֹ, וְהַמֶּלֶךְ יֵשׁ לוֹ בָּנִים נָאִים וַאֲהוּבִים. אָמַר לָהֶם הוֹאִיל וְכֵן הוּא, שִׂמְחוּ גַּם כֵּן בְּיוֹם שִׂמְחָתִי. כִּי כֵן בִּשְׁבִילְכֶם אֲנִי מִשְׁתַּדֵּל וְאַתֶּם גַּם כֵּן כַּבְּדוּ אוֹתִי.

סימן קפב

וּמַאי טַעֲמָא "זָכוֹר אֶת יוֹם הַשַּׁבָּת"
וְ"שָׁמוֹר [אֶת יוֹם הַשַּׁבָּת]"?
זָכוֹר לַזָּכָר וְשָׁמוֹר לַכַּלָּה.[140]
וּמַאי טַעֲמָא "וּמִקְדָּשִׁי תִּירָאוּ"? שִׁמְרוּ
עַצְמְכֶם מֵהִרְהוּר. מַאי טַעֲמָא? כִּי
מִקְדָּשִׁי קֹדֶשׁ הוּא. לָמָּה? "כִּי אֲנִי ה'
מְקַדִּשְׁכֶם" מִכָּל צַד.[141]

140 חשבת אפוא כוללת הן את ספירת יסוד הזכרית הן את ספירת מלכות, נוקבא.
141 הביטוי נמצא בשמות לא, יג. ראו גם ויקרא כ, ח; כא, ח; כב, לב. וכן ראו סימן קעא.

סימן קפג

וּמַאי טַעֲמָא אָמְרִינַן ״עַל כָּל מַה שֶּׁבָּרָא וכו׳ חֵי הָעוֹלָמִים״ וְלֹא אָמְרִינַן ״מַה שֶּׁבָּרָאתָ״?
אֶלָּא אָנוּ מְבָרְכִין לְהַקָּדוֹשׁ בָּרוּךְ הוּא שֶׁמַּשְׁפִּיעַ חָכְמָתוֹ כֵּן לְחֵי הָעוֹלָמִים זֶה וְהוּא נוֹתֵן הַכֹּל.

פירוש

סימן קפג
״חי העולמים״ מייצג את ספירת יסוד (כמו בסימן קפ). כפי שהוזכר לעיל, היסוד נקרא ״צדיק״ כאשר הוא פסיבי, ו״חי״ כאשר הוא אקטיבי (סימן עד).

סימן קפד

וּמַאי טַעֲמָא אָמְרִינַן "אֲשֶׁר קִדְּשָׁנוּ
בְּמִצְווֹתָיו וְצִוָּנוּ", וְלָא אָמְרִינַן "אֲשֶׁר
קִדַּשְׁתָּנוּ וְצִוִּיתָנוּ"?
מְלַמֵּד שֶׁחֵי הָעוֹלָמִים כְּלוּלִים בּוֹ כָּל
הַמִּצְווֹת כֻּלָּן.
וּבְרַחֲמָיו עָלֵינוּ נְתָנָם לָנוּ כְּדֵי לְקַדְּשֵׁנוּ
בָּהֶם וְאוּלַי נִזְכֶּה. וּמַאי טַעֲמָא? כִּי
בְּשָׁעָה שֶׁנִּזְכֶּה בָּעוֹלָם הַזֶּה לַעֲשׂוֹתָם גַּם
כֵּן נִזְכֶּה לָעוֹלָם הַבָּא הַגָּדוֹל.
וּבְיָדוֹ אוֹצְרוֹת הַנְּשָׁמוֹת, וּבְשָׁעָה
שֶׁיִּשְׂרָאֵל טוֹבִים אוֹצְרוֹת הַנְּשָׁמוֹת זוֹכִין
לָצֵאת וְלָבוֹא בָּעוֹלָם הַזֶּה, וְאִם אֵין
טוֹבִים לֹא יֵצְאוּ, וְהַיְנוּ דְּאָמְרוּ רַבּוֹתֵינוּ
ז"ל, "אֵין בֶּן דָּוִד בָּא עַד שֶׁיִּכְלוּ כָּל
הַנְּשָׁמוֹת שֶׁבַּגּוּף"[142] [וְאָז] יִזְכּוּ [הַנְּשָׁמוֹת]

142 יבמות סב ע"א ובמקבילות.

הַחֲדָשׁוֹת לָצֵאת, וְאָז בֶּן דָּוִד בָּא זוֹכֶה
לְהִוָּלֵד כִּי נִשְׁמָתוֹ יָצָא בִּכְלַל הָאֲחֵרִים.
מָשָׁל לְמֶלֶךְ שֶׁהָיָה לוֹ חַיִל וְשָׁלַח לָהֶם
פַּת לֶאֱכֹל לָרֹב, וְנִתְעַצְּלוּ וְלֹא אָכְלוּ מַה
שֶּׁשָּׁלַח לָהֶם וְלֹא שְׁמָרוּהוּ וְנִתְעַפֵּשׁ
וְנִפְסַד הַפַּת. בָּא לִדְרֹשׁ וְלִפְקֹד אִם יֵשׁ
לָהֶם מַה לֶּאֱכֹל וְאִם אָכְלוּ מַה שֶּׁשָּׁלַח
לָהֶם. מָצָא לָהֶם פַּת מְעֻפָּשׁ וּמְצָאָם
מִתְבַּיְּשִׁים לְבַקֵּשׁ פַּת אַחֶרֶת. כְּלוֹמַר זֶה
לֹא שָׁמַרְנוּ וְאַחֵר נְבַקֵּשׁ?
גַּם הַמֶּלֶךְ כָּעַס וְלָקַח אוֹתוֹ פַּת הַמְעֻפָּשׁ
וְצִוָּה עָלָיו לְיַבְּשׁוֹ וּלְתַקְּנוֹ כְּפִי הַיְכֹלֶת,
וְנִשְׁבַּע לְאֵלֶּה הָאֲנָשִׁים פַּת אַחֶרֶת לֹא
אֶתֵּן לָהֶם עַד שֶׁיֹּאכְלוּ כָּל הַפַּת הַמְעֻפָּשׁ
הַזֶּה. שָׁלְחוּ לָהֶם מֵחָדָשׁ.

מֶה עָשׂוּ, אָמְרוּ לַחֲלֹק אוֹתוֹ, חִלְּקוּהוּ
וְנָטַל כָּל אֶחָד חֶלְקוֹ מֵהֶם, הַזָּרִיז שָׂם
חֶלְקוֹ בָּאֲוִיר לְשָׁמְרוֹ וַאֲכָלוֹ טוֹב, וְהָאַחֵר
נָטַל וְאָכַל בְּתַאֲוָה, וְהַשְּׁאָר הִנִּיחוּ וְלֹא
שְׁמָרוֹ כִּי נִתְיָאֵשׁ מִמֶּנּוּ וְהִפְסִיד יוֹתֵר
וְנִתְעַפֵּשׁ וְלֹא יָכְלוּ כְּלָל לְאָכְלוֹ וְנִשְׁאַר
רָעֵב עַד שֶׁמֵּת.
נִפְקַד עָלָיו עֲוֹן גּוּפוֹ בְּמוֹתוֹ: לָמָּה הָרַגְתָּ
עַצְמְךָ? לֹא דַּי שֶׁהַפַּת קִלְקַלְתֶּם לָכֶם
מִתְּחִלָּה וְהֶחֱזַרְתִּי אוֹתוֹ לָכֶם מְתֻקָּן
וְקִלְקַלְתֶּם אוֹתוֹ [שׁוּב], וְאַתָּה קִלְקַלְתָּ
חֶלְקְךָ וְנִתְרַשַּׁלְתָּ מִלְּשָׁמְרוֹ, וְלֹא עוֹד
אֶלָּא שֶׁהָרַגְתָּ עַצְמְךָ.
וְהוּא מֵשִׁיב: אֲדוֹנִי מֶה הָיָה לִי לַעֲשׂוֹת?
וְעוֹנִין אוֹתוֹ: הָיָה לְךָ לְשָׁמְרוֹ, וְאִם תֹּאמַר

לֹא הָיָה יְכֹלֶת לְךָ, הָיָה לְךָ לְהַשְׁגִּיחַ
בַּחֲבֵרְךָ וּשְׁכֵנְךָ שֶׁחָלְקוּ עִמְּךָ הַפַּת
וְתִרְאֶה מַעֲשֵׂיהֶם וּשְׁמִירָתָם וְתִשְׁתַּדֵּל
לִשְׁמֹר כְּמוֹתָם. וְעוֹד דּוֹרְשִׁין אוֹתוֹ לָמָּה
הָרַגְתָּ אֶת עַצְמְךָ, לֹא דַּי שֶׁקִּלְקַלְתָּ אֶת
הַפַּת אֶלָּא עוֹד הוֹסַפְתָּ וְהָרַגְתָּ חֹמֶר
גּוּפְךָ וְקִצַּרְתָּ יָמֶיךָ וְגָרַמְתָּ, וְאֶפְשָׁר שֶׁהָיוּ
בָּנִים טוֹבִים יוֹצְאִים מִמְּךָ וְהָיוּ מַצִּילִין
אוֹתְךָ וְקִלְקוּלְךָ וַאֲחֵרִים וְקִלְקוּלָם, לָכֵן
מִכָּל צַד יִרְבּוּ עָלֶיךָ יִסּוּרִין.

נִבְהַל לְהָשִׁיב, וְהֵשִׁיב: מֶה הָיִיתִי יָכוֹל
לַעֲשׂוֹת מֵאַחַר שֶׁלֹּא הָיָה לִי פַּת, וּמִמָּה
הָיִיתִי יָכוֹל לִחְיוֹת? אָמַר: וְאִם הָיִיתָ

עָמֵל וִיגֵעַ בַּתּוֹרָה לֹא הָיִיתָ מֵשִׁיב כְּסִילוּת וְעַזּוּת כָּזֹאת, שֶׁמִּתּוֹךְ תְּשׁוּבַת דְּבָרֶיךָ נִכָּר שֶׁלֹּא הָיִיתָ יָגֵעַ בַּתּוֹרָה. "כִּי לֹא עַל הַלֶּחֶם לְבַדּוֹ יִחְיֶה הָאָדָם כִּי עַל כָּל מוֹצָא פִי ה' יִחְיֶה הָאָדָם" (דברים ח, ג), הָיָה לְךָ לִדְרֹשׁ וְלִשְׁאֹל מָה הַדָּבָר אֲשֶׁר יִחְיֶה הָאָדָם בּוֹ. וּמַאי נִיהוּ "מוֹצָא פִי ה'"? הֱוֵי אוֹמֵר יִחְיֶה בַּתּוֹרָה דְּהַיְנוּ "מוֹצָא פִי ה'".

מִכָּאן אָמְרוּ: 'וְלֹא עַם הָאָרֶץ חָסִיד'.[143] אִם עָלָיו [=עַל עַצְמוֹ] אֵינוֹ גּוֹמֵל חֶסֶד, אֵיךְ אֶפְשָׁר לְהִקָּרֵא חָסִיד?

143 אבות ב, ה, בשם הלל הזקן.

סימן קפה

וּבַמֶּה יִתְחַסֵּד עִם קוֹנוֹ, אִם לֹא בְּתַלְמוּד תּוֹרָה? שֶׁכָּל הַלּוֹמֵד תּוֹרָה גּוֹמֵל חֶסֶד לְקוֹנוֹ דִּכְתִיב (שם לג, כו) "רֹכֵב שָׁמַיִם בְּעֶזְרֶךָ", כְּשֶׁאַתֶּם לוֹמְדִים תּוֹרָה לִשְׁמִי אֲזַי אַתֶּם עוֹזְרִים לִי וַאֲנִי רוֹכֵב שָׁמַיִם, וְאָז "וּבְגַאֲוָתוֹ שְׁחָקִים" (שם).

וּמַאי שְׁחָקִים? הֱוֵי אוֹמֵר בְּחַדְרֵי חֲדָרִים כִּדְמִתַּרְגְּמִינָן "מִמָּרֵי בִּשְׁמֵי שְׁמַיָּא". הִלְכָּךְ "לֹא עַל הַלֶּחֶם לְבַדּוֹ יִחְיֶה הָאָדָם כִּי עַל כָּל מוֹצָא פִי ה'". הִלְכָּךְ כְּתִיב "וּכְסִיל יְעַנֶּה עַזּוֹת",[144] שֶׁאִם לָמַדְתָּ תּוֹרָה, לֹא תַעֲנֶה כַּאֲשֶׁר עָנִיתָ. הִלְכָּךְ נֶעֱנַשׁ, וּמֶה עָנְשׁוֹ? כְּבָר פֵּרַשְׁתִּי.[145]

144 פרפרזה על (משלי יח, כג): "ועשיר יענה עזות".
145 עליו לחזור בגלגול. ראו סימנים קכא, קכב, קנה.

סימן קפו

מַאי דִּכְתִיב (איוב טו, ב) "הֶחָכָם יַעֲנֶה דַעַת רוּחַ"? מַאי דַּעַת רוּחַ?

אֶלָּא שֶׁדַּעְתּוֹ קָרוֹב לָרוּחַ. דִּכְתִיב (ישעיהו יא, ב) "וְנָחָה עָלָיו רוּחַ ה' רוּחַ חָכְמָה" וְאַחַר כָּךְ "בִּינָה". וּבְבִינָה "עֵצָה וּגְבוּרָה וְדַעַת וְיִרְאַת ה'".

וְהָאָמַרְתָּ לָן "עֵצָה" זוֹ גְּמִילַת חֲסָדִים, "גְּבוּרָה" זוֹ מִדַּת הַדִּין?

[זוֹ לְמַעְלָה מִזּוֹ]146

דַּעַת זוֹ הָאֱמֶת, וְכֵן הַדַּעַת שֶׁבּוֹ בּוֹחֵן הָאָדָם אֶת הָאֱמֶת.

146 השאלה היא כיצד ניתן לכלול 'עצה' בבינה. 'עצה' היא ספירת החסד בעוד שבינה היא דין, כיוון שהיא שורש הגבורה. ידוע שחסד קודם לגבורה. ראו סימנים קמד, קמה, עד. התשובה היא "שאחת מעל השנייה". יש מידה נמוכה יותר של דין, שהיא גבורה, ואחת גבוהה יותר שהיא בינה.

פירוש

סימן קפו

הסמלים "אמת" ו"דעת" כבר הוסברו לעיל (סימן נא).

יִרְאַת ה׳ הִיא אוֹצָרוֹ שֶׁל תּוֹרָה.[147] וְהַיְנוּ
דְּאָמְרֵי אֱינָשֵׁי אֶלָּא שֶׁזּוֹ לְמַעְלָה מִזּוֹ.
דְּאָמַר ר׳ עֲקִיבָא כָּל מַה שֶּׁבָּרָא הַקָּדוֹשׁ
בָּרוּךְ הוּא בָּרָא לְנֶגֶד שֶׁנֶּאֱמַר (קהלת ז, יד)
"אֶת זֶה לְעֻמַּת זֶה עָשָׂה הָאֱלֹהִים".
וּמַאי נִיהוּ אוֹצָרָהּ שֶׁל תּוֹרָה? דִּכְתִיב
(ישעיהו לג, ו) "יִרְאַת ה׳ הִיא אוֹצָרוֹ".
לְפִיכָךְ צָרִיךְ הָאָדָם לִהְיוֹת יְרֵא שָׁמַיִם
וְאַחַר כָּךְ יִלְמַד תּוֹרָה.
מָשָׁל לְאָדָם שֶׁהָלַךְ לִקְנוֹת דְּבַשׁ שֶׁל
תְּמָרִים וְלֹא הוֹלִיךְ עִמּוֹ כֵּלִים לַהֲבִיאָם
אָמַר אֲבִיאֵם בְּחֵיקִי, כָּבַד מַשָּׂאָם עָלָיו,
נִתְפַּחֵד פֶּן יִקָּרְעוּ בְּגָדָיו וְיִתְלַכְלְכוּ וְזָרְקָם
בָּאָרֶץ בַּדֶּרֶךְ, נֶעֱנַשׁ שְׁתַּיִם, אַחַת מִשּׁוּם
הֶפְסֵד אֳכָלִים וְאַחַת מִשּׁוּם אִבּוּד מָמוֹנוֹ.

147 זו ספירת מלכות. ראו סימן קצו.

סימן קפז

יִרְאַת ה׳ הִיא לְמַעְלָה.
[הִיא] בְּכַפּוֹ שֶׁל הַקָּדוֹשׁ בָּרוּךְ הוּא, גַּם הִיא עֻזּוֹ.[148]
וְאוֹתוֹ הַכַּף נִקְרָאוּ כַּף זְכוּת, מִשּׁוּם דְּמַטֶּה עוֹלָם לְכַף זְכוּת, וְהַיְנוּ דִּכְתִיב (ישעיהו יא, ג) **"וַהֲרִיחוֹ בְּיִרְאַת ה׳ וְלֹא לְמַרְאֵה עֵינָיו יִשְׁפּוֹט וְלֹא לְמִשְׁמַע אָזְנָיו יוֹכִיחַ", אֶלָּא מַטֶּה כְּלַפֵּי חֶסֶד וּמַטֶּה כָּל הָעוֹלָם לְכַף זְכוּת. וּמִשָּׁם עֵצָה יוֹצֵאת, וּמִשָּׁם בְּרִיאוֹת יוֹצְאוֹת לָעוֹלָם.**[149]
[וְכֵן כָּתוּב] וּ"מִשָּׁם רֹעֶה אֶבֶן יִשְׂרָאֵל" (בראשית מט, כד)**, וְהוּא הַמָּקוֹם שֶׁנִּקְרָא "שָׁם", שֶׁנֶּאֱמַר** (חבקוק ג, ד)**, "וְשָׁם חֶבְיוֹן עֻזֹּה".**

148 ראו סימנים קמז, קמח.
149 למשמעות המילה בריאות, ראו סימן יג.

סימן קפח

דְּכֵיוָן שֶׁבָּאָה מִלְּתָא זוֹ, חִדְּדָהּ. מַאי חִדּוּדָא? אֵימָא לָךְ: מַאי נִיהוּ "קַרְנַיִם מִיָּדוֹ לוֹ" (חבקוק שם), וּמַאי נִיהוּ דְּקָאָמַר "קַרְנַיִם" וְאַחַר כָּךְ "מִיָּדוֹ", יָדָיו מִיבַּעְיָא לֵיהּ? לֹא קַשְׁיָא דְּהַיְנוּ דִּכְתִיב (שמות לב, יט) "וַיִּחַר אַף מֹשֶׁה וַיַּשְׁלֵךְ מִיָּדָו" וגו', מִיָּדוֹ כְּתִיב, וְהַיְנוּ דִּכְתִיב (שם יח, יב) "וַיְהִי יָדָיו אֱמוּנָה עַד בֹּא הַשָּׁמֶשׁ", וְלֹא אָמַר אֱמוּנוֹת.[150]

רַבֵּנוּ אָנוּ מַקְשִׁינַן לָךְ לְתָרֵץ וְאַתָּה מְכַסֶּה עֵינֵנוּ?! לִמַּדְתָּנוּ רַבֵּנוּ, מְשִׁיבִין עַל רִאשׁוֹן רִאשׁוֹן וְעַל אַחֲרוֹן אַחֲרוֹן.[151]

[הוּא עָנָה] וּמַה פֵּרוּשׁ 'קַרְנַיִם מִיָּדוֹ לוֹ'?
הָעֲבוֹדָה! כְּבָר פֵּרַשְׁתִּי לָכֶם עַתָּה בְּתוֹךְ
דְּבָרִים שֶׁאָמַרְתִּי.
אַכְסִיפוּ [הִתְבַּיְּשׁוּ].
כֵּיוָן דְּחָזִינְהוּ דְּאִכְסִיפוּ הִתְחִיל וְאָמַר
לָהֶם: וַהֲלֹא מַיִם הָווּ [בָּרִאשׁוֹנָה] וּמֵהֶם
יָצָא הָאֵשׁ.[152]
וּמַאי נִיהוּ קַרְנַיִם? אָמַר לָהֶם ה' קַרְנַיִם
כְּנֶגֶד ה' חֻמְשֵׁי הַתּוֹרָה וּכְנֶגֶד ה'
אֶצְבָּעוֹת שֶׁבְּיַד יְמִינוֹ שֶׁל אָדָם.[153]

150 לפעמים ה"קרי" אינו תואם את ה"כתיב". במקרה שלפנינו, המילה מאויית 'ידו' שמשמעו "היד שלו". המסורת, לעומת זאת, מכתיבה לקרוא אותו ידיו, כאילו יש לו את היו"ד, ומתורגם כידיו ברבים.

151 ראו סימן כח.

152 ספר יצירה א, יב. מים זה חסד בעוד שאש זה גבורה. ראו סימנים יא, קמה.

153 נאמר קודם שמים כוללים את האש. מים הם היד הימנית, והאש היא היד שמאלית. ראו סימנים יא, קמה. היד הימנית, לפיכך, כוללת את השמאלית, וזו התשובה מדוע הן יחד. כך גם מוסבר מדוע הרבים והיחיד מעורבבים כשמדברים על ידיים.

סימן קפט

וְרַבֵּנוּ, אַתְּ הוּא דַּאֲמַרְתְּ לֵיהּ מִשְּׁמֵיהּ
דְּר׳ יוֹחָנָן דְּאֵינוֹ אֶלָּא שְׁתֵּי זְרוֹעוֹת
עוֹלָם?[154]
אָמַר לָהֶם, בְּרַם הָכָא קַרְנַיִם מְשַׁמֵּשׁ
לִשְׁתֵּי קַרְנַיִם דְּשֶׁלְּמַטָּה הֵימֶנּוּ
וּמַאי נִיהוּ? אָמַר לָהֶם: בְּכַעַס רֹאשְׁךָ
וּלְמַעְלָה מַאי? אֲמַר לְהוּ יִרְאַת ה׳.

154 בסדר רבא דבראשית (בבתי מדרשות) עמ׳ ל, מימרה זו מיוחסת לרבי ישמעאל.

סימן קצ

וּמַאי נִיהוּ יִרְאַת ה׳?
הָאוֹר הָרִאשׁוֹן, דְּאָמַר ר׳ מַאי דִּכְתִיב "וַיֹּאמֶר אֱלֹהִים וגו׳ וַיְהִי אוֹר", (בראשית א, ג) וְלֹא אָמַר וַיְהִי כֵן.[155] אֶלָּא מְלַמֵּד שֶׁהָאוֹר הַהוּא הָיָה גָּדוֹל מְאֹד וְאֵין כָּל בְּרִיָּה יְכוֹלָה לְהִסְתַּכֵּל בּוֹ, גְּנָזוֹ הַקָּדוֹשׁ בָּרוּךְ הוּא לַצַּדִּיקִים לֶעָתִיד לָבוֹא.
וְהִיא מִדַּת כָּל סְחוֹרָה שֶׁבָּעוֹלָם, וְהִיא כֹּחַ אֶבֶן יְקָרָה שֶׁקּוֹרִין סוֹחֶרֶת וְדָר.[156] עַל מָה הִיא מִדַּת דָּר? מְלַמֵּד שֶׁנָּטַל הַקָּדוֹשׁ בָּרוּךְ הוּא מִזִּיוָהּ אֶחָד מֵאַלְפַּיִם וּבָנָה מִמֶּנָּה אֶבֶן יְקָרָה נָאָה וּמְקֻשֶּׁטֶת וְכָלַל בָּהּ כָּל הַמִּצְווֹת. וּבָא אַבְרָהָם וּבִקֵּשׁ כֹּחַ לָתֵת לוֹ וְנָתְנוּ לוֹ אֶבֶן יְקָרָה זוֹ, וְלֹא רָצָה

155 ראו סימנים כה, קמז. פרדס רימונים כב, ד.
156 מוזכר באסתר א, ו. מגילה יב ע"א. וראו סימן קצג.

אוֹתָהּ, זָכָה וְלָקַח מִדַּת הַחֶסֶד דִּכְתִיב
(מיכה ז, כ) "חֶסֶד לְאַבְרָהָם".
וּבָא יִצְחָק וּבִקֵּשׁ כֹּחַ וְנָתְנוּ לוֹ וְלֹא רָצָה
בָּהּ, זָכָה וְלָקַח אֶת מִדַּת הַגְּבוּרָה, דְּהַיְנוּ
פַּחַד דִּכְתִיב (בראשית לא, נג) "וַיִּשָּׁבַע יַעֲקֹב
בְּפַחַד אָבִיו יִצְחָק".
בָּא יַעֲקֹב וְרָצָה בָּהּ וְלֹא נָתְנוּ לוֹ, אָמַר לוֹ
הוֹאִיל וְאַבְרָהָם לְמַעְלָה וְיִצְחָק תַּחְתָּיו
אַתָּה תִּהְיֶה בָּאֶמְצַע וְטוֹל שְׁלָשְׁתָּן.
וּמַאי נִיהוּ אֶמְצַע, הַיְנוּ שָׁלוֹם. וְהָכְתִיב
(מיכה שם) "תִּתֵּן אֱמֶת לְיַעֲקֹב"? אֱמֶת

וְשָׁלוֹם חַד הוּא דִּכְתִיב (מלכים ב׳ כ, יט)
״שָׁלוֹם וֶאֱמֶת יִהְיֶה בְיָמָי״, (אסתר ט, ל)
״דִּבְרֵי שָׁלוֹם וֶאֱמֶת״.
וְהַיְנוּ דִּכְתִיב (ישעיהו נח, יד) ״וְהַאֲכַלְתִּיךָ
נַחֲלַת יַעֲקֹב אָבִיךָ״, דְּהַיְנוּ נַחֲלָה גְּמוּרָה,
הַחֶסֶד וְהַפַּחַד וְהָאֱמֶת וְהַשָּׁלוֹם.
וּלְפִיכָךְ אָמַר (תהלים קיח, כב) ״אֶבֶן מָאֲסוּ
הַבּוֹנִים הָיְתָה לְרֹאשׁ פִּנָּה״, אֶבֶן שֶׁמָּאֲסוּ
אַבְרָהָם יִצְחָק וְיַעֲקֹב שֶׁבָּנוּ הָעוֹלָם
הָיְתָה לְרֹאשׁ פִּנָּה.

סימן קצא

וְלָמָּה מָאֲסוּ בָּהּ? וַהֲלֹא נֶאֱמַר (בראשית כו, ה) "עֵקֶב אֲשֶׁר שָׁמַע אַבְרָהָם בְּקֹלִי וַיִּשְׁמֹר מִשְׁמַרְתִּי"?

מַאי מִשְׁמַרְתִּי? כָּךְ אָמְרָה מִדַּת הַחֶסֶד: כָּל יְמֵי הֱיוֹת אַבְרָהָם בָּעוֹלָם לֹא הֻצְרַכְתִּי לַעֲשׂוֹת מְלַאכְתִּי שֶׁהֲרֵי אַבְרָהָם עָמַד שָׁם בִּמְקוֹמִי וַיִּשְׁמֹר מִשְׁמַרְתִּי, כִּי אֲנִי זֹאת מְלַאכְתִּי שֶׁאֲנִי מְזַכֶּה הָעוֹלָם וַאֲפִלּוּ נִתְחַיְּבוּ אֲנִי מְזַכֶּם, וְעוֹד מְשִׁיבָם וּמֵבִיא בְּלִבָּם לַעֲשׂוֹת רְצוֹן אֲבִיהֶם שֶׁבַּשָּׁמַיִם, וְכָל זֶה עָשָׂה אַבְרָהָם דִּכְתִיב (שם כא, לג) "וַיִּטַּע אֶשֶׁל בִּבְאֵר שָׁבַע [וַיִּקְרָא שָׁם בְּשֵׁם ה' וגו']". סִדֵּר לַחְמוֹ וּמֵימָיו לְכָל בָּאֵי עוֹלָם וְהָיָה מְזַכֶּה

וּמְדַבֵּר עַל לִבָּם לְמִי אַתֶּם עוֹבְדִים?! עִבְדוּ אֶת ה׳ אֱלֹהֵי הַשָּׁמַיִם וֵאלֹהֵי הָאָרֶץ! וְהָיָה דוֹרֵשׁ לָהֶם עַד שֶׁהָיוּ שָׁבִים.

וּמְנָלַן שֶׁאַף הַחַיָּבִים הָיָה מְזַכֶּה? שֶׁנֶּאֱמַר "הַמְכַסֶּה אֲנִי מֵאַבְרָהָם וגו׳ (שם יח, יז-יח) וְאַבְרָהָם הָיוֹ יִהְיֶה" וגו׳,[157] אֶלָּא אֲזַכֵּהוּ, שֶׁיָּדַעְתִּי שֶׁיְּבַקֵּשׁ עֲלֵיהֶם רַחֲמִים וְיִזְכֶּה. וְכִי אֶפְשָׁר לוֹמַר שֶׁלֹּא יָדַע הַקָּדוֹשׁ בָּרוּךְ הוּא שֶׁלֹּא יוּכְלוּ לְהִנָּצֵל? אֶלָּא לִזְכוּתוֹ קָאָמַר, מִכָּאן אָמְרוּ הַבָּא לִטָּהֵר מְסַיְּעִין לוֹ, הַבָּא לִיטַּמֵּא פּוֹתְחִין לוֹ.[158] מַאי פֹּתְחִים לוֹ? אוֹתָן הַפּוֹתְחִים תָּמִיד.

157 פסוק הנאמר על אנשי סדום ועמורה.

158 מימרה של ריש לקיש. ראו שבת קד ע"א ובמקבילות.

סימן קצב

״מִצְוֹתַי חֻקּוֹתַי וְתוֹרֹתָי״ (שם כו, ה). אָמַר: הוֹאִיל וְלֹא חָפַצְתִּי בָּהּ [בָּאֶבֶן הַיְקָרָה[159]], אֶשְׁמֹר מִצְווֹתֶיהָ. וּמַאי ״תּוֹרֹתָי״? אֶלָּא אֲפִלּוּ הוֹרָאוֹת וּפִלְפּוּלִים שְׁמוּרִים לְמַעְלָה הוּא יְדָעָם וְקִיְּמָם.

159 ראו סימן קצ.

סימן קצג

וּמַאי "מִשָּׁם רֹעֶה אֶבֶן יִשְׂרָאֵל" (בראשית מט, כד) שֶׁמִּשָּׁם נִזּוֹן אֶבֶן יִשְׂרָאֵל.
וּמַאי "מִשָּׁם"? הֱוֵי אוֹמֵר צַדִּיק עֶלְיוֹן.
וּמַאי הוּא?
הַיְנוּ "סוֹחֶרֶת", וְהָאֶבֶן הַדָּרָה לְמַטָּה נִקְרֵאת "דָּר".
וּמַאי נִיהוּ קַרְנַיִם שֶׁנֶּאֱמַר (חבקוק ג, ד) "קַרְנַיִם מִיָּדוֹ לוֹ"? הַיְנוּ ה' אֶצְבְּעוֹת יַד יָמִין.

סימן קצד

אָמַר רַבִּי רְחוּמַאי כָּךְ קִבַּלְתִּי: כְּשֶׁבִּקֵּשׁ מֹשֶׁה רַבֵּנוּ עָלָיו הַשָּׁלוֹם לֵידַע יְדִיעַת הַשֵּׁם הַנִּכְבָּד יִתְבָּרַךְ וְאָמַר (שמות לג, יח) "הַרְאֵנִי נָא אֶת כְּבֹדֶךָ", בִּקֵּשׁ לָדַעַת מִפְּנֵי מָה צַדִּיק וָרַע וְרָשָׁע וְטוֹב לוֹ וְלֹא הוֹדִיעוּ.

וְלֹא הוֹדִיעוּ סָלְקָא דַעְתָּךְ? אֶלָּא לֹא הוֹדִיעוּ מַה שֶׁבִּקֵּשׁ.

וְכִי תַּעֲלֶה עַל דַּעְתְּךָ שֶׁמֹּשֶׁה לֹא הָיָה יוֹדֵעַ סוֹד זֶה? אֶלָּא כָּךְ אָמַר מֹשֶׁה: דַּרְכֵי הַכֹּחוֹת אֲנִי יוֹדֵעַ אֲבָל אֵינִי יוֹדֵעַ הֵיאָךְ וְאֵיךְ הַמַּחֲשָׁבָה מִתְפַּשְּׁטוֹת בָּהּ. יוֹדֵעַ אֲנִי שֶׁבַּמַּחֲשָׁבָה הָאֱמֶת, אַךְ לֹא יָדַעְתִּי חֲלָקֶיהָ וּבִקֵּשׁ לָדַעַת וְלֹא הוֹדִיעוּהוּ.

סימן קצה

מִפְּנֵי מָה רָשָׁע וְטוֹב לוֹ וְצַדִּיק וְרַע לוֹ?
מִפְּנֵי שֶׁצַּדִּיק כְּבָר הָיָה רַע לְשֶׁעָבַר
וְעַתָּה נֶעֱנָשׁ.
וְאִם תֹּאמַר וְכִי מַעֲנִישִׁין עַל [מַעֲשֵׂי]
נַעֲרוּת? וְהָאָמַר ר' שִׁמְעוֹן שֶׁאֵין
מַעֲנִישִׁין בְּבֵית דִּין שֶׁל מַעְלָה אֶלָּא מִבֶּן
עֶשְׂרִים שָׁנָה וּלְמַעְלָה![160]
אָמַר לֵיהּ אֲנָא לָא בְּחַיֵּי אָמְרֵי [=בְּחַיֵּי
הָאָדָם כָּעֵת] אֲנָא דְּאָמְרֵי [עַל חַיֵּי הָאָדָם]
שֶׁכְּבָר הָיָה לְשֶׁעָבַר [בְּגִלְגּוּל קוֹדֵם].
אָמְרוּ לוֹ חֲבֵרָיו: עַד מָתַי תִּסְתֹּם דְּבָרֶיךָ?
אָמַר לָהֶם: צְאוּ וּרְאוּ, מָשָׁל לְאָדָם

160 שבת פט ע"ב, ירושלמי ביכורים ב, א, ירושלמי סנהדרין יא, ה, במדבר רבה יח, ג.

שֶׁנָּטַע בְּגַנּוֹ כֶּרֶם לַעֲשׂוֹת עֲנָבִים וְעָשָׂה בְּאוּשִׁים. רָאָה שֶׁלֹּא הִצְלִיחַ גְּדָרוֹ וּנְטָעוֹ וְנִקָּה הַגְּפָנִים [וְנָטַע אַחֵר]. רָאָה שֶׁלֹּא הִצְלִיחַ [שׁוּב], וַעֲקָרוֹ וּנְטָעוֹ [שׁוּב]. עַד כַּמָּה? אָמְרוּ לוֹ לְאֶלֶף דּוֹר דִּכְתִיב "דָּבָר צִוָּה לְאֶלֶף דּוֹר". (תהלים קה, ח) וְהַיְנוּ דְּאָמְרוּ רַבּוֹתֵינוּ, תתקע"ד דּוֹרוֹת חָסְרוּ וְעָמַד הַקָּדוֹשׁ בָּרוּךְ הוּא וּנְטָעָן וּשְׁתָלָן בְּכָל דּוֹר וָדוֹר.[161]

161 חגיגה יג ע"ב. התורה ניתנה לדור העשרים ושש אחרי אדם הראשון. כאשר מספר זה מופחת מאלף (על פי הפסוק הנזכר), היתרה היא תתקע"ד, 974.

סימן קצו

אָמַר רַבָּה: אִי בָּעֵי צַדִּיקִים, בָּרְאוּ עָלְמָא.[162] מִי מַבְדִּיל [=מְעַכֵּב]? עֲוֹנוֹתֵיכֶם, דִּכְתִיב (ישעיהו נט, ב) "כִּי אִם עֲוֹנֹתֵיכֶם הָיוּ מַבְדִּלִים בֵּינֵכֶם וּבֵין אֱלֹהֵיכֶם". הָא אִם לֹא הָיוּ עֲוֹנוֹתֵיכֶם לֹא הָיָה הֶפְרֵשׁ בֵּינֵיכֶם וּבֵינוֹ כו'.

דְּהָא רָבָא בָּרָא גַּבְרָא שַׁדְרֵיהּ לְקַמֵּיהּ דְּרַבִּי זֵירָא. הֲוֵי קָאֵי מִשְׁתָּעֵי בַּהֲדֵיהּ וְלָא מְהַדַּר [ר' זֵירָא הָיָה מְדַבֵּר עִמּוֹ, אַךְ הַלָּה לֹא הָיָה מֵשִׁיב]. אֲמַר לְהוּ: אִלְמָלֵא עֲוֹנוֹתֵיכֶם הֲוָה מְהַדַּר [הָיָה יוֹדֵעַ לְהָשִׁיב], וּמִמַּאי הֲוָה מְהַדַּר, מִנִּשְׁמָתֵיהּ.

וּמִי הָוֵי לֵיהּ נִשְׁמָה לֶאֱנָשׁ לְמֵיעַל בֵּיהּ [הַאִם יָכוֹל אָדָם לָתֵת בּוֹ נְשָׁמָה]? אָמְרוּ לֵיהּ:

162 סנהדרין סה ע"ב. יד רמ"ה על אתר כותב שרבה בר נחמני. ראו גם פירוש ר' יהודה ברצלוני לספר יצירה עמ' 102-103.

אִין, דִּכְתִיב "וַיִּפַּח בְּאַפָּיו נִשְׁמַת חַיִּים", וְלֶאֱינַשׁ הָוֵי לֵיהּ נִשְׁמַת חַיִּים, וְאִלְמָלֵא עֲוֹנוֹתֵיכֶם שֶׁאֵין הַנְּשָׁמָה טְהוֹרָה, וְהַיְנוּ הֶפְרֵשׁ שֶׁבֵּינֵיכֶם לְבֵינוּ דִּכְתִיב (תהלים ח, ו) "וַתְּחַסְּרֵהוּ מְּעַט מֵאֱלֹהִים". מַאי מְעַט? דְּאִית בֵּיהּ עֲוֹנוֹת, וְהַקָּדוֹשׁ בָּרוּךְ הוּא לֵית לֵיהּ עֲוֹנוֹת. וּבָרוּךְ הוּא וּבָרוּךְ שְׁמוֹ לָעַד וְלָנֶצַח.

עֲוֹנוֹת הוּא דְּלֵית בֵּיהּ הָא יֵצֶר הָרַע אִית בֵּיהּ. בְּתְמִיָּה מִנֵּיהּ אָתְיָא, אָתְיָא סָלְקָא דַּעְתָּךְ, אֶלָּא אִימָא הֲוָה קָאָתֵי מִנֵּיהּ דְּהוּא בְּרָאוֹ עַד דַּאֲתָא דָּוִד וַהֲרָגוֹ. הָדָא הוּא דִּכְתִיב (תהלים קט, כב) "וְלִבִּי חָלַל בְּקִרְבִּי". כָּךְ אָמַר דָּוִד הוֹאִיל וִיכָלְתִּי לוֹ, לֹא יְגוּרְךָ רַע, וּבַמֶּה יָכֹל לוֹ דָּוִד? בְּגִרְסָתוֹ, שֶׁלֹּא הָיָה שׁוֹתֵק לַיְלָה

וְיוֹם, וְהָיָה מְחַבֵּר לְהַקָּדוֹשׁ בָּרוּךְ הוּא תּוֹרָה שֶׁל מַעְלָה, כִּי כָּל שָׁעָה שֶׁאָדָם לוֹמֵד תּוֹרָה לִשְׁמָהּ הַתּוֹרָה שֶׁל מַעְלָה מִתְחַבֶּרֶת לְהַקָּדוֹשׁ בָּרוּךְ הוּא.

וְהַיְנוּ דְּאָמְרִינַן לְעוֹלָם יִלְמַד אָדָם תּוֹרָה וַאֲפִלּוּ שֶׁלֹּא לִשְׁמָהּ שֶׁמִּתּוֹךְ שֶׁלֹּא לִשְׁמָהּ בָּא לִשְׁמָהּ.[163] וּמַאי נִיהוּ תּוֹרָה דַּאֲמַרְתְּ? הַיְנוּ כַּלָּה שֶׁמְּקֻשֶּׁטֶת וּמְעֻטֶּרֶת וּמְכֻלֶּלֶת בְּכָל הַמִּצְוֹת, וְהִיא אוֹצַר הַתּוֹרָה, וְהִיא אֲרוּסָתוֹ שֶׁל הַקָּדוֹשׁ בָּרוּךְ הוּא דִּכְתִיב "תּוֹרָה צִוָּה לָנוּ מֹשֶׁה מוֹרָשָׁה" - אַל תִּקְרֵי מוֹרָשָׁה אֶלָּא מְאוֹרָסָה. הָא כֵּיצַד כְּשֶׁיִּשְׂרָאֵל עוֹסְקִים בַּתּוֹרָה לִשְׁמָהּ הִיא אֲרוּסָתוֹ שֶׁל הַקָּדוֹשׁ בָּרוּךְ הוּא, וְהִיא מוֹרָשָׁה לְיִשְׂרָאֵל.

163 פסחים נ ע"ב.

סימן קצז

יָשַׁב רַבִּי אָמוֹרָאֵי וְדָרַשׁ: מַה זָּכְתָה תָּמָר שֶׁיָּצְאוּ מִמֶּנָּה פֶּרֶץ וָזֶרַח?[164] מִפְּנֵי שֶׁהָיָה שְׁמָהּ תָּמָר. תָּמָר [הִיא גַּם] אֲחוֹת אַמְנוֹן, הִיא דַּעֲבִידָא לְכָךְ [=גָּרְמָה לְכָךְ].

וְאַמַּאי אִקְרֵי "פֶּרֶץ"? עַל שֵׁם הַלְּבָנָה, שֶׁהַלְּבָנָה נִפְרֶצֶת לְעִתִּים. וְ"זֶרַח" אִיקְּרֵי עַל שֵׁם הַחַמָּה, שֶׁהַחַמָּה זוֹרַחַת תָּמִיד כְּעִנְיַן "וְזָרַח הַשֶּׁמֶשׁ" (קהלת א, ה).

וְהָא פֶּרֶץ הוּא הַבְּכוֹר וְחַמָּה גְּדוֹלָה מִן

הַלְּבָנָה? לָא קַשְׁיָא דְּהָא כְּתִיב (בראשית לח, כח) "וַיִּתֶּן יָד", וּכְתִיב (שם) "וְאַחַר יָצָא אָחִיו אֲשֶׁר עַל יָדוֹ הַשָּׁנִי וַיִּקְרָא שְׁמוֹ זָרַח". דְּהוּא הָיָה לוֹ לִהְיוֹת הַבְּכוֹר, וּמִפְּנֵי שֶׁיָּדַע הַקָּדוֹשׁ בָּרוּךְ הוּא שֶׁעָתִיד לָצֵאת מִמֶּנּוּ דָּוִד וּשְׁלֹמֹה, שֶׁעָתִיד לוֹמַר שִׁיר הַשִּׁירִים, הֶחֱזִירוֹ.

164 מתייחס למספר בבראשית לח. פרץ היה אב השושלת שממנה יצא דוד (רות ד, יב). אמנון ותמר השנייה, המוזכרים בשמואל ב' יג, היו אפוא צאצאיה של תמר ובנה פרץ.

סימן קצח

וּמַאי טַעֲמָא אִקְרֵית תָּמָר וְלֹא שְׁאָר שֵׁמוֹת. מִפְּנֵי שֶׁהִיא נְקֵבָה. נְקֵבָה סָלְקָא דַּעְתָּךְ. אֶלָּא אֵימָא מִפְּנֵי שֶׁכּוֹלֶלֶת זָכָר וּנְקֵבָה, דְּכָל אִילָנֵי תְּמָרִים כּוֹלְלִים זָכָר וּנְקֵבָה.

וְהֵיאָךְ? שֶׁהַלּוּלָב הָוֵי זָכָר, וְהַפְּרִי מִבַּחוּץ הָוֵי זָכָר וּמִבִּפְנִים הָוֵי נְקֵבָה. וְהֵיאָךְ? בְּגַרְעִינֵי הַתָּמָר שֶׁהִיא סְדוּקָה כְּעֵין אִשָּׁה, כְּנֶגְדָּהּ כּוֹחַ הַלְּבָנָה לְמַעְלָה, וְהַקָּדוֹשׁ בָּרוּךְ הוּא בָּרָא אוֹתָם זָכָר וּנְקֵבָה שֶׁנֶּאֱמַר (בראשית א, כז) "זָכָר וּנְקֵבָה בָּרָא אֹתָם".

פירוש

סימן קצח

כאן מצויר דמיון לשלושת העולמות התחתונים: בריאה, יצירה ועשייה. שלושת אלו מקבילים לדרגות של ספירת בינה, זעיר אנפין וספירת מלכות, שהן בהתאמה נקודות הסוף של שלושת הממדים – זמן (שנה), עולם ונפש.

לפיכך, כאשר נוצרה הנשמה נאמר

אֶפְשָׁר לוֹמַר כָּךְ? וְהָא כְּתִיב (שם) "וַיִּבְרָא אֱלֹהִים אֶת הָאָדָם בְּצַלְמוֹ", וְאַחַר כָּךְ (שם ב, יח) "אֶעֱשֶׂה לּוֹ עֵזֶר כְּנֶגְדּוֹ" (שם כא) "וַיִּקַּח אַחַת מִצַּלְעֹתָיו וַיִּסְגֹּר בָּשָׂר תַּחְתֶּנָּה".

אֶלָּא אֵימָא כְּתִיב בְּהוּ "יְצִירָה" וּכְתִיב בְּהוּ "עֲשִׂיָּה" וּכְתִיב בְּהוּ "בְּרִיאָה".

"בְּרִיאָה" - בְּעֵת עֲשִׂיַּת הַנְּשָׁמוֹת, "עֲשִׂיָּה" - זָכָר וּנְקֵבָה עָשָׂה אוֹתָם,[165] וִ"יצִירָה" - בְּעֵת שֶׁהִרְכִּיב הַנְּשָׁמָה עַל הַגּוּף, לְכָל אֶחָד וְאֶחָד נֶאֱסַף הַכֹּל.[166]

165 "נעשה אדם בצלמנו כדמותנו" (בראשית א, כו).

166 בראשית ב, ז, "וַיִּיצֶר ה' אֱלֹהִים אֶת הָאָדָם עָפָר מִן הָאֲדָמָה, וַיִּפַּח בְּאַפָּיו נִשְׁמַת חַיִּים".

פירוש

"נַעֲשֶׂה אָדָם בְּצַלְמֵנוּ" (בראשית א, כו). הנשמה מכוונת לאורך ממד הנפש, מספירת כתר ועד ספירת מלכות, המקבילה לעולם העשייה. מכיוון שקו זה עובר דרך כל שאר הספירות, הפסוק מנוסח בלשון רבים: "נעשה...".

ממד הזמן נובע מספירות חכמה ובינה, שהן הארכיטיפים של זכר ונקבה. לפיכך,

וּמְנָא לָן דְּהַאי יְצִירָה לִישָּׁנָא דַּאֲסִיפָה? דִּכְתִיב (שם יט) "וַיִּצֶר ה' אֱלֹהִים מִן הָאֲדָמָה כָּל חַיַּת הַשָּׂדֶה וְאֵת כָּל עוֹף הַשָּׁמַיִם וַיָּבֵא אֶל הָאָדָם לִרְאוֹת מַה יִּקְרָא לוֹ" וגו' וְהַיְנוּ דִּכְתִיב (שם ה, ב) "זָכָר וּנְקֵבָה בְּרָאָם", וּכְתִיב (שם א, כח) "וַיְבָרֶךְ אֹתָם אֱלֹהִים".

פירוש

כאשר נוצרים זכר ונקבה מתרחשת השלמה של עקרון הזמן, שנקודת הסוף שלו היא בספירת בינה, המקבילה לעולם הבריאה. לפיכך נעשה כאן שימוש במילה "ויברא".

לבסוף, יש להביא את האדם לתוך ממד העולם. זהו עקרון היחסים, המזוהה עם זעיר אנפין, המקביל לעולם היצירה. לפיכך נעשה כאן שימוש במילה "וייצר".

סימן קצט

נִשְׁמַת הַנְּקֵבוֹת מִן הַנְּקֵבָה וְנִשְׁמַת
הַזְּכָרִים מִן הַזָּכָר. וְהַיְנוּ דְּקָאָזֵיל [=שֶׁהָלַךְ]
הַנָּחָשׁ בַּתְרָהּ [=אַחֲרֵי] דְּחַוָּה, אָמַר
וְהוֹאִיל וְנִשְׁמָתָהּ מִן הַצָּפוֹן,[167]
אֲסִיתֶנָּה מְהֵרָה, וּמַאי הֲסָתָה הָיָה מִשּׁוּם
דְּבָא עָלֶיהָ.

167 ראו סימנים לד, קסב, קסג. צפון (או שמאל) הוא בדרך כלל הצד הנשי.

סימן ד

שָׁאֲלוּ תַּלְמִידָיו: אֵימָא לָן גּוּפָא דְּעוּבְדָא הֵיכִי הֲוָה?

אָמַר לָהֶם: סַמָּאֵל הָרָשָׁע קָשַׁר עִם כָּל צְבָא מַעְלָה עַל רַבּוֹ. מִשּׁוּם שֶׁאָמַר הַקָּדוֹשׁ בָּרוּךְ הוּא [עַל אוֹדוֹת הָאָדָם] "וּרְדוּ בִּדְגַת הַיָּם וּבְעוֹף הַשָּׁמַיִם",[168] אָמַר [סַמָּאֵל] הָאֵיךְ נוּכַל לְהַחְטִיאוֹ וּלְגָרְשֵׁהוּ מִלְּפָנָיו? קִבֵּץ כָּל חֵילוֹתָיו וּבִקֵּשׁ לוֹ בָּאָרֶץ חָבֵר כְּמוֹתוֹ, וּמָצָא הַנָּחָשׁ, הָיָה לוֹ דְּמוּת גָּמָל וְקוֹמָה זְקוּפָה וְרָכַב עָלָיו, וְהָלַךְ לוֹ אֶל הָאִשָּׁה.

אָמַר לָהּ (בראשית ג, א) "אַף כִּי אָמַר אֱלֹהִים לֹא תֹאכְלוּ מִכֹּל עֵץ הַגָּן", אָמַר אֲבַקֵּשׁ יוֹתֵר וְאוֹסִיף כְּדֵי לְגָרְשָׁם, שֶׁתִּגְרַע הִיא, אָמְרָה לֹא מְנָעָנוּ אֶלָּא מִפְּרִי עֵץ "אֲשֶׁר בְּתוֹךְ הַגָּן", "אָמַר אֱלֹהִים לֹא תֹאכְלוּ מִמֶּנּוּ וְלֹא תִגְּעוּ בּוֹ פֶּן תְּמֻתוּן",

וְהוֹסִיפָה שְׁתֵּי דְּבָרִים: אָמְרָה "וּמִפְּרִי הָעֵץ אֲשֶׁר בְּתוֹךְ הַגָּן" וְלֹא נֶאֱמַר אֶלָּא "וּמֵעֵץ הַדַּעַת", וְאָמְרָה "לֹא תִגְּעוּ בּוֹ פֶּן תְּמֻתוּן".

מֶה עָשָׂה סַמָּאֵל הָרָשָׁע? הָלַךְ וְנָגַע וְדָחַף הָאִשָּׁה עָלָיו וְנָגְעָה בְּעֵץ הַדַּעַת וְלֹא מֵתָה, אָמַר כְּמוֹ שֶׁלֹּא בָּא מִיתָה לָךְ עַל הַנְּגִיעָה כָּךְ לֹא יָבוֹא לָךְ עַל הָאֲכִילָה מִיָּד לָקְחָה וְאָכְלָה וְנָתְנָה גַּם לְבַעְלָהּ וְנֶעֶנְשׁוּ מִיתָה בִּשְׁבִיל שֶׁדִּבְרֵי הָרַב וְדִבְרֵי הַתַּלְמִיד דִּבְרֵי מִי שׁוֹמְעִין.

וְגַם הַנָּחָשׁ נֶעֱנַשׁ "עַל גְּחֹנְךָ תֵלֵךְ וּמֵעָפָר תֹּאכַל כָּל יְמֵי חַיֶּיךָ" וְ"הוּא יְשׁוּפְךָ רֹאשׁ וְאַתָּה תְּשׁוּפֶנּוּ עָקֵב", וְסַמָּאֵל נֶעֱנַשׁ שֶׁנַּעֲשָׂה שַׂר מֵעֵשָׂו הָרָשָׁע,[169] לֶעָתִיד

168 עוף השמים יכול בהקשר זה להתפרש גם כמלאכים.

169 אדום קשור לעשיו, בראשית לו, מג. הגלות האחרונה קודם ביאת המשיח היא זו של אדום. וכשיבוא המשיח, הוא יינקם מאדום תחילה. ראו עובדיה א, ו–כא.

כְּשֶׁיֵּעָקֵר הַקָּדוֹשׁ בָּרוּךְ הוּא מַלְכוּת אֱדוֹם בִּמְהֵרָה בְּיָמֵינוּ יַשְׁפִּילֵהוּ תְּחִלָּה שֶׁנֶּאֱמַר (ישעיהו כד, כא) "יִפְקֹד ה' עַל צְבָא הַמָּרוֹם בַּמָּרוֹם", וְהָאֲמִירָה וְהַמִּיתָה וְהָעֹנֶשׁ כָּל זֶה עַל שֶׁהוֹסִיפָה עַל צִוּוּי שֶׁל הַקָּדוֹשׁ בָּרוּךְ הוּא וְעַל זֶה נֶאֱמַר "כָּל הַמּוֹסִיף גּוֹרֵעַ".

וְהַשֵּׁם יָאִיר עֵינֵינוּ בִּמְאוֹר תּוֹרָתוֹ
וְיָשִׂים בְּלִבֵּנוּ יִרְאָתוֹ
וִיזַכֵּנוּ לִקְרָאתוֹ
אֲשֶׁר הַלְּבָבוֹת יָאִיר
וְלֵב בִּינָה יָעִיר
וְהָעֵינַיִם זֹהַר יַזְהִיר.

שם ע"ב (ראו ביאור סימן קי)

והו	ילי	סיט	עלם	מהש	ללה	אכא	כהת
הזי	אלד	לאו	ההע	יזל	מבה	הרי	הקם
לאו	כלי	לוו	פהל	נלך	ייי	מלה	חהו
נתה	האא	ירת	שאה	ריי	אום	לכב	ושר
יחו	להח	כוק	מגד	אני	חעם	רעה	ייז
ההה	מיכ	וול	ילה	סאל	ערי	עשל	מיה
והו	דני	החש	עמם	ננא	נית	מבה	פוי
נמם	ייל	הרח	מצר	ומב	יהה	ענו	מחי
דמב	מנק	איע	חבו	ראה	יבמ	היי	מום

גרסאות לשם י"ב (ראו סימן קיב)

הגרסה שלפנינו	נוסח כתב יד	נוסח אחר	נוסח פרדס רימונים
אהציצהרון	אהציצהרון	אהציצירון	אהציצהרון
אכליתהרון	אברותיהון	אכרוחיהרון	אכליתהרון
שמקתרון	ושבביומתרון	ושכוכתמקרון	טמקתון
דמושהרון	דמנדערון	דמורטרון	רמוהטרון
וצפצפסיתרון	צפצפשיתרון	צפצפשיטרון	וצפצפשיתרון
הורמירון	יהורמירון	יהודמירון	יהורמרון
ברחיהרון	חיימרון	ברכיהיאון	כרחיה גאון
ערש גדראון	בנתיהרון	ערשיה גאון	עדשגדראון
כסאוה מנאהון	עדשיהגאון	כסאימנגמהון	כסאות
חזהויה	כסאידמנהגן	הוהו יההי יויה יהאה אהוה	הוהויהה
הוהירי האה אהיה	יהוהו יההיו יהאה אהוהי		ויהאהאהיה
והראיתהון	דמהרירון	דמהרירון	והדמתתיהון